AF368615

E. DESSIAUX

MÉMOIRES

D'UN

PRÊTRE D'HIER

PARIS

P. TÉQUI, LIBRAIRE-ÉDITEUR

82, RUE BONAPARTE, 82

1911

MÉMOIRES

D'UN

PRÊTRE D'HIER

E. DESSIAUX

MÉMOIRES

D'UN

PRÊTRE D'HIER

PARIS

P. TÉQUI, LIBRAIRE-ÉDITEUR

82, RUE BONAPARTE, 82

—

1911

AU LECTEUR

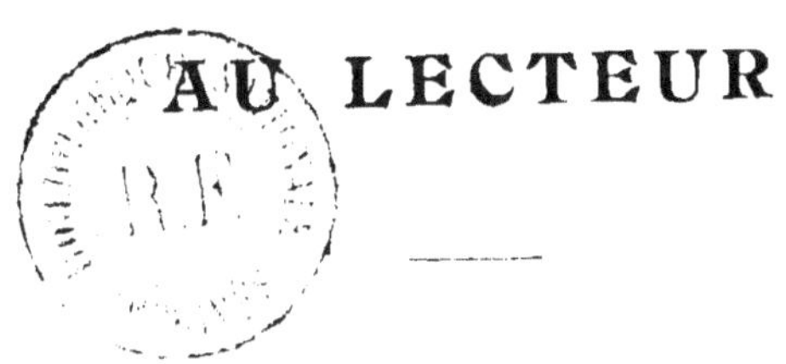

Les *Mémoires* de tout genre abondent, depuis ceux de Xénophon sur Socrate, jusqu'à ceux de Napoléon sur lui-même. Ils pullulent au quinzième siècle, jusqu'à nos jours. Joinville, Comines, Froissard, Brantôme, d'Aubigné, Motteville, La Rochefoucauld, Mme de Maintenon, Saint-Simon, Vauban, etc., etc., sont des noms connus, et bien diversement appréciés, dans ce genre de littérature.

La révolution surtout, a laissé — après moisson faite — de riches glanes à ces chercheurs, en quête d'anecdotes inédites, de potins de salons ou de coulisses, miettes historiques, reliefs du festin, que leur art a su convertir en petits pains croustillants, en mets épicés, pour les estomacs blasés des lecteurs.

A côté du « Mémoire » d'avant ou d'outre-tombe, nous avons eu des « Confessions », celles notamment, trop connues, de Rousseau, et de Musset. Sans doute Saint Augustin avait inauguré ce genre, mais dans des vues combien différentes !

Il se dit « l'enfant de l'Eglise », les autres : « Enfants du siècle » ; il se frappe la poitrine, il a la contrition parfaite, chante la vérité et la vertu, trop tard connues et aimées — une vraie confession, celle-là. — Les autres font de leur œuvre morbide, avant tout, une exploitation de librairie, dans une pose insolente, avec une surenchère d'inconscience et de scandale, payée comptant, et au prix fort.

Tous ces livres, toute cette marchandise dont le marché bibliographique regorge de nos jours, n'a pas une égale fortune, et — observation curieuse, en ce siècle démocrate — on lira plus volontiers les « Mémoires d'un Marquis », fût-il gâteux, que les gestes de héros d'un « ouvrier » ; il suffira qu'une « dame de la cour » ait écrit des riens, avec une mauvaise plume, et en minaudant, pour qu'on les dévore, comme si les plus infimes détails de la vie des grands pouvaient l'emporter, en intérêt, en science humaine, sur les actions souvent sublimes de la vie des petits, qui ne fréquentent pas à « Trianon ».

C'est une vie semblable que nous offrons aux méditations du lecteur avisé, avec d'autant plus de confiance, que notre plume n'y est pour rien.

Notre rôle est celui de l'éditeur, nous avons seulement dû remplacer quelques pages usées, du manuscrit que notre ami, quelques mois avant sa mort, a voulu nous confier — compatriote du cher défunt, son ami d'enfance, son confident depuis des années, il nous a été facile de corriger ici ou là, en les modifiant, certains détails, arrangés à dessein, et par délicatesse ; changements insignifiants, dans l'ensemble de l'œuvre, et qui n'enlèvent rien au caractère tout personnel de cette « autobiographie ».

Elle a été écrite au jour le jour, du moins dans sa seconde partie, au gré des faits, des impressions, des tristesses et des joies, avec la sincérité, l'abandon de ceux qui s'épanchent dans le cœur de quelques intimes, sans souci d'autres lecteurs, indifférents, sinon hostiles.

Mais alors, pourquoi, nous demandera-t-on, jetez-vous ces pages réservées, dans le public... N'y a-t-il pas trahison, tout au moins indiscrétion.

Voici notre réponse :

D'abord notre ami ne nous a fait aucune défense de ce genre, en nous confiant son œuvre.

Ce faisant, il nous semble même répondre à un désir plusieurs fois exprimé, au cours de conversations intimes que nous eûmes avec lui dans sa dernière maladie, il y a trois ans. « Ah ! que je regrette, nous disait-il, de ne rien laisser après moi !... aucun ouvrage, qui eût continué mon apostolat, élargi mon action sur les âmes, d'autant que, jusqu'ici, je n'ai rien fait, ou si peu de chose ! » Et il dissertait avec feu sur le sort des mauvais auteurs, dont le supplice s'accroît de tout le mal qu'ils continuent de faire après leur mort ; tandis que le mérite et le bonheur des autres augmentent dans la même proportion.

Dans ces conditions, pouvions-nous hésiter ?

Mais tout dépendait du manuscrit et du bien qu'il était appelé à faire. Une lecture attentive nous décida pour l'impression. D'autres bons juges furent de cet avis, soulignant même l'opportunité, à l'heure où nous sommes, d'une telle œuvre.

On veut, disaient-ils, nier le prêtre ou le découronner ; ici, dans ces pages sincères, il vit, palpite, rayonne. On fait de la vocation, une illusion subjective, une autosuggestion, née d'une ambiance d'idées, de traditions ancestrales ou due à des préservations dont l'âge et le monde auront raison. Or elle se montre ici, telle qu'elle est : un appel divin, irrésistible, victorieux de toutes les répugnances.

Aujourd'hui, la Secte tend à dissoudre la famille dans un individualisme stérile et mortel, il est bon d'en montrer la nécessité sociale, dans son influence et ses résultats.

Par ukases brutaux, indignes de la France, petits et grands séminaires, vides de leurs élèves, ont été désaffectés, ou tombent en ruines. Or, on dit, dans ce livre, ce qu'étaient ces écoles de formation du prêtre. Elles y revivent, dans leur discipline, leurs études, leurs maîtres, leurs traditions, leur idéal, leur but aussi social que religieux. Qu'elles se griment, qu'elles changent de figure, nous avons leur photographie. Mieux encore, leur âme, et, s'ils tombent, si on les rase, ces vieux murs éloquents, ils nous parleront encore dans « les mémoires d'un Prêtre d'hier. »

L'armée de l'église a aussi ses « hervéistes » déserteurs de l'autel ou du cloître, défroqués de toutes robes : les uns se taisent, d'autres parlent ou écrivent, dans des salles réservées, et des imprimeries occultes ; n'était-il pas urgent, en ces temps troublés, de leur apposer la vie d'un vrai prêtre, comme argument irréfutable aux sophismes, toujours intéressés, et toujours les mêmes, de la passion et de l'orgueil blessé, de l'ambition en mal d'avancement.

Les laïques qui ignorent le prêtre apprendront à le connaître, et, nous l'espérons, à l'aimer. Ceux qui ne l'apprécient qu'à travers les préjugés courants, rectifieront leur angle de vision.

Les sectaires, détracteurs de parti pris, irréductibles, se tairont, ou en riront moins volontiers.

Les esprits droits seront confirmés dans l'idée que « cet homme » petit de nom et de fortune souvent, curé de quelques centaines d'âmes, confiné sur une motte de terre qu'il ne quitte plus, dans une cure vétuste, à l'ombre d'un pauvre clocher de village, est néanmoins « quelqu'un » et fait de grandes choses, à l'encontre de petits grands hommes qui ne savent que flirter, porter de faux nez et des réputations usurpées.

Les prêtres, mes vénérés confrères, à qui je dédie tout naturellement ces pages, y trouveront comme un écho plus ou moins lointain, des joies, des tristesses, des luttes vécues. Mon vœu tout fraternel est qu'elles aillent rajeunir les vieux, dans le mirage du souvenir — le présent est si triste ! — et murmurer à l'oreille des jeunes, sous la tonnelle ou l'âtre, selon la saison : « la parole du Maître : « Vous avez choisi la meilleure part. »

Telles sont donc les raisons de ce livre !... aux lecteurs de dire s'ils y souscrivent sans réserve.

Saint-Amand-en-Puisaye,
E. D.

Mémoires d'un Prêtre d'Hier

CHAPITRE PREMIER

LE FOYER

La Rue du Puits... c'est là que je suis né, dans une ville du centre, aux bords fleuris de la Loire...

Ah ! le quartier n'était point aristocratique : des chiffonniers, des marchands de peaux de lapins, des tisserands dans des caves ; ça et là, séparant les maisons basses, petites et très peuplées, des ruelles lépreuses et qui me faisaient peur, le soir, quand je les traversais, au retour de l'école.

J'étais le dernier de neuf enfants, tous partis avant moi, sauf une fille, et tous pleurés ; pourtant il fallait que le père, forgeron, tapât sur l'enclume pour les nourrir, en même temps que la mère faisait courir l'aiguille, même la nuit ; leur mort était plutôt un soulagement, un sourire du ciel, mais le cœur saignait ; les pauvres aiment bien leurs petits : c'est leur trésor ; tandis que l'or dessèche le cœur trop souvent.

La mère surtout restait inconsolable. Morte à 84 ans, elle pensait encore à l'essaim envolé, à toutes ces âmes d'anges qui, me racontait-elle, revenaient lui sourire la nuit.

Quelle mère, que celle-là. La femme forte de l'Evangile : soutien et joie du mari dans les jours de misère — et ils furent nombreux ! — d'une exquise sensibilité par tempérament, et héroïque contre son cœur même, quand la raison ou la foi l'exigeait ; sachant satisfaire à toutes ses obligations d'épouse, de chrétienne, de mère, dont une lumière supérieure lui révélait l'étendue et la rigueur. Pauvreté, durs travaux, deuils cruels, ne lui arrachaient jamais une plainte contre Dieu. « Il l'a voulu, disait-elle, c'est là le creuset où mon cœur se trempe et mon âme s'affine ; avec le bonheur, je me serais peut-être perdue, tandis que, dans l'épreuve, je suis bien forcée de regarder plus haut que la terre qui me meurtrit et de crier vers Dieu. » La pensée de Dieu lui était habituelle et aussi nécessaire à sa vie que l'air à ses poumons... C'était un essor d'âme incessant, instinctif, comme le frémissement des ailes de l'oiseau, même quand il est contraint de marcher dans la poussière pour chercher sa nourriture et celle de ses petits. Cette ouvrière a été missionnaire ; elle a su opérer d'éclatantes conversions de francs-maçons, de filles dévoyées, d'impies jusque-là irréductibles à la parole du prêtre ; cette pauvre qui travaillait infatigablement, à deux sous par heure, a nourri des milliers de pauvres ; cette illettrée a écrit des volumes que des prêtres autorisés estiment à l'égal des œuvres de sainte Thérèse ; cette femme du peuple était une éducatrice hors de pair, adaptant admirablement les moyens à la fin, intransigeante, ayant horreur des concessions faites à l'esprit du siècle par la lâcheté des mères, parce qu'elle savait qu'il est des pentes qui entraînent jusqu'à l'abîme, irrésistiblement, quand on y a mis le pied.

Son programme tenait en trois mots : Dieu avant tout — l'âme avant le corps — le Ciel et l'éternité avant la terre et le temps.

Elle marchait à cette lumière, et entraînait tous ceux, enfants et étrangers, qui avaient la bonne fortune ou de l'entendre ou de la voir à l'œuvre.

Que dirai-je de sa distinction ? Chez elle, elle ne provenait ni du milieu, ni du sang, ni de l'étude, encore moins des manuels de bon ton, elle était le reflet d'une grande âme, le rayonnement de la vertu et de la grâce.

O toi, dont les souvenirs parfument ma vie, dont les conseils me guident encore, toi que je vois et que j'entends toujours ! ô ma mère, à qui je dois l'honneur et la joie d'une vocation que la vieillesse rend plus précieuse et plus chère, je te dédie ces lignes, comme autrefois, au jour de ta fête, je t'offrais, en t'embrassant, un bouquet de fleurs.

La Providence aime les contrastes ; à côté de cette femme exquise, de cette violette, elle avait dressé un chêne. Mon père était un rude gaillard ; moustaches à la Vercingétorix, ardent comme le feu de sa forge, fort comme un Cyclope, avec des bras qui, au besoin, remplaçaient l'étau, et où saillait une musculature d'acier.

Je n'ai qu'à fermer les yeux pour revoir sa silhouette géante, se détacher, toute rouge, dans le flamboiement de la forge, dans le jaillissement des étincelles, tandis que le soufflet haletait, et que les marteaux à frapper devant, aux mains des robustes compagnons, lançaient leur triple éclair d'acier, avant de s'abattre comme la foudre.

« Hardi, les gars !... » criait le maître.

Tout comme pour le violoniste, il nous faut la pose, le coup de poignet, la mesure et l'oreille, moyennant quoi, on joue juste, et on abat son morceau ; nos archets sont nos marteaux ; le soufflet : le métronome ; le fer rougi : la corde ; la main qui le tient : le chevalet ; l'enclume : la boîte à violon.

Et notre ariette douce et forte
　　Pan, pan, pan !
Dépasse mitraille et canons ;
　　Pan, pan, pan !
Dépasse — le diable m'emporte !
　　Pan, pan, pan !
Tempêtes, mers et tourbillons !

Un soir, une forte pièce rougie à blanc venait d'être assujettie sur l'enclume, à l'aide de grosses tenailles que mon père tenait de ses deux mains, et dont les mâchoires d'acier la mordaient comme un fruit mûr. Au signal donné, les compagnons font tournoyer leur lourde masse qui tombe à faux. Un cri retentit, mais poussé par les deux ouvriers ; quant à mon père, il était immobile, toujours debout, très pâle ; la secousse avait été terrible ; il n'avait pas lâché prise, seulement il ne tenait plus que d'une main la pièce tordue et faussée ; l'autre main essuyait les larmes que lui arrachait, malgré lui, l'atroce douleur qu'il ressentait au bras. Instinctivement, le compagnon maladroit s'était acculé au mur de la boutique.

« Approche ici, dit le blessé qui s'était emparé du marteau abandonné..., tu vois ce manche..., c'est ainsi qu'on le tient, à cette distance... et ainsi qu'on le fait pivoter autour du poignet..., as-tu compris Je t'ai pourtant appris cela... tu aurais pu m'arracher le bras, ce n'est qu'une secousse..., j'en ai vu d'autres !... Allons, remets-toi, mon garçon, et viens prendre un verre chez le père Bazile... »

Le lion se faisait agneau ; ce Capitaine Fracasse par l'allure, était, au fond, un timide ; de la même main qui maniait et tordait le fer, il balançait le berceau de ses petits, et jamais père ne fut moins avare de caresses :

je me rappelle très bien qu'il nous faisait sauter sur ses genoux, un sur chaque jambe, en nous chantant du « Béranger », son chansonnier favori.

Il chantait fort bien, et encore aujourd'hui, je me surprends à fredonner, au coin de mon feu, des airs qui remontent à 60 ans et dont il berçait mes oreilles d'enfant. Puissance de la musique qui, dans quelques notes, ressuscite tout un passé d'émotions, en faisant vibrer l'âme, en dépit du temps, d'identiques vibrations !

Ce forgeron, toujours dans le feu, aimait à « se rafraîchir » ; ma piété filiale a besoin de cet euphémisme. Et d'ailleurs, que d'autres lui jettent la première pierre ! S'il dépassait quelquefois la bonne limite, en revanche il avait le vin « très doux », sans calembour ; sa femme, intransigeante sur ce point, était alors comblée de prévenances et ses enfants aussi.

Il emmenait avec lui, pour lui servir de prétexte, son « dernier ». — C'était moi. — Or, je le vendais toujours, sans le vouloir ; à cette nouvelle, l'indignation de la mère était au comble, pour cette profanation de l'enfance, et la soirée se prolongeait en des observations très justes sur la genèse des mauvaises habitudes. Il écoutait en silence, d'un air paterne et résigné.

Le lendemain, il tapait plus fort sur l'enclume, promenait les petits, dressait la table, balayait la **chambre**, faisait les lits, achetait une robe à sa femme ; c'était sa manière de demander pardon.

Cœur d'or, tout d'une pièce, plein de rondeur et de loyauté, ouvrier inlassable, mais ne croyant qu'à son foyer et à sa forge. Sa mère, absente tout le jour, l'avait laissé pousser à la diable, jusqu'à son mariage. Jamais contraste plus violent entre deux époux : opposition totale de nature, d'éducation, de vues, d'aspirations, de but. Le ciel avait pourtant son dessein en rapprochant ces deux êtres que tout divisait.

Il avait donné à la femme — je l'ai dit — une volonté de fer trempée au creuset du sacrifice, à l'homme un cœur d'enfant dans une poitrine de lion, et de cette rencontre devait naître des merveilles d'héroïsme d'une part, et de conversion de l'autre.

Ma mère comprit son rôle et s'y employa tout de bon ; elle pénétra la volonté de Dieu, et, du même coup, le mystère d'une union mal assortie : elle voulut avoir l'âme de son mari, et elle l'eut. Instructions appropriées et graduées, opportunité des encouragements ou des reproches, leçons tirées des événements, tact exquis dans le pansement des blessures, savantes temporisations et angélique patience dans l'attente des résultats ; persévérance d'efforts, adroites concessions, prières incessantes, larmes et supplications, sévérités et pardons ; gages de tendresse, pratique des devoirs les plus pénibles de l'épouse, allant de pair avec la pratique des devoirs envers Dieu et des héroïques vertus ; et cela tous les jours, sans aucune défaillance : tels furent son programme, sa tactique, ses lignes de circonvallation pour tenter le siège d'une âme. Elle y mit trente ans ; Monique avait employé le même nombre d'années pour convertir Patrice ; aussi la victoire fut totale et assurée. Impossible d'échapper à l'influence de cette ambiance, à la force de cet enveloppement, à l'entraînement de tels exemples. Comme son fer dans la fournaise, le forgeron s'assouplissait à ce chaud rayonnement d'amour divin et d'héroïque foi : il en arriva à une telle énergie dans la pratique des devoirs chrétiens, que ses amis ne le reconnaissaient plus, mais Dieu lui souriait, et sa femme tombait à genoux en criant : Merci !

La méthode employée par elle réussit toujours ; mais quelles femmes, parmi les meilleures, savent en user ! Gémir et ne rien faire, poser les armes à la première sésistance ou, à la première défaite, conclure : c'est impossible, et se résigner à l'enfer qu'est, dans ces conditions, la vie commune, voilà ce que nous voyons !...

*
* *

Tandis que j'écris ces lignes, oh ! contraste ! ma vieille bonne, Solange, m'exhibe un rat qu'elle vient de prendre. « Si je n'étais pas là,

ajoute-t-elle, tout en colère, vous vous lais-
seriez manger... le nez, toujours fourré dans
vos... écritures ; vous en perdrez le boire et le
manger. Je dois mettre la lessive après-demain, et le cuvier s'en va comme un panier ;
il n'y a plus de vin à la cave ; et j'peux pourtant pas donner de l'eau à mes femmes... elles
vous décrieraient partout ; avec ça, je ne sais
pas quoi vous donner à déjeuner... le facteur
n'est pas venu ce matin. — Ça s'arrangera,
Solange, lui dis-je, en refermant mon manuscrit. » Elle part en claquant la porte.

Faut-il maintenant parler de moi, de mon
enfance si lointaine, à l'âge où je prends la
plume ?

Je m'y décide ; j'éprouve même à me rajeunir dans ces lignes, la joie qu'on a de retrouver, oubliée dans un album, sa photographie
d'enfant, et si je réprouve l'autobiographie,
fût-elle d'outre-tombe, ne puis-je confier en
toute sécurité, à un manuscrit destiné aux rats
ou au chiffonnier, ce qu'il me plaira d'évoquer
touchant mon humble personne ?

Donc, je me revois petit ; j'étais maussade,
indiscipliné, impatient du joug, j'avais un caractère détestable, ce qui, plus d'une fois, dut
faire trembler et pleurer ma mère. Je dois
ajouter ce correctif : j'étais loyal et incapable
d'un mensonge ; pris en flagrant délit, je me
raidissais plutôt, et n'eus pas fait un pas en
arrière pour me dérober. J'étais de l'espèce

particulière de ceux qu'on compare aux « mouches » et qu'on ne prend point « avec du vinaigre ». Au fond, et pour appeler les choses par leur nom, j'étais un orgueilleux, un petit être insupportable, ce que les mamans d'aujourd'hui nomment en riant « un diable ». Mon père, très faible, était de cet avis ; ma mère, plus sage, s'efforçait, sans toujours y réussir immédiatement, à briser cette volonté qui déjà ne capitulait pas.

Je n'aimais guère que les jeux bruyants et qui attiraient l'attention. Ainsi je battais éperdûment, avec deux baguettes, sur toutes les portes que je rencontrais, à la grande colère des bons bourgeois qui accouraient au son, et auxquels je faisais un pied-de-nez en courant, quand ils parlaient de m'allonger les oreilles ; innombrables étaient les sonnettes auxquelles je pendais de jeunes chats, j'étais toujours en tête de la bande et me risquais le premier. Cette farce est classique. D'autres, moins connues, et dont je pourrais bien être l'inventeur, consistaient à tendre, le soir, dans les rues les plus fréquentées, une imperceptible ficelle dans laquelle bêtes et gens s'empêtraient, en roulant des yeux féroces autour d'eux ; d'autres fois, un vieux haut-de-forme trouvé, était rempli de cailloux, placé au beau milieu de la rue ; le passant ne manquait jamais de l'écarter d'un vigoureux coup de pied, et il s'en retournait en se tenant la jambe, au milieu des éclats de rire.

Très vaniteux, je donnais la préférence aux jeux qui me mettaient en avant : les soldats, dont je voulais toujours être le général, les courses, dont je m'improvisais l'organisateur et le juge.

*
* *

Il y a la série des accidents ; à la réflexion, je m'aperçois que le Dieu qui me voulait prêtre, m'a bien souvent préservé. Un jour, — je pouvais avoir huit ans, — j'étais à cheval sur le dos de mon père qui nageait comme un dauphin, dans 15 pieds d'eau ; un brusque mouvement me précipite au fond ; on me retira à demi-asphyxié. Une autre fois, je regardais des pêcheurs à la ligne ; l'un d'eux, retirant son hameçon à vide, me l'enfonça dans la joue.

En jouant à « saute-mouton », lancé à toute vitesse, mes deux mains manquent le dos du camarade, et je tombe à plat ventre ; on me tint pour mort, pendant plusieurs minutes.

Nous jouions sur une meule de sable avec un fou ; il se crut insulté par moi, saisit une pelle laissée par les maçons et, de ses deux mains, m'en appliqua un coup effroyable sur la tête avec le taîllant ; il devait me tuer ; on me ramena ensanglanté et mourant à ma pauvre mère. J'avais dix ans à peine.

Je ne compte pas les menus accidents, les maladies, voire les opérations dangereuses que j'ai subies dans mon tout jeune âge ; à quoi bon ? Ce que je viens de confier au papier suffit pour me rappeler à moi-même, — si j'étais tenté de l'oublier, — tout ce que je dois à Dieu, qui a daigné me conserver, en raison de la sainte vocation à laquelle il me destinait.

*
* *

A ces souvenirs s'en mêlent d'autres, tout parfumés d'encens et de divine poésie.

Si, par bien des côtés, je causais des craintes à la saine femme qu'était ma mère, je lui offrais d'amples dédommagements.

Ma turbulente et exubérante nature — au dire de bons juges qui la rassuraient, — ne demandait qu'une orientation ; c'était son affaire, et elle s'en chargeait. Elle avait remarqué, — avec quelle joie ! — que si je me plaisais au jeu, et je m'y attardais volontiers, j'aimais l'Eglise, et tout ce qui est du culte de Dieu.

En effet, à peine en avais-je franchi le seuil, qu'une transformation soudaine s'opérait en moi ; mes yeux d'enfant étonnés et ravis, allaient du parvis à l'autel, des vitraux constellés de gemmes aux statues souriantes ou rigides, puis remontaient des niches sombres aux voûtes bleues dont les entrelacements d'anges sur des nuages me rappelaient vaguement ce ciel dont ma mère me parlait si souvent.

Tout m'émerveillait : le grand silence me parlait une langue inconnue ; l'ombre me semblait un rideau qui se lèverait bientôt et der-

rière lequel je verrais des choses merveilleuses.

Je savais qu'on ne devait pas parler dans
ce lieu, et je me taisais ; qu'on devait s'agenouiller, et je m'agenouillais aux côtés de ma
mère ; que derrière cette petite lampe étincelante comme un diamant, Dieu résidait, et
c'est de ce côté que, dès mon entrée, je diri-
geais mon regard.

Le prêtre, à la messe, tout vêtu d'or, faisant d'un geste, se prosterner la foule, tandis
que des flots d'harmonie tombaient du ciel,
le prêtre, pour moi, n'était plus un homme ;
j'attendais le moment qu'il remontât, en dé-
ployant ses ailes, à la voûte bleue du temple,
vers les autres anges qu'il avait sans doute
quittés ; et j'enviais le sort des enfants comme
moi qui lui parlaient et le touchaient.

Le confessionnal m'intriguait ; la chaire, les
fonts, les tableaux du Chemin de la Croix, où
Jésus est lié, où il tombe, où il est battu de
verges, où il saigne sous les clous et meurt,
m'arrachaient des larmes. Je demandais, je
posais des questions auxquelles ma mère répondait avec empressement et bonheur. Ainsi
l'Eglise fut mon premier catéchisme en images ; et ma mère mon premier maître. Bien
entendu, les leçons se poursuivaient à la maison, et toutes les occasions étaient mises à profit de m'inspirer l'horreur du péché, en même
temps que l'amour de Dieu, le goût de la
prière et de la vertu. A pareille école, mon ca-

ractère changeait ; sans perdre l'habitude du jeu, je lui préférais une bonne lecture, la société d'un enfant pieux, les cérémonies de l'Eglise, dont je ne me lassais pas, les séances de catéchisme. J'atteignis ainsi ma douzième année.

Tandis que j'écris ces lignes, je pense à la manière dont les enfants de ma paroisse sont élevés aujourd'hui. Quel contraste, grand Dieu ! Mère nulle, père blasphémateur et le reste, enfants moins bien soignés que les petits veaux de l'étable, baptisés à six mois, mis à l'école sans Dieu, complément du foyer sans Dieu ; ignorance totale de toutes notions religieuses, et même de toute prière, jusqu'à l'âge de l'entrée au catéchisme.

Je me plaignais à une mère des absences de sa fille au catéchisme, et à la messe du dimanche. Voici sa réponse : « Le catéchisme... la Messe... on sait ben qu'en faut un peu... faut de la crainte... pour la jeunesse, après ça... leur en fourrez pas trop dans la tête, Monsieur le curé... à vous croyons toujours pas ! moi je vous le dis ! »

Douze ans !... c'est l'âge où Dieu met une grande joie dans la vie : il se donne lui-même. La première Communion se trouve au carrefour de deux routes opposées : c'est une ligne de démarcation, un aiguillage pour le Ciel ou la damnation. Je viens de résumer, en deux lignes, la substance des sermons que ma mère me prodiguait à cette époque. A elle seule, elle en faisait plus que le curé et son vicaire ; en tous cas, elle les complétait et les appuyait de son autorité intransigeante et douce.

Me pressant sur son cœur, elle me disait : « Cher enfant, c'est cette année, entends-tu bien ? que tu vas recevoir ton Dieu !... Celui que je reçois chaque jour, à la messe, où tu m'accompagnes avec tant de bonheur. Sois donc réfléchi... pense à lui, sans cesse, pense à ta première Communion, au Ciel où sont tes petits frères... à tes fautes pour les regretter et t'en corriger... sois pur... prie beaucoup... travaille... fuis les mauvais camarades... confie tes peines à ta mère... mais surtout dis bien tous tes péchés à ton confesseur et écoute bien ce qu'il te dira de faire ou d'éviter !... »

Je l'ai entendue me parler ainsi des heures. Et de fait, au retour de l'école et du catéchisme, elle ne se lassait pas de m'entretenir et de cultiver, pour Dieu, mon jeune cœur, comme le joaillier taille un diamant de prix.

*
* *

De son côté, l'abbé qui nous faisait le catéchisme nous préparait de son mieux. C'était un saint : je revois d'ici sa tête qu'on eût dit pétrie avec de la cire ; ornée de longs cheveux d'or bouclés, retombant sur un cou très court et très nu ; des yeux grands et bleus l'illuminaient et brillaient sous le front très large, comme deux étoiles sous le ciel ; la peau fine et blanche, se rosait doucement à la première émotion, et nous ne les lui épargnions guère ! Il sortait en droite ligne du grand séminaire et avait, pour ses débuts, 150 enfants — c'est dans cette fourmilière qu'il était tombé —. Pourtant, nous l'aimions bien ; sa candide figure d'ange de bénitier nous charmait et nous désarmait.

Un jour, n'y tenant plus, il donna, au catéchisme, une gifle à un enfant incorrigible ; celui-ci se mit à pousser des cris, en se tenant la mâchoire. L'abbé pâlit, s'approcha de l'enfant, et parvint à le calmer à force de caresses ; l'espiègle éclata de rire, et nous tous avec lui.

Ce jeune vicaire avait nom l'abbé Rebeau, et prêchait fort bien ; c'est lui qui me prépara à la première Communion, c'est lui qui sut découvrir ma vocation, et en informa ma mère, que cette nouvelle combla de joie.

Le curé de Saint-Etienne était l'abbé Timard. Depuis 40 ans, il errait sous les voûtes sombres de sa belle église, dont il était l'âme, polissait le chêne de sa stalle canoniale, ou le siège du confessionnal qu'il ne quittait guère ; figure toute ronde, percée de petits yeux toujours fermés, surtout en chaire, court de taille et d'une obésité gênante ; il sortait peu.

Comme tous les curés de cette époque, il quintessenciait la paroisse dans une congrégation de la Sainte Vierge qui l'absorbait tout entier, sauf à se décharger sur le vicaire du reste de son ministère. Il avait fait de sa congrégation un vrai couvent : on n'y admettait qu'une élite ; tout était prévu et réglé : lever, coucher, travail, exercices de piété, cérémonies, costume, attitude extérieure. Elle a fourni des institutrices libres, des religieuses, d'excellentes mères de famille, des filles dévouées, des chrétiennes incomparables.

La sainteté de cet homme était contagieuse ; il était riche et mourut sans le sou, ayant tout donné.

J'ai connu un loqueteux qui ne manquait jamais son coup ; d'aussi loin qu'il apercevait l'abbé Timard, il courait à lui, et marchait à ses côtés, à distance respectueuse, lui demandant quelques sous et lui rappelant le temps où ils étudiaient ensemble sur les bancs du collège.

— « Ah ! c'est toi, Diaubourg, voilà où conduit l'absinthe ! Va-t'en ! je t'ai donné hier. » L'autre continuait et rappelait en termes éloquents les beaux jours d'antan, entremêlés de quelques textes appropriés : *Tempora si fuerint nubila*, etc.

Et l'abbé, obsédé et... attendri, y allait de ses 0,50.

A côté de cela, des petitesses — qui est parfait ?

Le régime de la table curiale était maigre : le pot-au-feu, et c'était tout ; on dédoublait même viande et légumes. L'abbé se retirait souvent sur son appétit et s'en plaignait à « Marie » qui, bonne âme, dissimulait, sous les légumes, du côté de l'abbé, un second morceau de bœuf ; le curé prenait le plat, le tendait à son vicaire, qui, d'un coup de cuillère inspiré, pêchait au bon endroit.

Les jeunes n'ont pas besoin d'excitant ; c'est bon pour les vieux. Partant de ce principe d'hygiène morale, le bon curé prenait son café dans sa chambre ; il habitait au premier.

Un jour, en l'absence de la domestique, il montait lui-même sa tasse de moka ; il s'empêtra dans sa soutane sur les escaliers, tomba d'un côté et la tasse de l'autre avec un tel bruit de vaisselle, que l'abbé ne fit qu'un bond de sa chambre pour voler au secours du sinistré. — « Monsieur le curé, vous vous êtes fait mal, hein ? — Oh, ce n'est rien, cher abbé ! — Mais ces débris ?... Vous êtes blessé ?... — Rentrez chez vous, je m'en charge. » Pendant ce temps, le vicaire ramassait avec soin les tessons où restaient encore quelques gouttes de la liqueur dorée, dont l'arôme remplissait l'escalier. A partir de ce moment, curé et vicaire prirent le café ensemble, une fois l'an, à Pâques.

Petits riens, vraiment ! Appelons cela, si vous voulez, les petites faiblesses d'une grande âme. Il est encore incontestable que le bon curé, quoique fort lettré et érudit, prêchait à dormir debout.

Sa figure toute ronde, où voltigeait un perpétuel sourire, émergeait de la chaire ; les yeux étaient clos obstinément ; un seul geste : les bras s'écartaient ensemble et brusquement à chaque minute. Le sermon ne durait pas moins d'une heure, les dimanches ordinaires ; les jours de fête, il était interminable, et récité, ainsi qu'une leçon, *recto tono*, avec une inflexion de la voix qui semblait s'éteindre, à la fin de chaque subdivision ; ce qui faisait croire à l'auditoire à demi-endormi, que c'était la fin, alors qu'il y en avait encore pour longtemps. Résignés, les paroissiens se recalaient de leur mieux sur leur chaise, pour renouer le rêve interrompu. Avec cela, l'abbé Timard gémissait du discrédit où était tombée la prédication et du manque de vrais orateurs !

*
* *

Malgré ces divergences de talent et d'âge, vicaire et curé faisaient bon ménage.

Tous ces détails m'ont été évidemment donnés après coup par l'abbé Rebeau lui-même, quand nous nous revîmes, prêtres tous deux, lui vieillard, moi débutant dans le ministère.

Préparé par ces deux saints ecclésiastiques, je fis ma première communion. J'ai dit toute la part qu'eut ma mère dans cette action décisive. Pendant la retraite, elle m'avait mis en mains « l'Ange conducteur » — je l'ai encore — elle m'en commentait les pages ; à l'aube du grand jour, elle me réveilla, m'embrassa avec une tendresse extraordinaire, tempérée de gravité, en me disant : « C'est aujourd'hui... dans quelques heures ! » L'heure venue, nous allâmes à l'église, en silence, et je pris place dans mon banc. Je sentais, sans les voir, ses yeux sur moi, et son cœur tout près du mien ; j'étais ému, mais d'une émotion paisible et qui rend heureux : tous les objets dont j'étais entouré, et qui m'étaient familiers, me semblaient changer de nature : l'église, l'autel, les prêtres, les chants, mes camarades, les fidèles, tout prenait une voix jamais entendue, et se parait d'un reflet particulier, sans doute celui que projetait autour d'elle mon âme en fête, ensoleillée, et tout près de Dieu. Je reportais mes yeux de mon livre au tabernacle ; le tabernacle n'était-il pas le centre de tout l'édifice, et l'hostie qu'il renfermait, l'aimant qui attirait tous les regards, fascinait tous les cœurs ? Il était là, le Sauveur très grand, très puissant, mais surtout très bon — ma mère avait insisté sur cet attribut divin : la Bonté — et je passais tour à tour de la crainte à la confiance, de l'adoration à l'amour, du souvenir de mes fautes, à l'assurance du pardon.

— « Venez, disait le prêtre, venez à Jésus en toute confiance, car vos cœurs sont purs.

« Venez, car il vous appelle, et vous attend. Venez à lui, comme la fleur va au soleil et à la rosée qui font son éclat et sa vie.

« Ainsi, ouvrez-lui vos cœurs, car ils ont soif de lui, et il les remplira de sa Divinité et les rassasiera de son Amour, pour qu'ils restent purs, forts contre les assauts de l'ennemi, toujours en haut, jusqu'à lui, jusqu'au ciel. »

... Nous communiâmes : de retour à ma place

et dans le grand silence des choses terrestres
dont je n'avais plus conscience, à cette heure
du ciel, le Dieu qui venait de se donner à moi,
me parla, et me dit, sans articuler un son,
mais irrésistiblement et puissamment : « Veux-
tu ?... Ne nous séparons plus... sois prêtre. »

*
* *

Il existe une tradition — du moins pour les
enfants de la ville — c'est d'aller, au lendemain
de la première communion, à la campagne,
boire « le lait » et manger « le pain noir. »

On me procura une autre distraction, toute
de cœur et de charité. On avait d'ailleurs si
peur que le divin parfum s'évaporât au souffle
de la dissipation ! On m'emmena chez « Tante
Louise ».

Cette sœur aînée de ma mère était un brave
cœur, mais fort originale. Restée vieille fille
par esprit d'indépendance, autant que par tempérament, elle élevait les enfants des autres
comme elle eût fait des siens propres ; elle ne
voulait avoir de la mère que la tendresse et le
dévouement. C'est ainsi qu'elle adopta deux
neveux et trois nièces, à la mort d'une de ses
sœurs.

La ville... il ne fallait pas lui en parler ; son
village, à la bonne heure ! Elle s'y sentait
attirée comme la violette sous la mousse.

— « Mais tu es insensée, lui disions-nous dans
les rares visites qu'elle faisait à la maison,

de vouloir t'embarquer à neuf heures du soir, avec six kilomètres à franchir ! » Elle nous écartait doucement, ramenait son châle sur sa poitrine, un peu émue de nous quitter, mais heureuse de causer avec les étoiles, de se retrouver seule, sans autre témoin que Dieu, sans autre entretien que ses rêves de dévouement, dans la nuit blanche, le long des haies fleuries.

Au village, on l'appelait « la bonne Louise ». Elle connaissait toutes les maisons pour en avoir franchi le seuil, surtout quand on y pleurait. Ce n'est pas qu'elle préférât les deuils aux joies, elle savait se plier aux circonstances ; linceul des morts ou voile des mariées, elle apprêtait tout de la même main, sinon du même cœur ; et sans doute ces contrastes auxquels sa vie se heurtait, n'étaient pas pour rien dans la trempe de ce caractère, et le détachement de cette âme qui ne pouvait plus regarder qu'en haut.

On aimait à l'entendre, et tous : les désespérés, les petits, les riches, les jeunes, les vieux, gagnaient à son commerce ; son absence faisait un vide, et on fêtait son retour : elle était ainsi l'âme du village, on l'y avait vue jeune fille, aussi vertueuse qu'elle était jolie ; on s'en souvenait pour entourer sa verte vieillesse de respect et d'honneur.

Un jour — il y avait bien longtemps — un jeune gars, qui n'y voyait aucun mal, avait fait mine de l'embrasser ; elle lui appliqua un soufflet : il se le tint pour dit, et les autres aussi ; on l'en estima davantage. Nombreuses furent les demandes en mariage : on sait le cas qu'elle en fit.

*
* *

Donc, un beau matin de mai, nous partîmes chez « tante Louise ». Mon père était en « salopette » blanche, et en paletot gris fer, armé de sa canne à épée dont la lame, à ce que racontait un sien neveu qui lui en avait fait don, avait embroché deux lions à la fois dans ses campagnes d'Afrique. Pour ma part, j'étais en costume bleu et blanc comme la veille, avec, sur la poitrine, un christ d'argent que m'avait envoyé de Fourvière, un frère aîné.

Partis à six heures du matin, nous arrivâmes à neuf heures. « Tante Louise » avertie, nous guettait, et d'aussi loin qu'elle nous aperçut du seuil de sa maison en vedette sur la route, elle battit des mains avec un : « Allons donc ! » retentissant. « Allons donc !... » répétaient les échos.

Je revois encore sa pauvre chaumière. Quoique travailleuse, elle était restée pauvre, tout l'argent qu'elle gagnait s'en allait de ses mains, pour les autres, comme l'eau d'un panier à larges tresses.

Son mobilier, tout reluisant de propreté, ne valait pas quatre sous ; une maie boiteuse, un méchant bois de lit où la mère s'était éteinte, une vieille armoire et deux chaises rangées autour d'une table en chêne, qui occupait le milieu de l'unique pièce ; de glace, aucune trace, la maîtresse de céans se mirait sans doute dans ses meubles frottés et refrottés dès le « patron-minet ».

L'écrin valait les perles. C'était une maison aux rides profondes, bâtie en torchis, gauchement assise sur un talus élevé. Son âge ? aucun villageois n'eût pu le dire, le plus vieux l'avait toujours vue. En guise de seuil, trois ou quatre moellons mal joints ; des murs lépreux et bosselés soutenant mal une toiture à lignes brisées, moussue, et dont les tuiles effritées n'avaient, sans doute, jamais été remplacées : les chéneaux éventrés pendaient lamentablement, par place, le long des murs, laissant tomber l'eau en avalanche, les jours de pluie, et, l'hiver, en longues stalactites. Le pignon était-il rond ou carré ?... il avait dû autrefois affecter la forme du triangle, avec, dans le haut, une porte de fenil, déjetée, et tirant sur ses gonds rouillés, comme un chien sur sa chaîne ; par un des côtés, celui de gauche, le toit s'allongeait presque au ras du sol, pour former appentis et abriter — telle une aile protectrice — oies, canards, poules, poussins, s'ébattant autour d'un âne pelé et roussi, braillant pour un rien.

Par contre, cette ruine était, comme il convient, encadrée très pittoresquement ; elle se détachait sur un coin de petite Suisse, auquel rien ne manquait : rigoles ravinant le sol, sentiers perdus sous la verdure, bouquets d'arbres, fouillis inextricable de ronces, minuscules cascades dégringolant à grand fracas les jours d'orage, fondrières, arbres jetés en arches de pont sur des ruisselets qu'un enfant eût enjambés et qu'un rayon de soleil eût taris.

Je vois encore la source à fleur de terre, grande comme la main, où, tout petit, je me penchais pour boire, avec les libellules, après une chasse effrénée aux papillons qui me semblaient des pétales de fleurs soulevés par la brise ; je courais aussi éperdument après les sauterelles dont la tête de cheval me donnait l'illusion de pouliches débridées, m'échappant toujours ; trop heureux quand il m'arrivait d'en prendre deux pour les accoupler, avec un brin d'herbe, à un char de moelle de sureau.

Ces souvenirs me rajeunissaient ; la source est toujours là, j'y vais encore par la pensée.

En contre-bas était une mare où les bœufs trempaient leur mufle rose, puis redressaient le cou, d'un geste grave, pour boire la lampée, en fixant le ciel, les yeux clos.

Plus bas encore, sous la poussée de l'eau qu'endiguait une conduite de bois, tournait un moulin, celui de maître Michel, meunier de père en fils, seigneur du village, car on le disait riche... et honnête.

Dans tous les moulins du monde, je revois celui-ci, avec sa grande roue verdâtre, dégouttante d'eau ; mon imagination d'enfant en faisait une noyée perpétuelle, toujours refoulée par la vague, toujours sortant ses bras et sa tête, et criant : au secours ! Dans les bruits des avalanches, des courroies, des meules ronflantes, du cliquet battant comme un cœur en détresse, j'entendais sa plainte désespérée.

En été, le site tournait à l'Eldorado ; un verger qui s'étendait derrière la masure, et dont les arbres, d'essences variées, moussus, convulsionnés, n'avait jamais été renouvelés, conviait à la ribauderie tous les oiseaux des environs. Ce n'était que bruit d'ailes, coups de becs dans les fruits, trompes d'abeilles dans les dernières fleurs, rondes de bestioles dans l'air. Le dîner fini, après avoir sablé le champagne des sources, grives saoûles, merles titubants, rossignols, bouvreuils, pinsons, tous les convives y allaient — comme chez nous — de leur romance ; alors, c'était une orgie de sons sous le ciel bleu, dans un palais de verdure et la griserie des parfums.

Le soir, changement de décors ; les étoiles regardaient à travers les arbres, plongeaient comme des yeux amis à travers la petite fenêtre carrée qui ouvrait sur le lit de « Tante Louise » et semblaient lui dire : « Bonne nuit !... nous veillons sur toi, ma vieille. »

De là, sans doute, chez la douce créature, la quiétude d'âme, le sens du beau et du divin, une intuition de poésie et de grandeur.

— « Dame, dit-elle, en nous accueillant avec son bon sourire, je ne vous reçois pas dans un palais ; ça n'a pas changé depuis l'an passé. Toujours la misère accueillante !

— « Comment ! répliqua ma sœur qui nous accompagnait... et ces chaises... cette table à rallonges, ce bouquet, d'où le christ, qui en est la plus belle fleur, étend ses bras vers nous ! souriant sous ses larmes de sang !

— « Il falait bien que vous pussiez vous asseoir ; ces quatre chaises viennent de chez la Gaulier ; le meunier a voulu prêter sa table à rallonges ; le bouquet est du garçon à Thomas, qui vient, lui aussi, de faire sa première communion, et que j'ai invité pour le café. Quant au christ, vous le reconnaissez bien, il ne me quitte pas, j'entends qu'il soit de toutes les fêtes. Je l'ai ôté, à grand'peine, des mains de ma mère, sur son lit de mort. »

Tout en causant, elle faisait faire un demi-tour au tourne-broche, ouvrait ses daubières, excitait le feu, rectifiait la nappe, comptait les assiettes.

Une voisine l'aidait. Une dizaine s'étaient offertes ; elle avait choisi « la Justine », une veuve qui avait eu trois maris, dont deux étaient morts, et le troisième l'avait plantée là... sans qu'elle sût pourquoi, ni voulût le savoir.

— « Allons, mes enfants, à table ! vous devez avoir faim, depuis six heures, et après six kilomètres ! »

En effet, j'avais déjà attaqué, pour ma part, et par ordre, une miche de pain noir, sentant son fruit, à pleines dents ; la marche matinale, le relent des viandes, le fumet du poulet doré au grésillement des braises, me creusaient à des profondeurs inconnues.

Le dîner fut charmant ; on mangea et on rit beaucoup. Nous trouvâmes que « tante Louise » avait fait trop de frais.

— « Attendez un peu... si je vous disais que ce dîner ne me coûte pas un sou; aussi vrai que je vous le dis !

« La rouelle de veau est de Ludovic; le bœuf, de Jean-Louis ; le poulet et la dinde, du fermier Duchemin. Quand j'ai voulu payer : « — Al-« lons donc, vous plaisantez, m'a-t-on répondu ; « vous direz à votre gentil neveu de prier pour « nous et vous nous l'amènerez. » Qu'en dites-« vous ?... c'est-y en ville qu'on trouverait ça?... » Elle nous regardait, les poings sur les hanches.

Nous convînmes que non.

Puis, nous allâmes, comme c'était convenu, visiter tous ces braves gens. Tante Louise triomphait visiblement.

L'église était à deux kilomètres ; nous ne pouvions nous décider à repartir sans aller nous agenouiller aux pieds de Celui qui s'était donné à moi, la veille.

Un vieux prêtre était abîmé dans l'adoration, le sosie du Curé d'Ars, mais lui ressemblant plus encore par le cœur, le zèle pastoral, la sainteté de vie.

Apprenant qui j'étais, il me caressa doucement, me signa au front, me dit de garder à jamais le souvenir du grand jour, et, regardant ma mère, dont il connaissait déjà l'éminente piété : « Priez, lui dit-il, vous serez exaucée. » Cette parole fut pour elle le bouquet de la journée, un rayon tombé du ciel.

Nous partîmes par une soirée merveilleuse, le ciel, très pur, était un champ semé d'étoiles, la lune se levait à l'horizon, on parla de Dieu, du bonheur qui attendait les cœurs purs, et quand ma mère me reconduisit dans ma chambre à coucher : « Aujourd'hui, c'était bien ; demain, ce sera mieux : nous visiterons les malades. »

Le lendemain, après la visite de tante Louise, ce fut le tour de la « marraine ».

Marraine, elle l'était approximativement, par procuration ; elle ne manquait cependant aucune occasion de m'appeler son filleul, Lucien par-ci, Lucien par-là ; elle s'appelait Lucie, Mademoiselle Lucie — car c'était une demoiselle... de 75 ans. — Elle assistait à mon baptême et avait répondu pour ma sœur trop jeune — ma vraie marraine — aux questions du prêtre.

Elle habitait au-dessus de nous, dans un grenier mansardé, en compagnie de sa chatte, Minette, qu'elle accaparait pour elle seule. Affligée de la danse de Saint-Guy, incapable d'un travail suivi, ne sortant presque jamais, connue seulement de ses voisins, elle souffrait en silence, manquant souvent de pain et du courage d'en demander. C'est ainsi que ma mère l'avait trouvée un jour exténuée sur son grabat. « Ma pauvre Lucie, à quoi pensez-vous ? Vous avez du pain, dites-vous, mais point de bouillon : nous vous tremperons la soupe — elle adorait la soupe — toutes les fois que vous en manquerez ! »

Or, dès le lendemain, l'excellente fille s'en vint à la maison, tenant à deux mains, sur sa poitrine, une soupière monumentale.

Ma mère regarda, d'un air de tristesse, son pot-au-feu qui allait y passer tout entier, et timidement : « Votre vase est un peu grand, ma bonne Lucie, vous en aurez sans doute pour plusieurs jours.

— Oh ! oui, madame ! »

Elle avait un autre caprice, assez bizarre : elle préférait à tout la tête de chèvre, et voici pourquoi.

« Vous ne savez pas, disait-elle, au milieu de rires inextinguibles, tout ce qu'on peut en tirer d'une tête de chèvre !

« D'abord, un excellent bouillon ; j'en ai pour huit jours ; puis, de la bonne huile, que j'en extrais ; avec cette huile, je mange la chair à la vinaigrette ; rien de pareil : je m'éclaire et je vends le reste au père Talvard, le tisserand, pour ourdir sa toile. »

*
* *

On le voit, j'avais une marraine ingénieuse. J'ajoute que c'était la plus honnête personne du monde, d'une foi antique, ne connaissant que sa mansarde et l'église, très reconnaissante, plutôt timide et pleine de cœur...

Quand nous allâmes la voir, elle habitait l'hospice, depuis plusieurs années déjà.

C'est là que nous nous dirigeâmes, par une après-midi merveilleuse, éclatante de soleil et de gaieté, imprégnée de parfums, chantant la vie avec les oiseaux, la verdure, le ciel bleu, la neige rose des marronniers en fleurs.

L'établissement, plutôt morne, renaissait comme un malade que la fièvre a quitté ; par ses cours, ses corridors, ses fenêtres entr'ouvertes, il aspirait la santé, le renouveau, dans ces ondes lumineuses qui le baignaient, en chassant devant elle tous les miasmes, ces relents sans nom des salles d'hôpital, faits de toutes les odeurs, qui, l'hiver, s'accumulent et imprègnent tout.

Aussi, béquillards, goutteux, idiots, hydrocéphales, incurables de toutes sortes, avaient quitté leurs geôles : un cul-de-jatte jouait aux cartes avec un carabinier, des boiteux s'amusaient aux quilles ; tandis que de tout petits, avec des têtes monstrueuses, riaient aux éclats en les regardant, inconscients, heureux !... O bonheur ! qu'es-tu donc, et où loges-tu, au juste, chez nous ?... Si souvent nous nous trompons de porte, en te cherchant !

Tout ce monde s'arrêta quand nous traversâmes la cour, ma mère, ma sœur et moi.

Un idiot vint tourner et retourner le Christ

qui pendait à ma poitrine, avec un éclat de rire dément, lamentable ! quand une Sœur se détacha d'un groupe :

— « Vous désirez ? nous dit-elle, avec un sourire de dents blanches.

— « Mlle Lucie. »

Elle se recueillit un moment les yeux en dedans.

— « Ah ! j'y suis !... Salle Sainte-Marie, 48. Voulez-vous me suivre ?... »

Elle marcha devant nous, candide, joyeuse, au milieu de toutes ces misères, comme une fleur dans des ruines. Elle paraissait toute jeune ; sa figure, très belle, était blanche comme la guimpe qui en soulignait à peine l'ovale ; sa pureté de cœur et d'âme rayonnait dans son regard très franc et très doux.

« Oh ! quelle joie vous allez lui causer, à cette pauvre Lucie ! dit-elle, toujours souriante. Vous lui avez écrit, car elle vous attend depuis ce matin. C'est une très bonne fille, la meilleure de ma salle, toujours triste, mais patiente et résignée, et priant beaucoup ».

Nous étions arrivés, et la petite Sœur, après un salut, s'en alla par discrétion.

La pauvre vieille était assise sur son lit. En nous voyant, un éclair de joie illumina ses yeux, presque éteints. Tout son cœur, tous ses sentiments intimes passèrent dans ses traits, et le geste qu'elle fit, étendant ses bras en avant ; elle resta longtemps sans paroles ; de fait, depuis longtemps, elle était paralysée de la langue et s'exprimait fort difficilement.

Je m'étais avancé et elle m'avait embrassé au front : quand je me dégageai de son étreinte, elle me fit, d'un signe de tête, remarquer le crucifix qui était appendu à la muraille, à droite, au-dessus de son lit. C'est celui-là que tu as reçu, voulait-elle dire, sans doute, je le regarde, et il me console, et de son image abîmée dans l'agonie, descend, sur moi, un rayon de pâle joie, le seul qui me réconforte dans mes abandons de jour et de nuit.

On lui offrit une chromolithographie, qui était censée me représenter, un livre sous le bras, un grand cierge à la main, avec, dans un ciel rempli de têtes d'anges, un calice, surmonté d'une hostie. Cette image-souvenir comportait trois feuilles, se développant comme nos vieux triptyques. Au milieu, une longue prière, que ma sœur lut à haute voix, et sur le dernier compartiment, la date du grand acte, mon nom, et, en belles gothiques dorées, la mention : à mademoiselle Lucie, ma chère marraine, son petit filleul.

L'image fut embrassée plusieurs fois, avec frénésie, puis, comme un trésor qu'on cache, enfoncée sous le traversin, sur lequel la malade inclina doucement la tête, tandis que ses yeux s'emplissaient de larmes. Elle sembla dormir ainsi longtemps ; nous n'osions faire un mouvement ; sur ses traits, errait un sourire, contrastant avec des pleurs figés aux cils et qui tombaient, toujours plus rares, comme d'une source qui tarit. Sous une clarté d'aube croissante, la figure, éteinte d'ordinaire, s'illuminait et se transfigurait.

La jeune Sœur, la visite des salles terminée, nous rejoignit.

Et tout empressée : « Hé bien ! cette chère Lucie est heureuse, j'espère, de votre longue visite ! »

Nous la lui montrâmes, reposant doucement. Elle s'approcha, se pencha sur elle, et, après l'avoir considérée quelques instants, aussi naturellement qu'elle eût dit : « elle dort », elle s'exclama : « elle est morte !... de joie, sans doute !... » Et, nous voyant pâlir, elle ajouta : « Mais elle était prête ; elle a voulu communier le jour même de la première communion de son filleul... »

Ce fut ma première grande émotion ; je n'avais pas encore vu la mort de si près, et en de telles circonstances... Si le spectacle en est tragique, la leçon en est salutaire et inoubliable.

L'image-souvenir fut placée sur le cœur de la morte ; le lendemain, au déclin du jour, nous accompagnâmes, avec l'aumônier, la petite Sœur et deux infirmiers, la bière de sapin jusqu'au cimetière ; après avoir passé par la chapelle de l'hospice pour les prières liturgiques.

Une tombe minuscule, humble comme sa vie, ayant peine à se dresser au-dessus des herbes qui finirent par la dérober, marquait pour moi seul et les miens, l'endroit où reposait cette **chère dépouille.**

Depuis longtemps, toute trace a disparu, faute d'entretien ; car d'autres tombes, plus chères encore que celle-là, se sont dressées, pour s'effriter à leur tour. Heureusement, pour ceux qui ne peuvent acheter de concessions perpétuelles, il est un autre endroit où gisent nos morts, où plutôt où ils vivent dans le rayonnement de leur beauté morale, de leurs vertus, de leur amour pour nous : c'est le cœur, où nous leur gardons un culte impérissable.

Voilà la concession perpétuelle que je réserve à ma chère marraine, où je la retrouverai toujours, jusqu'au Ciel.

*
* *

Toute cette octave qui suivit ma première communion m'apparaît, dans le souvenir, comme un coin de terre réservé où poussa, sous l'ombre et le soleil, la fleur de ma vocation.

Le surlendemain de l'inhumation de ma chère vieille marraine, ma mère me tendit un papier qu'on venait de lui remettre ; j'y lus ces quelques mots : « Venez vite, votre protégée, la mère Finsoif, se meurt. »

— Viens avec moi ! tu connais déjà cette malheureuse que dévore un cancer ; elle est encore plus malade quant à son âme ; jusqu'ici, tous mes efforts ont échoué ; je compte sur ta présence et le divin rayonnement qu'elle jettera dans cet antre. Cette femme, ajouta ma mère, vit en concubinage ; de ses trois enfants, aucun n'est baptisé ; plusieurs fois, elle a eu devant moi des accès de délire où elle affirmait voir le diable en personne. « Il est là, montrait-elle, d'un geste tragique, là, ne le voyez-vous pas comme moi ? Il veut m'emporter ! » Et elle hurlait, désespérée, battant les murs de ses poings crispés. Si nous pouvions arracher cette âme de l'enfer ! Ce sera dur, peut-être, mais quelle victoire et quels mérites !

Nous partîmes ; le temps pressait ; nous arrivâmes dans le quartier le plus désolé de la ville, coupé de ruelles où deux personnes n'eussent pu passer de front ; où s'échelonnaient, en ligne brisée, d'infects rez-de-chaussées ; jamais un rayon de soleil n'y pénétrait ; aucun passant, sauf les habitants, ne s'égarait dans ces méandres, sorte de cour des miracles, de quartier déclassé, réservé aux chiffonniers, aux goîtreux, aux culs-de-jatte, ces lépreux modernes, qui se parquent eux-mêmes, et associent leur misère, tout enveloppée d'ombre, d'abandon et de silence.

Ma mère me conduisit à coup sûr. Le seuil, elle l'avait franchi tant de fois, par tous les temps, à toutes les heures, même à l'insu de nous tous ! Un seuil !... C'était plutôt un soupirail. On descendait dans la caverne de la vieille cancéreuse par six marches.

— Où me conduis-tu donc ? interrogeai-je, aveuglé dans cette nuit de cave.

— Mais chez la mère Finsoif. Elle habite là !...

— C'est une citerne, une grotte, un cimetière, plutôt qu'une maison ! dis-je.

Notre descente n'était pas finie. Ici, les étages étaient renversés ; au lieu de s'échelonner vers le ciel, ils s'enfonçaient en terre.

En effet, après les six premières marches, on trouvait une sorte de palier avec habitations et locataires ; c'était le premier de cette descente aux enfers; encore six marches, et nous aboutissions chez la mère Finsoif.

On distinguait tout de même, dans ces soussols, le jour de la nuit ; des vasistas donnant sur un bras de la Loire, de plusieurs mètres en contre-bas de la rue, y apportaient quelques lueurs.

— Ça ne va donc pas, dit ma mère en approchant de la malade, et en dégageant sa tête du tas de guenilles où elle était enfouie.

— Ah ! c'est vous, madame ! que vous êtes bonne d'être venue me voir ! Je ne vois jamais personne, toujours seule ! C'est dur, allez !

— On m'a écrit que vous étiez bien plus mal, heureusement, à ce que je vois, il n'en est rien.

— Vous allez bien me pardonner ; j'ai menti : je suis toujours pareille, pas plus malade qu'avant, mais autant ; vous savez bien que je souffre toujours atrocement de ce vilain mal. Voilà, j'avais quelque chose à vous dire qui vous fera plaisir... et à moi aussi.

La pauvre vieille s'était relevée sur son séant ; du grabat, des linges pleins de sanies qui recouvraient sa plaie et qui, tombés, mettaient à nu un trou horrible, purulent, rongeant l'œil jusqu'au crâne, s'exhalait une puanteur irrespirable, dans ces deux mètres carrés de chambre. Ma mère, me voyant tout pâle, ouvrit bien vite l'unique fenêtre.

— Ah ! c'est votre fils, dit-elle en m'apercevant. Sur un signe de ma mère, je m'approchai, et la pauvre vieille, se penchant vers moi, me tendit ses deux bras pour m'embrasser afin de me récompenser d'être venu la voir.

Sur un nouveau signe de ma mère, je réprimai vite un geste de recul et me laissai faire.

Ou bien Dieu fait de la vocation sacerdotale un don gratuit, ou bien il en fait une récompense. Dans mes méditations, revenant sur ce fait, je me suis demandé souvent si mon appel au sacerdoce n'a pas été le divin paiement de cet acte héroïque.

— Dame, reprit la cancéreuse, en se recouchant, j'ai quelque chose de beau à vous dire, à vous, Madame, qui êtes un ange que le bon Dieu m'a envoyé. La preuve, c'est que la nuit qui a suivi votre dernière visite, j'ai eu un rêve, un beau rêve.

J'étais guérie ! ma plaie horrible avait disparu ; je me promenais, avec vous, dans des campagnes que je n'avais jamais vues. Rien de si beau : des fontaines, des oiseaux, des fleurs, des anges ; du bleu et des parfums partout, dans l'air. J'étais heureuse. Non seulement je ne souffrais plus, mais je riais et je chantais les doux cantiques que vous m'aviez appris ; tous chantaient avec nous, dans ces lieux fortunés, jeunes hommes tout en lumière, jeunes filles avec des tuniques blanches, couronnes d'or au front, palmes d'or aux mains et qui me rappelaient les Saintes des églises, du temps que j'y allais, hélas !

J'étais heureuse ! Je ne puis dire ni ce que j'ai vu là, ni ce que j'ai ressenti ; ni mes larmes à mon réveil, ni les souvenirs de ce rêve trop tôt fini, et auxquels j'aime à m'abandonner, quand le désespoir veut me ressaisir, quand je souffre trop, quand je pense à mon mal, à mon passé, à la laideur de mon corps et de mon âme. Vos conseils aussi me reviennent, et des voix comme celles entendues dans mon rêve inoubliable — je les reconnais — me crient : « Convertis-toi ! Reviens à Dieu, à l'innocence de tes jeunes années, et tu demeureras avec nous, toujours, toujours ! »

Ce n'est pas tout. Une autre nuit que je m'étais endormie, en repassant toutes ces choses dans mon esprit, j'eus un autre rêve qui m'a beaucoup frappée.

Le même spectacle que la première fois m'apparut, mais éloigné, comme l'est, pour notre œil, l'extrême horizon. Je regardais de loin, j'entendais de loin, je jouissais de loin ; et, dans mon désir de regagner ces rivages, je faisais effort, mais j'étais arrêtée à chaque pas par mille obstacles qui se dressaient devant moi : murs infranchissables, torrents, passerelles étroites et dangereuses à franchir, mers, montagnes. Alors vous m'apparûtes : « C'est difficile, me dîtes-vous, mais non impossible. Je connais un chemin, un sentier caché. Le tout est de me suivre... le voulez-vous ? Alors, donnez-moi la main. » Je me réveillai sur ces mots, et depuis, je n'ai pu distraire mon esprit de cette vision, et j'en cherche le sens.

Nous avions écouté, ma mère et moi, sans interruption. J'étais, pour ma part, très impressionné. Après un assez long silence, ma mère lui dit :

— La réponse est simple ; elle tient en quelques mots. Dans le premier rêve, dans la première vision, si vous voulez, le Bon Dieu a voulu vous donner un avant-goût du bonheur du ciel, pour vous encourager.

Dans la seconde, il vous a montré les obstacles à vaincre, les efforts à faire.

Quant à mon apparition, à mon rôle de guide sûr par des sentiers connus, vous n'aurez pas de peine, j'imagine, à deviner que c'est un rappel frappant de mes exhortations à sortir de l'état de crime où vous vivez, condition pour vous du salut de votre âme.

— Je l'ai compris ainsi, reprit la malade, éclairée, tout en larmes ; je veux me confesser, communier, aller au ciel, échapper au démon que j'ai vu, qui, plusieurs fois, voulut se précipiter sur moi. Allez chercher un prêtre ; il baptisera mes enfants, et moi, il nous mariera, il fera tout ce qu'il faut faire.

Et, dans l'espoir de sa réhabilitation qu'elle voulait éclatante, publique, elle multipliait les actes d'amour, de repentir, d'espérance, de foi, que ma chère mère lui avait appris. Les voisins s'étaient rassemblés, et, devant eux, pour s'humilier, elle commençait une confession publique, que ma mère, à cause de moi, dut interrompre. Quelques jours après, les formalités exigées par la loi et par l'Eglise accomplies, la mère Finsoif, le même jour, fut baptisée, communiée, mariée. Des Dames de charité, intéressées à ce cas étrange, avaient fait de l'*antre* une chapelle parfumée et fleurie. Le lit de cette première communiante de 80 ans en était comme l'autel, tout resplendissant de blancheur et de lumières, en même temps que son cœur purifié, était le ciboire où Dieu habitait.

Le vieux, à genoux, pleurait. Les enfants, dispersés en ville, sans rapports entre eux ni avec leur mère depuis des années, s'étaient retrouvés sous son regard et sous son étreinte : tous les autres miséreux de la rue formaient la haie au passage du Saint-Sacrement.

A ce souvenir, mon cœur rajeunit ainsi qu'une fleur sous un rayon de printemps.

Cette journée, la dernière de ce que j'appelle l'octave de ma première Communion, devait s'achever aux « Ursulines » où se célébrait l'adoration perpétuelle.

Sans doute, l'antre de la mère Finsoif s'était irradié de clartés célestes, à la visite du Dieu de l'Eucharistie, mais la foi, chez l'enfant, n'a pas la puissance de faire oublier le cadre, pour ne plus lui laisser voir que le tableau, pas plus qu'elle ne dissipe totalement les ombres, où son œil, avant l'éblouissante lumière, s'est effaré.

Le cancer, je le revoyais et le revois encore, son relent était dans mes habits, et sur ma face ; le spectre, à fleur de tombe, m'effrayait ; le soupirail qu'était cette habitation où il m'avait semblé descendre des marches sans fin, m'étouffait.

Aussi, arrivé aux « Ursulines », après avoir traversé silencieusement, aux côtés de ma mère, une partie de la ville, j'éprouvais l'impression d'un égoutier de Paris qui, sans transition, se trouve transporté aux tours de Notre-Dame.

J'étais, depuis cinq ans, enfant de chœur dans ce couvent. Avec le Carmel et la Visitation, il était, avec ses grilles claustrales, au sein de la cité tourbillonnante, un parc clos, où les âmes lasses aimaient à aller chercher un peu de fraîcheur et un coin du ciel.

La chapelle ne désemplissait pas.

On y accédait par une petite cour en retrait de la rue, après avoir monté une vingtaine de marches toujours luisantes, encaustiquées.

Un demi-cercle de bois de chêne entourait l'autel qui se dressait, droit en face des grilles ; on eût dit un abat-jour, jaloux, ramassant tous les rayonnements du tabernacle, pour les concentrer en une unique projection, du côté du chœur des Religieuses.

De quatre verrières, perçant les murs, descendaient des arcs-en-ciel ; deux portes, de chaque côté des grilles, ouvraient, l'une sur la sacristie, l'autre sur les cellules ; en haut, au-dessus de l'autel, formant tribune, des grilles encore, d'où s'épandait sur la foule, à certains jours, l'harmonie plus suave que savante d'Hermann, avec des paroles de flammes, plutôt humaines, pour interpréter de divins élans ; l'art, le grand art du chant, se trahissait sous l'envolée des trilles savamment détachés ; les voix, bien timbrées, vibraient à donner le frisson ; l'assistance regardait, en haut, vers les grilles ; des impressions s'échangeaient : « C'est l'Anglaise !... Voici Mlle H... ! qui a tout quitté pour le cloître !... tout : beauté, talents, fortune, avenir, alliance enviée ! ! ! »

L'écho de ces holocaustes m'arrivait ; bien que je n'en comprisse pas toute la grandeur, j'en saisissais confusément le prix et le mérite, et quoique je n'eusse pas les mêmes sacrifices à faire, je me sentais incliné à donner, moi aussi, ce que j'avais ; j'aimais cette chapelle, mon cœur d'adolescent se dilatait dans cette ambiance de silence et de paix. Dieu parle de tant de manières ! sa voix se répercute en de si multiples échos !

*
* *

Un homme l'emporta sur tout dans l'histoire de ma vocation ; à cette heure, il plane encore sur ma vie comme une vision. C'était le type achevé du Prêtre ; on l'appelait l'abbé Lerolle : il était aumônier de la maison. Plutôt grand, le front découvert, les lèvres lippues, pleines de bonté, les yeux à fleur de paupières, les cheveux rares et plats, rejetés en arrière, à l'allure sulpicienne, sans mouvement d'épaules ni de tête ; tout en lui respirait l'humilité unie à la dignité sacerdotale et à la noblesse de race — il sortait d'une vieille famille de robe — sa belle fortune passait au couvent, aux pauvres qui le suivaient à la trace de ses aumônes, quand il traversait les rues, aux œuvres de toutes sortes, aux soins de sa santé, plutôt chétive.

Il avait la timidité d'un enfant ; une seule personne le faisait sortir de ses gonds : la Sœur sacristine, vieillotte, trottinante, un peu brouillée avec le quantième, et oubliant les burettes, ou la couleur des ornements.

L'abbé Lerolle se contentait d'abord de sourire, puis priait la sacristine, qui s'obstinait, de réintégrer sa cellule.

Il m'appelait « mon gros » et ne m'adressait jamais aucun reproche ; bien que comme tous mes congénères, je « léchasse » le restant des burettes — il usait de Lunel — et lui dérobasse les dragées de ses meilleures boîtes. Je le vis sortir un jour du confessionnal, dissimulé dans le mur de la sacristie et donnant sur le cloître ; il eut l'air de ne s'être aperçu de rien, alors que, par le rideau, il avait tout vu, et

que, rouge de confusion, je croquais une pra-
line qui m'étranglait.

Il était d'une exactitude chronométrique ;
avec le déclanchement de l'horloge, à l'heure
de la messe, la porte s'ouvrait, et, avec le bruit
du timbre, se confondait celui de son pas
rythmé ; à l'action de grâces, son cœur seul
battait, trahissant la vie, tandis que le corps
hiératique, immobile, dans une stalle de chêne,
face à l'autel, ressemblait à une statue de pierre.

Je ne l'ai jamais entendu parler ; sans doute
il ne prêchait que par l'exemple, ce qui valait
mieux ; en lui, rien de brillant, il ne discutait
jamais, il se contentait d'écouter avec une exquise courtoisie, et souriait avec indulgence
aux sottises des bavards ; jamais médisance
n'effleura ses lèvres ; il ne jugeait personne ;
la pente de son noble cœur l'inclinait à l'indulgence quand même ; sa vie paraissait unie,
sans tempête, comme ces lacs qu'abritent les
montagnes ; sa mère, avec laquelle il vivait,
dans son hôtel de la rue Léans, un frère ma-
gistrat, son couvent, ses pauvres, le prenaient
tout entier, au point de ne lui laisser ni loi-
sir, ni goût, pour se répandre au dehors. Avec
un tel aumônier, les choses allaient toutes seules : Religieuses et pensionnaires n'avaient qu'à
le regarder pour marcher dans la discipline et
la vertu.

*
* *

La cérémonie de l'Adoration perpétuelle était

achevée ; la chapelle cependant restait inondée de lumières, éclatante encore dans l'étincellement de ses ors, le cristal de ses lustres ; la foule restait, avide de humer les dernières gouttes d'harmonie, dont, pendant toute la durée de la fête, elle avait pu s'enivrer à longs traits.

A la tribune, un duo final — d'Hermann toujours — mettait en valeur deux voix exquises, rivalisant de virtuosité, d'élan, mais si harmonieusement fondues, qu'on en distinguait à peine le registre ; paroles et musique s'alliaient, semblaient se prêter des ailes pour soulever de terre des cœurs meurtris et leur révéler les charmes, sans remords, du divin amour.

Hermann, on le sentait, avait connu le monde avant de connaître Dieu, et chantait, la différence en aveugle-né qui, subitement voit le soleil :

> Ils ne sont plus les jours de larmes,
> J'ai retrouvé la paix du cœur,
> Depuis que j'ai goûté les charmes
> Des Tabernacles du Seigneur.
>
> Je buvais à la coupe amère
> Dont on me vantait la douceur
> Et je délaissais — ô mon Père —
> Le pain sacré du voyageur !
>
> Je ne trouvais qu'insuffisance
> Dans mes plaisirs de chaque jour ;
> Que ne savais-je l'abondance
> Du Banquet divin de l'amour !

Les voix superbes et triomphales montaient

toujours : on eût dit deux clairons sonnant la diane à l'aube d'un beau jour ; sur la note la plus élevée, elles planaient en point d'orgue, tel l'oiseau, sur ses ailes, après un vigoureux essor.

Quelques assistants, violemment émus, pleuraient, larmes de joie ou de remords. Dieu seul savait ! il y en a de tant de sortes de ces larmes !...

Pour moi, j'étais conquis, et je n'avais pas de peine à me laisser emporter en haut, par toutes ces formes du beau idéal, ailes puissantes que Dieu donne de bonne heure à l'intelligence et au cœur qu'il veut s'attacher. Déjà, les attractions du monde, même les plus pressantes pour un enfant, ne me disaient rien ; déjà, sans que j'en connusse les paroles, Dieu m'infusait l'intelligence et l'esprit de ce texte du Psalmiste :

« Qu'ils sont aimés, vos tabernacles, Dieu des vertus ! Mon âme brûle et se consume dans vos saints Parvis ! »

La foule s'était écoulée depuis longtemps, que la chapelle et le Dieu qui l'habitait nous retenaient encore, ma mère et moi. — « Je voulais, me dit-elle en se levant, voir M. l'abbé Lerolle à propos de ce que tu m'as dit. Mais c'est bien tard, ce sera pour un autre jour. »

*
* *

A cette époque, ma sœur qui fut ma marraine, je l'ai dit, était dans tout l'éclat de ses 18 ans, d'une beauté qui s'ignorait.

Ma mère, très experte en matière d'éducation vraie, très flattée, au fond, d'avoir une jolie enfant, mais soucieuse avant tout, de la beauté morale, réprimait sans pitié toute apparence de coquetterie.

Mais comment empêcher les révélations du miroir ?

Il ne manque pas, l'insdiscret, de dire à une jeune fille qui, d'un regard rapide, l'interroge en passant : « Tu es bien, vraiment ! Crois-moi. »

N'y a-t-il pas aussi les commères en visite ? Point scrupuleuses, croyant même féliciter la mère, dans l'enfant, elles ne se gênent pas pour casser les vitres, et, en présence de l'intéressée, demandent candidement : « Quand allez-vous donc la marier ?... Avec une frimousse comme celle-là, elle n'aura qu'à choisir, la gaillarde. Ah ! la jeunesse ! »

Il n'y avait certes pas grand mal à cela. Mais à quoi bon ?... pensait la mère... Ne serait-il pas assez temps quand l'âge aura sonné ?... Que de choses troublantes peuvent pénétrer, par la petite brèche de la vanité, dans un cœur de 18 ans... et usurper la place de choix, due à Dieu !... quand même, toute la vie, partout.

Nombreuses étaient, dans le seul voisinage, les tragiques histoires qui n'avaient pas eu d'autre prologue.

Aussi, à la suite de ces indiscrétions, employait-elle en toute occasion, les plus énergiques réactifs.

— Tu connais, disait-elle à sa fille, la Louise Landon... Comment la trouves-tu ?...

— Affreuse !... laide à payer patente !...

.— Hé bien ! tu es un peu mieux, à dire vrai, mais il faut bien tout !...

— Oh !... par exemple !... si on peut dire !

On portait, en ce temps-là, les cheveux plats, en bandeaux sur le front, à la Nazaréenne.

Quelques indépendantes les relevaient, tout comme aujourd'hui, en torsades ébouriffées, ce qui leur donnait de faux airs de paonnes en colère, tandis que leur bonnet, sur ces bouillons, ressemblait à une barquette soulevée par les vagues, un jour d'orage.

— Regarde-les passer... en voilà qui ont jeté leurs bonnets par-dessus les moulins... pauvres enfants !... plus pauvres mères !...

Et la leçon de choses avait pour épilogue et pour contraste l'évocation de telles jeunes filles, fleurs de choix de la Congrégation Saint-Etienne, admirées et estimées de toute la ville, types de vertu, de simplicité et de grace : l'Emélie, la Victoire, la Claire Ducaffy, la Jeanne Ledaire, etc., etc.

Ah ! si seulement tu leur ressemblais !... ajoutait-elle avec un soupir de commande.

En réalité, c'était une mère heureuse... Sa fille lui donnait toute satisfaction. A 11 ans, aussitôt après sa première communion, elle avait fait partie des « Saints Anges », puis s'était enrôlée à 15 ans, sous la bannière et la livrée de la Sainte Vierge, comme Congréganiste. Les lignes qui précèdent disent assez à quelle école Dieu l'avait mise, pour assurer sa persévérance et ses progrès.

Le ciel se servit d'elle pour découvrir, et, plus tard, assurer ma vocation.

On se souvient de l'appel entendu, le jour de ma première communion ; j'avais mis ma chère sœur au courant, elle m'avait étudié, tout en me donnant elle-même l'exemple de la plus haute piété : elle était, à cette époque de sa vie, dans sa plus grande ferveur, elle allait à Dieu, à la vertu, aux œuvres d'apostolat auxquelles on l'employait volontiers, comme le fleuve suit la pente de son lit, joyeusement et sans efforts.

*
* *

Nous causions, un soir, accoudés à une fenêtre du 2e étage. Il pouvait être dix heures ; nul bruit dans la rue : c'était une de ces splendides nuits de mai où le ciel plein d'étoiles invite la pensée à monter jusqu'à lui, et les yeux à le fixer longuement, dans le ravissement et le silence ; une lune énorme se levait au-dessus des toits, se glissait entre les cheminées, noyait tout dans sa lumière d'or pâle ; au milieu de ce fourmillement d'étoiles, elle apparaissait comme le chaton du diadème de la nuit.

Dans ce ciel lunaire, chaque détail, à vol d'oiseau, se détachait comme sur un fond de céruse : le clocher de Saint-Étienne, au loin ; par-dessus la masse sombre des marronniers en fleurs de la Préfecture ; la façade triangulaire de l'église Saint-Pierre ; les clochetons des chapelles ; plus loin encore, à l'extrême horizon, la tour amincie de la Cathédrale ; devant nous, à perte de vue, l'échelonnement bizarre des toits, chevauchant comme des vagues, sous la tempête.

Une petite cloche, plutôt timide, voix unique dans l'universel silence, tinta. C'était celle du Carmel ; elle appelait les religieuses à l'office de nuit. C'était, pour celle qui méditait à mes côtés, toute une évocation, que ces quelques notes perdues, entendues peut-être de nous seuls ; remords, non ; regrets, peut-être. Le Carmel ! elle avait eu la pensée d'y entrer ; elle en avait désiré l'effrayante austérité et l'ineffable joie ; oh ! vivre derrière ces murs, qui ne laissent plus voir que le ciel, dans un perpétuel élan d'une âme immolée à chaque heure, mais toujours joyeuse de la joie incomparable du sacrifice accepté pour Dieu, pour les siens, pour tous, pour soi, pour s'assurer, par le renoncement à des choses vaines, à des illusions, un poids immense de gloire !... Quelle folie d'un côté, du côté du monde, et quelle sagesse de l'autre !... du côté du cloître. Quelle faiblesse et quelle grandeur.

Elle s'abandonnait à ces réflexions, tout haut,

le regard au ciel étoilé, avec un accent passionné, mêlé de regret, sans amertume toutefois, car elle ajouta, en me regardant :

« J'ai dû renoncer à ce projet, pensant mieux accomplir la volonté de Dieu, et non la mienne, en restant au foyer, pour les vieux ; j'ai voulu leur épargner les larmes du départ et la solitude ; cette forme de dévouement m'a paru la plus belle et la plus méritoire ; mais toi, si tu voulais !... Qu'est la Carmélite en comparaison du Prêtre !... Qu'est-ce que sa vie, en regard de la sienne ?... sa faiblesse en face de sa toute-puissance ?... une colombe qui se cache, tandis qu'il est l'aigle volant vers les cîmes et les soleils !... »

— « Tu as deviné mon secret espoir, lui disje. Tu prieras, et Dieu qui m'a appelé, j'ai tout lieu de le croire, me gardera jusqu'au port. »

C'est cette même révélation que je fis à ma mère, et qui la remplit d'une très douce joie. C'est cette même révélation que nous devions faire à l'Aumônier des Ursulines, le soir de l'Adoration perpétuelle, et qui fut remise, on se le rappelle, au lendemain.

*
* *

Le lendemain, en effet, vers les 4 heures de l'après-midi, nous entrions, ma mère et moi, à la sacristie.

La Sœur tourière était derrière sa petite grille, à son poste d'observation, encadrant

dans les petits carrés, une figure plutôt sévère. Elle avait toujours peur qu'on dérangeât
l'abbé Lerolle ou qu'on lui dérobât un louis ;
aussi prenait-elle les devants ; et, sans jamais
le consulter en pareille matière, elle écondui-
sait la plupart des visiteurs. Pour une certaine
catégorie, il n'était jamais là.

Elle nous accueillit sans enthousiasme, mais
pourtant avec déférence ; comme elle hésitait
sur la réponse à faire, l'aumônier, qui avait
distingué ma voix, sortit de sa chambre, et
avec cette exquise amabilité qu'il avait pour
tous, nous fit signe d'entrer.

Sur une invitation de ma mère, je lui dis,
sans plus tarder, mon désir d'être Prêtre.

« — J'en suis charmé, mon cher enfant ;
mais c'est très grave ! Et quels sont vos motifs ?

« — Je veux sauver mon âme !...

« — Très bien !... mais on peut sauver son
âme dans le monde...

« — Je désire aussi travailler à sauver celle
des autres. »

Cette réponse faite, il ne me posa plus d'autre question ; avec cette intuition que Dieu
donne à ceux qu'il propose à la sauvegarde
d'une vocation, il jugeait sans doute qu'un enfant de 12 ans ne pouvait donner de gage plus
sûr de l'appel divin, que ce désir, si simplement exprimé, d'apostolat.

« — Je suis heureux pour vous, Madame,
dit-il, en regardant ma mère qui rayonnait de

bonheur ; je verrai le vicaire de Saint-Etienne, et nous arrangerons l'affaire pour les premières leçons à donner, avant l'entrée au petit Séminaire. Toutefois, ai-je besoin de vous faire observer que votre enfant est séparé du Sacerdoce par la distance de 12 longues années, par la nature, le démon, l'inexpérience de la vie, l'illusion possible ?...

« — Oh ! je prierai tellement... au besoin, je me sacrifierai si complètement, que la joie de ce jour ne me sera point enlevée, du moins, je l'espère de la Divine Bonté... »

L'aumônier applaudit à de telles paroles ; nous prîmes congé. En traversant la Sacristie, nous aperçûmes, à travers les grilles, le regard inquisiteur de la bonne Sœur tourière ; mais l'aumônier nous suivant, elle s'évanouit comme une ombre devant une lumière subitement projetée.

Quelques jours après, armé d'un Lhomond, je me rendis chez le vicaire du curé Timard, pour ma première leçon. Je sonnai fort discrètement.

— Que veux-tu, mon petit, me dit la domestique : et campée sur le seuil, de toute son ampleur, elle m'opposait une barrière infranchissable ?

— Monsieur l'abbé, fis-je délibérément.

— Il est absent.

— Comment ! je viens de le voir rentrer à l'instant.

— Je suis une menteuse, alors ?

J'étais très vaniteux... or, elle m'avait appelé « mon petit » et sa réception, manquant de chaleur, je lui répliquai un peu ému : Menteuse... je ne dis pas ... je vous fais seulement observer que si la maison n'a pas deux issues, M. l'abbé est chez lui ; du reste, il m'a donné rendez-vous à cette heure... il doit m'attendre.

— Vous êtes un insolent !

— Vous en êtes une autre !

— Par exemple !... à mon âge... être insultée par un morveux !

Sur ce, j'allais me retirer, quand une voix bien timbrée — celle du vicaire — donnant du haut de l'escalier, cria : « Ah ! c'est vous... montez donc ! »

« Attrape ! » dit la domestique. Et, regagnant sa cuisine, de fort mauvaise humeur, elle murmura entre ses dents : « Toujours du monde !... ça n'en finit pas !... il n'arrête pas plus qu'une roue de moulin... Quand il sera tombé malade... » Le reste du monologue se perdit dans un cliquetis de vaisselle violemment remuée.

*
* *

Je ne lui en voulus pas ; la vieille avait raison au fond.

C'était sa façon, trop hirsute sans doute, de traduire aux autres son souci de la santé et du temps du vicaire.

De fait l'abbé Tibiatz qui, depuis six mois,

avait pris la suite de l'abbé Rebeau nommé curé, était inlassable ; son zèle dépassait ses forces ; de là les réceptions bilieuses de la domestique qui ajoutait, à son dévouement pour ses maîtres, une forte dose de neurasthénie.

— Je vous dis qu'il tombera, afrrmait-elle au curé Timard... et il en faudra un autre... ce sera le quatrième en 18 mois... vous finirez par n'en plus trouver... tout comme la Baronne de Guy qui, faute de domestiques, fait sa cuisine et étrille son cheval : Voilà !

— Taisez-vous ! et occupez-vous de vos fourneaux, répliquait le curé, vexé du rapprochement et de l'allusion.

L'autre, en guise de réparation, sans penser à mal, ajoutait : « Heureusement que vous l'avez dispensé du confessionnal... il commençait à avoir une clientèle qui l'aurait tué ! »

.•.

Avec ses petits yeux couleur café au lait, ses lèvres débordantes, ses traits tourmentés, son teint oléagineux, ses cheveux trop longs et mal taillés, l'abbé Tibiatz n'était pas beau... et pourtant il séduisait. A l'autel, en chaire, au salon même, avec sa haute taille, sa naturelle dignité, l'onction de sa voix et de sa parole, il conquérait tous les suffrages.

Ce monsieur est fort bien, concluaient les grandes dames ; il n'est pas méchant du tout

et il nous raconte de jolies histoires, disaient
les petits du catéchisme, le soir à la maison ;
les pauvresses à qui, au sortir de la messe,
il faisait l'aumône de quelques sous, et d'un
bon sourire, promenaient son éloge à travers
les faubourgs ; les enfants du patronage qui
lui prenait toutes ses soirées, l'appelaient couramment le « Père » Tibiatz ; au sortir de
l'usine les ouvriers lui serraient la main « d'a-
mitié », sans embarras, comme à un « cama-
ro », ajoutant entre eux : « Chique type, mon
vieux, le grand l'abbé !... un bon zig, pas
vrai !... et ce qu'il sait dégoiser en chaire !...
faut venir l'entendre... ça vaut le coup... » Les
« confrères », cela se conçoit, étaient moins en-
thousiastes, leur fine psychologie s'exerçait...
impitoyablement contre cette vogue.

On le trouvait trop pontifiant à l'autel ; trop
melliflue en chaire ; trop gélatineux avec les
dames zélatrices. — On la connaît celle-là, ha-
sardaient les plus jeunes, pour faire rire...
C'est un Janus à deux faces : L'une pour les
aristos, l'autre pour les petits... au reste, mon
cher, c'est pas difficile de faire le populacier :
avec une pipe, une tabatière, quelques sous,
et beaucoup d'inconscience et de naïveté. Ça
y est, c'est dégoûtant !

— A mon avis, vous oubliez, ajoutait un autre, le mobile qui pousse l'abbé Tibiatz à jouer
cette comédie, qui n'est ni dans sa nature, plutôt altière, ni même dans ses moyens. L'ambition !... l'ambition dévorante, invraisembla-

ble, voilà le ressort. Vous ne voyez donc pas qu'il est atteint d'une « mitrite » suraiguë, et prend le plus court chemin pour arriver à l'épiscopat ; c'est si facile aujourd'hui !

*
* *

La vérité est que le vicaire de Saint-Etienne agissait ainsi, non par calcul, mais par la pente de sa nature ; il était bon et se dévouait à corps perdu, tout comme l'oiseau chante, ou le torrent se précipite.

Il était né « prêtre » absolument, exclusivement ; et sans effort comme sans vanité, avec succès parce qu'avec amour, il savait remplir les multiples devoirs de son ministère. Je ne vécus avec lui que 18 mois ; c'en fut assez pour déterminer l'orientation de ma vie.

Le travail était souvent interrompu : un service, un mariage, une sépulture, une visite de malade terminaient brusquement la classe; j'étais réduit à me débrouiller seul avec les mystères de la syntaxe et les chinoiseries du « que retranché ».

J'étudiai tout cela, un peu comme le voyageur pressé étudie la campagne, en express, par la portière.

Néanmoins, pour gagner du temps, on me plaça au petit Séminaire, en quatrième. Je gardai cette classe jusqu'à la première composition. Mais j'avais affaire à des « forts en thème » qui, depuis 4 ou 5 ans, malaxaient cette matière « toute spéciale ». Je fus abominablement battu ; et confus, mais résigné, je rétrogradai en cinquième où je me maintins *cahin-caha*.

CHAPITRE II

Si aimer le petit Séminaire est un signe de vocation — j'étais appelé vraiment par Dieu. Avant d'y entrer, j'en rêvais ; il se dressait sur une hauteur, à six kilomètres de la ville ; je dirigeai presque toujours ma promenade de ce côté.

M'arrivait-il, le jeudi, de croiser les élèves sanglés dans leur tunique noire, coiffés de la casquette plate, à galon d'or, je les saluais avec la respectueuse gaucherie du « bleu » en face des briscards.

Tiens, pensaient-ils, j'en jugeais à leur empressement à me rendre mon coup de chapeau et leur sourire, un jeune homme qui nous salue, c'est drôle, tout de même.

Une après-midi, je n'y tenais plus, impossible d'étudier. Un en-tête de lettre, où se trouvait lithographié le petit Séminaire, m'était tombé sous les yeux, et mon rêve habituel avait pris l'intensité d'une obsession. Voir cette maison, que je ne connaissais qu'en désir et en image, en contempler les murs, même sans y pénétrer, il ne tient qu'à moi. J'avertis ma mère et ma sœur de mon projet, et je partis.

On était en décembre : une neige, vieille de plusieurs semaines, blanchissait toits et chemins, et grésillait sous le pied mal affermi ; au-dessus de ma tête, un ciel gris et chargé, uniforme, où seuls des vols de corbeaux et de cigognes faisaient des taches noires et accusaient la vie ; après les bruits de la ville, le grand silence d'une campagne nue et plate ; après le tapis piétiné, troué, en lambeaux, des rues, le linceul immaculé et sans rides de la grand'route, un drap blanc jeté sur un cadavre ; devant moi, à perte de vue, une allée rectiligne de marronniers décharnés et grimaçants, aux gestes tragiques de grands fantômes blancs ; à droite, et à gauche, des haies, vraies vitrines de joailliers, étincelantes sous leurs fleurs de givre, avec leurs pendeloques, les camées des fils d'araignées chargés de perles multicolores. Plus loin, et jusqu'à l'extrême horizon dont le ciel très bas efface les lignes, des guérets blancs coupés de raies noires, des potagers qu'on devine à leur encadrement de buis vert ; des arbres aux cristaux de lustres : et çà et là, des maisons blanches, dressées comme des tentes dans un camp.

Je me délectais à ce spectacle, plutôt triste, tout en marchant d'un pas alerte, car le jour tombait rapidement, et le froid devenait intense. Pas un piéton, pas un bruit d'aile ; j'étais, à cette heure, en cette saison, sur cette route, le seul être animé et pensant.

Pour rompre ce grand silence qui, avec les ombres descendantes, m'impressionnait, sans m'effrayer pourtant, je me mis à chanter à pleine voix. Le mois où nous étions, les frimas, la froidure, arrêtèrent mon choix sur les « Noëls » ; ma collection était assez riche ; tous, anciens et modernes, depuis « *Viendras-tu, babillarde* » jusqu'à « *Minuit, Chrétiens* » y passèrent.

Je me croyais seul, quand tout à coup des applaudissements éclatèrent: « Bravo ! Bravo ! » soulignèrent des voix : en même temps, débouchant d'un sentier très montueux qui aboutissait à la route apparurent trois silhouettes d'ecclésiastiques : « Très bien, mon enfant ! Vous faites bien d'employer la belle voix que Dieu vous a donnée, à chanter ses louanges...

— Mais où allez-vous donc ?... Il commence à se faire tard et la nuit tombe vite en cette saison.

— Messieurs, je voulais voir le Petit Séminaire, les murs seulement ; je suis parti de la ville exprès... mais la nuit me fera manquer le but de mon voyage. je ne verrai rien, sans doute !

— Si ! si ! vous verrez tout, au contraire... les murs et ce qu'ils abritent : suivez-nous. »

C'étaient le Supérieur et deux professeurs de la maison.

J'assistai à un salut du soir, je dînai avec les élèves ; et mon futur professeur, ayant tout appris, voulut me reconduire presque aux portes de la ville. Le ciel s'était paré de millions d'étoiles ; nous causâmes, tout le long de la route comme deux vieux amis. En visitant les dortoirs, j'avais pu écrire sur le mur la date, le mois et l'année de cette soirée inoubliable, avec mes initiales. L'inscription doit y être encore.

Après cette visite nocturne du Petit Séminaire, faite en décembre, j'en revoyais la silhouette se projeter, dans mon souvenir ; tant il y a d'affinité entre l'œil et l'âme, la vision et l'impression. A la rentrée qui suivit — un 5 octobre — je fus admis, à titre d'élève.

J'aimais tout de mon cher Petit Séminaire : études, discipline militaire, chapelle, horizon, murailles claustrales, jeux, professeurs. Tout m'enchantait, c'était l'ami sans défauts.

Ce qui me coûtait le plus, c'était le *lever* à 5 heures ! Passe encore l'été, où nos dortoirs, sous les combles, étaient de petites étuves ; mais l'hiver !... par 12 degrés... sauter à bas du lit, passer, sans transition, au premier coup de cloche, de cette serre chaude dans cette glacière... « Brrr !... mais c'est excellent !... pour la santé, disait, en arpentant le dortoir, le surveillant. Quoi ! le temps de passer son pantalon, et l'on se croirait à Nice : J'en ai vu d'autres, allez ! »

Pour ma part, je n'ai jamais pu réussir à me

créer cette illusion. Vrai, la leçon était dure, mais si fortifiante, et si utile pour l'avenir des jeunes.

Il y avait « un père Michel » le portier, qu'il me prenait bien des envies de battre, voici pourquoi : à toutes ses autres fonctions, ce pieux laïque joignait celle de venir sonner la diane, chaque matin, et il ne faisait pas grâce d'une seconde.

Tandis que je croyais avoir encore plusieurs heures avant le lever, j'entendais sa clef, du même geste uniforme, s'enfoncer dans la serrure, grincer ; puis, je voyais son ombre se glisser jusqu'au lit du préfet de dortoir avec un impitoyable « *Deo gratias !...* » prononcé plutôt du nez.

C'est donc fini !... pensai-je, en m'enfonçant sous les couvertures, car il me restait un petit quart d'heure, le temps, pour le père Michel, de redonner une âme à la veilleuse agonisante, et, pour le surveillant de s'habiller en maugréant tout bas.

Puis le bonhomme arrivait juste à temps pour se pendre à sa cloche, dont le premier coup se confondait toujours avec le déclic de l'horloge. Celle-ci était-elle arrêtée ou retardait-elle ?... lui jamais ! quel homme !... j'allais dire : quel système !

Nous l'avions surnommé le pendule automatique et compensateur.

Il avait une histoire — mettons : une légende — car même au Séminaire, surtout au Sémi-

naire, il est permis de rire et d'avoir de l'esprit.

C'était un ancien Frère cuisinier, racontait-
on ; ses dix ans finis, au lieu de rengager, il
avait usé de son droit, en convolant en justes noces, avec la « Louise », forte paysanne,
pas mal du tout, qui chaque matin, apportait
à la cuisine, la ration de lait de la Communauté.

Il n'osait trop la regarder en face, s'ingéniait
à trouver un moyen de concilier la curiosité
et la modestie ; il ne trouva rien de mieux
que de se servir de « l'écumoire » et de temps
à autre, il regardait la laitière au travers des
trous de l'ustensile, sous couleur d'en vérifier
la propreté ; mais celle-ci (la laitière), n'était
pas dupe d'un stratagème *percé à jour*.

L'histoire, on le voit, n'était pas méchante ;
nous riions de bon cœur, sans cesser pour cela
d'accorder au portier la considération due à
son rang et à son infortune.

Collèges, pensionnats, toutes les maisons d'é-
ducation, en général, ont de commun, entre
elles, la discipline, le règlement ; c'est la condition même de leur existence, et de leur durée.

Pourtant, ces deux choses sacrées, sous peine
d'être frappées d'impuissance, de rester à l'état
de lettres mortes, en supposent une autre : le
principe d'autorité reconnu et compris. Sinon,
la discipline se confond avec le pensum ; le
règlement, c'est l'œil du maître ; l'obéissance

n'est qu'un esclavage ; le collège, une prison ; la salle d'étude, une geôle ; l'élève, un exilé qui regarde toujours par-dessus les murs, en rêvant d'escalade...

Au Séminaire, il y a le règlement, mais au-dessus, il y a Dieu, son autorité, sa volonté souveraine manifestée sous ces formules réglementaires. Conséquemment, l'obéissance s'explique : elle n'a plus rien d'humiliant, et ne coûte plus : et même quand l'œil du maître n'est plus là, le règlement reste, parce que Dieu reste, parce que la conscience et le devoir restent.

Ces principes s'imposent, avec la même force à l'enfant, à l'ouvrier, au domestique, au soldat, au citoyen, au disciple ; ils sont nécessaires à la paix et à la vie des sociétés. Il faut donc commencer de les appliquer à l'école ; c'est ce qu'on fait dans les Séminaires, et c'est le contraire que l'on fait ailleurs, en tuant dans l'enfant, avec la foi, toute idée de devoir et de vertu.

*
* *

Voici la salle d'étude. En vous haussant sur la pointe des pieds, (car les fenêtres sont élevées) regardez, sans être vu, à travers les stores qui laissent passer des bouffées d'air parfumé, en arrêtant le soleil — c'est l'été ; — toutes les têtes — des têtes de rhétoriciens s'il vous plaît — sont penchées sur du Démosthène, ou du Tite-Live, tandis que les doigts, fiévreusement, parcourent, par bonds, les pages d'un dictionnaire fatigué ; d'autres regardant longuement au plafond, pour y chercher l'inspiration, s'il s'agit d'une composition littéraire. Disons, pour être vrai, que tous n'y mettent pas autant d'ardeur et de conscience ; je parierais que ce grand, là-bas, un peu caché dans un angle, a sabré son thème, pour lire Fenimore Cooper, la tête dans les mains et les pouces dans les oreilles ; et que cet autre achève, dans un somme, son rêve de vacances commencé. Ce que je veux constater avec vous, c'est ce grand silence ; il est de tous les jours, et de toutes les études. En cette saison, dans ce grand immeuble, pendant les défilés ou pendant les classes, vous n'entendez que les oiseaux dans les arbres, ou le pas des domestiques traversant les cours, à la hâte, ou le bruit lointain des assiettes qui s'empilent au réfectoire.

Partout, il est défendu de parler, en dehors des récréations ; et la consigne est rigoureusement tenue. Regardez encore, et votre étonnement croîtra, en constatant que ces jeunes gens ne sont, pour le moment, l'objet d'aucune surveillance ; le maître a quitté l'estrade, il s'est absenté, sans plus de souci que s'il fût sorti de sa chambre.

De là, transportez-vous, par la pensée, dans un lycée, imaginez une salle de 50 ou 60 collégiens sans *pion*, et faites la différence. Cherchez-en la raison profonde, trois mots vous la donnent : Dieu, la Conscience, le Devoir.

Mon cher petit Séminaire avait une âme, la chapelle ! Et, comme il arrive pour les vieux amis dont on oublie le corps pour se rappeler le cœur et les intimes colloques, c'est de la chapelle qu'en tisonnant mon feu, je me souviens.

Elle régnait dans une aile du bâtiment, au-dessus des classes. Point d'architecture ; une grande salle percée de quatre fenêtres romanes, deux grisaillées, et deux à personnages hauts en couleurs, sortis des ateliers de Lubin, de Tours : au fond, un autel collé à une abside, et en face, une tribune, au-dessous de laquelle deux petits autels latéraux, où les professeurs se succédaient pour le saint Sacrifice.

Plus tard, aucune cathédrale n'a jamais valu, pour moi, cet oratoire, serre chaude, attiédie. où le Maître qui nous avait appelés nous gardait, fleurs de choix, contre le gel.

La chapelle est au Séminaire ce que la voile et la boussole sont au navire en marche.

Là, on voit le but ; s'il y a déviation, on s'en aperçoit, et l'on rectifie sa route ; la voix de Dieu, toute seule, y résonne, tantôt déchirante comme un remords, tantôt douce comme un merci ; au vol des cantiques saints, la pensée s'essore et se divinise ; l'imagination se purifie ; la vertu s'encourage à la lutte par l'exemple des héros, les volontés chancelantes s'affermissent par le contact plus direct des bons élèves chez qui tout prêche et entraîne : l'attitude, la piété, la beauté morale, les succès, la paix, chèrement acquise ; tout en se reposant, on se stimule au labeur et à la sainteté, en constatant, par l'audition des prédications, ce que ces deux éléments ont fourni de talent incontesté à ceux qui, maîtres aujourd'hui, n'étaient hier encore que d'humbles disciples.

La chapelle, dans les séminaires, est aussi le lieu par excellence où se resserre le lien de la discipline, où naissent et se développent les deux sentiments connexes de l'autorité et de l'obéissance.

Qu'on la supprime, vous n'avez plus, dans de grands murs tristes, que des marchands de soupe ou de science cotée, juxtaposés à une collectivité d'élèves, sans autre lien que le prix de pension et le pied-de-nez du potache au professeur, quand il tourne le dos, la classe finie.

*
* *

Quelque importance qu'on attachât aux exercices de piété, à la chapelle, ce n'était jamais au détriment des études ; celle-là préparait et disposait, au contraire, à celles-ci.

On puisait dans la première les énergies nécessaires au travail fécond.

Et les récréations, donc !... J'ai fréquenté, à titre de professeur, d'autres maisons d'éducation ; nulle part ailleurs, les jeux n'étaient plus fréquentés — et par ordre — ni plus endiablés, qu'au Séminaire.

6

Là, on en comprend la nécessité, non pas seulement au point de vue de l'hygiène, de la performance, mais encore au point de vue moral. Ne pas s'amuser, était une infraction au règlement. — « Pas de raseurs de murs, de péripatéticiens en cours ! » tonnait le Supérieur. — « Pas de duos, qu'en musique !... » Il n'ignorait pas que l'autorité, la discipline, les bonnes mœurs ont tout à perdre, à ces *a parte.*

Le Préfet de cours séparait, sans autre forme, les deux amis et les lançait en plein foot-ball, comme on jette à l'eau les frileux ou les hydrophobes.

Il y eut parfois de fâcheuses aventures. Un jour d'hiver, à force de passer et de repasser, une glissade s'était formée, polie comme un miroir, allant d'un bout de la cour à l'autre ; elle était légèrement en pente et il suffifisait d'y poser le pied pour filer jusqu'au bout, à toute vitesse.

Un grand garçon, du nom de Gobard, qui nous servait de tête de turc, regardait, hébété.

— « Allons, Gobard, dit le professeur, un tour de glissade ! hopp ! »

Aussitôt, il est saisi par les camarades, tourne sur lui-même, étend bras et jambes, tombe, se redresse et va finalement, avec un élan prodigieux, frapper de la tête, et en arrière, contre le mur de clôture. Cri de stupeur !... nous pensions qu'il s'était fendu le crâne ; il n'en était rien, heureusement !... Mais le professeur avait pâli, il devint plus prudent.

Une autre scène, celle-ci comique.

G. Parent, grand ami à moi, atteint de boulimie, s'évade de récréation, et, rasant les murs, se glisse jusqu'au réfectoire, bourre ses poches de figues, cache une demi-couronne sous son veston ; puis, d'une vigoureuse entaille, enlève la moitié du beurre resté sur la table.

Malheureusement, le Supérieur l'avait aperçu ; il s'arrangea de façon à le croiser au moment où il rentrait en cour ; ce que voyant Parent, embarrassé de son beurre, ne trouva rien de mieux que de le glisser, d'un geste rapide, sous son képi. Le geste avait été vu.

— « Hé bien ! Parent, d'où vient-on comme ça ? »

— « J'avais oublié mon mouchoir, Monsieur le Supérieur ! »

Celui-ci entraîne l'élève sur une terrasse tout inondée d'un chaud soleil de juillet, et l'on cause de la pluie et du beau temps. En moins d'un quart d'heure, des rigoles révélatrices, sourçant du képi chauffé à blanc, inondaient le malheureux, l'aveuglaient, descendaient jusque dans le cou.

— « Qu'avez-vous donc, cher enfant ? »

Celui-ci n'avait qu'une chose à faire : avouer son larcin, ce qu'il fit.

— « Allez, dit en riant le Supérieur, et ne péchez plus ! » Et, pour bien lui faire voir qu'il savait tout : « Le beurre est fondu, n'en parlons plus !... mais allez remettre les figues et le pain — plus résistants — où vous les avez pris. »

C'est mon ami Parent lui-même qui m'a conté l'histoire. Le Supérieur n'en a jamais rien dit.

*
* *

Nos chers maîtres étaient pour nous de vrais pères. Plus encore qu'à cette époque, la distance nous les montre se détachant sous une auréole de sainteté, de science, de paternité délicate et austère.

Ne vivaient-ils pas avec nous, partout, toujours ? Le Séminaire était leur foyer et nous, leur famille ; leur cœur ne pouvait être partagé qu'entre Dieu et leurs élèves, pour Dieu. Aussi, quand les vacances touchaient à leur fin, maîtres et élèves bouclaient leurs valises, ainsi que des voyageurs qui en ont assez, et sont heureux de rentrer à la maison et dans la vie familiale.

Je dis bien « leurs valises », car un professeur de Séminaire se contente de peu. Pour chambre, une cellule, avec une table, un prie-Dieu, un lit, quelques chaises dépenaillées ; sans oublier le crucifix, qui remplace tout ; leur vestiaire tient dans une malle ; leur bibliothèque, leur seul meuble de luxe, est un rayonnage de bois blanc peint en noir ; le contenant importe peu. A l'encontre des autres, ils ont mis leur coquetterie dans le choix et la valeur des perles, sans trop se soucier de l'écrin.

Ils se lèvent comme nous, et avant nous, au son de la cloche ; et s'ils veillent quand nous dormons déjà, c'est qu'ils travaillent encore pour nous.

Ce qu'ils nous commandent, ils le font ; c'est l'exemple appuyant la leçon. Le même règlement les astreint autant et plus que nous ; les mêmes heures nous réunissent, en étude, en classe, à la chapelle, en récréation, au réfectoire, en promenade ; les mèmes murs, d'un bout de l'année à l'autre, pèsent, à certaines heures, sur eux comme sur nous ; car d'octobre à juillet, nous n'avions pas de vacances.

Quant à leur traitement, il n'atteint pas au quart de celui d'un pion de collège : 5 à 600 francs, c'est tout ce qu'on peut leur donner, c'est tout ce qu'ils veulent, de quoi changer de soutane et se payer un voyage aux vacances ; et c'est pour cette somme qu'ils donnent leur santé et leur jeunesse, leur science, l'exemple de toutes les vertus, leur vie et leur liberté ; et ils estiment que c'est peu, pour l'honneur et la joie de former des âmes de Prêtres.

Il faut en convenir, nous avions des types, parmi nos chers professeurs. La distance les dégrade un peu ; vus dans la perspective du passé, l'auréole dont, enfants, nous cerclions leur front, pâlit ; ils touchent terre davantage.

Je vois encore, comme si j'y étais, l'abbé Geay, un grand, efféminé, littérateur avant tout, lamartinien irréductible. Sans qu'il s'en aperçût, le cher homme, sa figure plaisait. Il avait la manie de caresser une fossette qu'il portait au menton, en lissant sa chevelure d'esthète, et en débitant, d'une voix blanche, mais harmonieuse, le « Lac » ou le « Crucifix » ou le « Désespoir » ou quelqu'une des rêveries de cœur du poète à la mode. On l'invitait souvent en ville, « le dimanche soir » et le lendemain, en classe, nous faisions « le lundi ».

Couché tard, sorti de ses habitudes, l'abbé Geay se réveillait au son de la cloche, surpris et rêveur, peu disposé au thème latin ou à la version. Alors il faisait lire quelques pages de Dickens (Charles), tandis que, la tête dans les mains, il essayait de renouer la chaîne de ses rêves interrompus.

L'abbé Hiote était l'originalité faite homme. Que de fois, l'hiver, nous l'avons surpris affalé dans son voltaire, les pieds sur la cheminée, un « Bedel » à la main. Il était très frileux et très fort en grec. En cour, toujours l'hiver, il allait d'un mur à l'autre, les mains dans ses poches, soutane retroussée jusqu'aux genoux, nez au vent, joues gonflées comme s'il eût joué du bugle, et disant à ceux qui riaient autour de lui : « Sachez, Monsieur, que je vous punirais tout comme un autre. » Parbleu ! nous le savions bien. Il n'en faisait jamais rien ; il soulignait la menace d'un foncement de sourcil terminé par un éclat de rire. Nous l'aimions tout plein et nous l'avions baptisé : l'*homme ballon* ; *baudruche* eût été impertinent.

L'abbé Cuet nous séduisait par sa beauté physique. Ceux qui avaient vu Rome le comparaient à l'Apollon du Belvédère. Il avait

trente ans ; son nez bourbonien s'arquait sous
des yeux stellaires et doux, et surplombait
avec grâce des lèvres tour à tour souriantes et
graves ; le front, largement épanoui sous une
chevelure d'encre, décelait l'intelligence ; une
barbe touffue, rasée soigneusement chaque
jour, estompait, malgré tout, les joues marmo-
réennes et marquait la virilité. Menant une
vie plutôt cellulaire, peu mêlé aux élèves,
l'abbé Cuet était craint autant que vénéré. Il y
avait en lui du moine et du gentilhomme, et
en dépit de ses avis austères, nous connaissions
son grand cœur et nous le savions incapable de
faire de la peine à un enfant.

L'abbé Orfray, professeur de rhétorique, passait pour le Bossuet de la Communauté. En-
gouement de collégiens, enthousiasme d'alouettes prises au miroir, et inexpérience de jeunes
qui préfèrent un Epinal à un Rambrandt !
C'était un penseur pourtant que l'abbé Orfray,
mais son idéal littéraire et oratoire outrepas-
sait ses moyens. De là, grands efforts pour de
petits résultats. Toujours est-il que les soirs de
Carême ou d'Avent où il devait parler, c'était
un événement. Nous eussions sacrifié le meilleur
plat au réfectoire à ce régal à la chapelle. —
« Tu sais, c'est le tour de l'abbé Orfray ce soir.
Quel homme !... Tu te rappelles son dernier
discours : *Une abeille d'or plongeant dans la
vallée... la cloche, noble sagittaire, lançant
ses flèches empennées...?* Et, à propos de l'enfant prodigue : *Va, pauvre enfant, avec le fier*

bagage de ton néant, sous la froide lune !... »

— « On n'a jamais rien entendu de pareil ! » s'exclamait Tornade, un futur poète malheureux. — « Je ne dirai pas que Lacordaire est enfoncé, ajoutait un autre, mais il est bien malade ! » Un troisième, l'avant-dernier de la classe de rhétorique, ne se lassait pas de faire ressortir la hardiesse de cette métaphore : « *l'abeille qui pose ses pieds délicats au sommet d'un blanc lis plongeant dans les eaux sa face immaculée... »*

Eh bien, ce même professeur si ampoulé à l'ambon, se transformait en classe. Au contact des élèves, il devenait puriste intransigeant et critique littéraire d'un goût sûr. En lui, l'orateur et l'écrivain étaient médiocres ; le maître excellent.

Après lui, ou avant, dans l'estime, ou plutôt dans la crainte révérentielle des petits séminaristes, venait l'abbé Nust. On l'appelait « le Père Nust » surtout à cause de son âge et de sa direction spirituelle, car, de vrai, il n'était rien moins que paterne. Son œil inquisiteur perçait tous les coins ; en lui et avec lui la discipline déambulait, intransigeante et farouche. De mise négligée avec sa soutane passée au vert, barbe et cheveux hirsutes, sourcils saillant sur deux prunelles de feu, ainsi qu'un nuage sur deux étoiles, on le trouvait, mains jointes, au détour de tous les passages réservés : chapelle, études, réfectoire, dortoirs. On eût dit le spectre du silence tiré à plusieurs exemplaires et se dressant partout ; il avait l'air d'implorer avec larmes le respect du règlement pour l'amour de Dieu ; c'était l'Atlas ployé sous le faix de la maison. On racontait de lui des choses étonnantes : il couchait sur la dure, s'ensanglantait à l'aide de haires et de disciplines, se déchaussait et allait sans chemise pour les pauvres. La vérité, c'est qu'il était du *Morvan*, fort saint homme, sans doute, mais plus diplomate encore, très fin lettré sous sa rude écorce de convention, et manieur d'hommes sans qu'ils s'en doutent. A une longue distance de ces astres de première grandeur, évoluait le Supérieur, bonne nature, pas méchant pour un sou. Il avait pour rôle facile de distribuer les faveurs et de subir les calembours ; par contre, aux yeux de tous, il avait le tort de n'en pouvoir rire que le lendemain, alors que, la nuit portant conseil, il avait fini, dans ses veilles laborieuses, par en découvrir le sens. N'avait-on même pas observé qu'il y mettait d'autant plus de temps que le calembour avait plus de sel !

Ce n'était pas de sa faute ; à sa nomination, quand on voulut le déraciner de sa chère paroisse, le bon curé s'était récrié comme s'il se fût agi du Souverain Pontificat, mais l'évêque du temps avait tenu bon, et l'abbé Gane, à l'âge de 50 ans, la mort dans l'âme, était parti au milieu de ses paroissiens en larmes qui lui criaient : « Ils vont vous faire mourir de chagrin, ces petits-là ; jamais nous ne vous reverrons. »

Il n'en fut rien, heureusement. L'abbé Gane fila parmi nous des jours de soie et d'or. Si j'évoque son ombre, je le revois rubicond, presque congestionné, yeux à fleur de paupières, face de pleine lune, lunettes sur le front pour mieux voir à distance, un bougeoir à la main et un livre sous le bras, au moment de la lecture spirituelle, gagnant l'estrade en promenant de tous côtés un regard qu'il s'efforçait de rendre sévère et qui n'était que drôle. Nous nous mettions à rire et il riait avec nous en mettant un doigt sur sa bouche. Parfois il se fâchait tout rouge, et nous connaissions la sanction : « Cinq cents vers de Virgile, Messieurs, pour toute la salle, jeudi prochain ! ».

Coûte que coûte, il fallait obéir ; c'était le plus sûr moyen d'être gracié. Le jeudi suivant, par un clair soleil, la cloche sonnait à toute volée, cinq minutes avant la rentrée des classes ; alors cris répétés de « Vive M. le Supérieur ! » et... départ pour la promenade devant le bon abbé Gane qui, aussi heureux que nous, plissait le front par habitude en criant : « Hein ! ça vaut mieux que vous, cette promenade-là ?... Tâchez de marcher droit, les enfants !... Compris ?... — Oui, Monsieur le Supérieur ! »

*
* *

Petit séminaire ! Evocation de rêves que rendent plus savoureuses les dures réalités du présent ! Mot charmeur, tout imprégné de soleil, de jeunesse, de poésie, de santé, d'avenir, de piété douce et de facile vertu !

Là se nouent des amitiés fortes. Loin de les faner, ces fleurs du cœur, le temps les parfume et les ravive.

L'imagination prend son vol au pays de Virgile et d'Homère, et fortifie ses ailes novices à l'essor de ces maîtres. La volonté s'affermit dans le bien, en même temps que l'âme, toute neuve, s'ouvre au soleil du beau. L'éveil des passions est surveillé ; elles sont endiguées et captées, des ingénieurs expérimentés utilisent ces forces et les font s'épanouir en gerbes lumineuses qui éclairent la vie et trempent les caractères pour tous les héroïsmes.

Assurément, nous n'étions pas des anges. J'ai connu pour ma part, parmi mes condisciples, des hypocrites, des paresseux, jusqu'à des cambrioleurs nocturnes avec effraction des nécessaires où de pauvres petits paysans, dont un curé payait la pension, tenaient sous clef quelques sous pour les dépenses imprévues. Seulement les mailles du règlement étaient si serrées, les pêcheurs si habiles, que la capture suivait de près le vol. Que quelques sujets véreux se glissent dans nos collèges, rien d'étonnant ; mais qu'ils y restent, c'est presque impossible ; et c'est le triomphe de la discipline et de l'ambiance surnaturelle qui enveloppe tout l'être moral.

Sciences, lettres et arts, allaient de pair, tout

comme sous la coupole de l'Institut. Tous les talents étaient cultivés par des maîtres spéciaux, à des heures déterminées, sous cette réserve que l'accessoire venait après le principal. Si quelques artistes avaient les ailes trop longues, on les leur coupait pour les rabattre en étude sur la version ou la nomenclature chimique, et l'on avait mille fois raison. Je m'en plaignais bien un peu pour ma part. Que de fois il fallait interrompre un quatrain, cesser la chasse à la rime déjà blessée, fermer les « Orientales » ou la « Troisième année de Solfège de Papin ».

*
* *

Et les attractions ?... Elles avaient leur large part, comme il convient, dans le système d'éducation de nos chers maîtres. Le mardi gras était jour de liesse chaque année. On louait l'âne du père Rendu, un voisin ; la pauvre bête, plus que trentenaire, était alors enguirlandée, gavée d'avoine ; un grand diable de rhétoricien, suivi de tous les élèves, la montait et la promenait partout, jusque dans les corridors du rez-de-chaussée, à la porte des professeurs et la forçait à des « hi-ans » désespérés. Le soir en entrant au réfectoire un fort relent d'oies grasses aux choux-raves, mêlé à l'odeur du pot-au-feu et aux effluves de vanille, nous annonçait deux plats en plus. Il y avait aussi le premier de l'an avec sa loterie funambulesque et sa salade aux oranges ; la messe de minuit, attendue comme le Messie, avec, après, les aunes de boudin et les tranches de fromage à la tête de porc du père Grillard, le grand « saigneur » de tous les environs.

Deux fois par an, à Noël et à Pâques, la scène changeait. Cette fois il s'agissait, en toute vérité, de représentations théâtrales où l'on chaussait, à volonté, le brodequin ou le cothurne. On y jouait du Racine, du Corneille, voire du Molière ; seulement on les arrangeait sans leur permission : ces chefs-d'œuvre ne faisaient pas peur aux fins lettrés que nous pensions être. Et, de fait, l'élite intellectuelle de la ville, invitée à nos représentations, applaudissait ; sans doute, elle distinguait entre collégiens et professionnels ; il est à croire que le même jeu, sur une autre scène, eût fait voler d'elles-mêmes les pommes cuites sur les acteurs.

*
* *

Ainsi, le Petit Séminaire, loin d'être un bagne cloîtré comme d'aucuns le pensent, était une vraie maison de famille, d'une austérité tempérée, avec fenêtres largement ouvertes à l'air et au soleil, à la joie et à la vertu, parce qu'elles donnaient aussi sur le Ciel.

L'âme, la vie du collège, j'ai essayé d'en dire quelque chose. Il est temps d'en esquisser les trais matériels, les contours, le cadre pittoresque et grandiose.

*
* *

Une grande façade percée de fenêtres, et flanquée, à droite et à gauche, de deux ailes de même longueur ; l'aspect général était celui d'un *n* gigantesque et énigmatique. Les deux ailes se reployaient sur une cour spacieuse, ornée d'un rond-point fleuri d'où émergeait, sur son socle, une statue de la Vierge ; à droite, les préaux ; à gauche, une longue allée de marronniers donnant sur la route ; en face, une terrasse, à quelques mètres d'un saint Louis de Gonzague en soutane et en surplis de fonte peinte.

La bâtisse se détachait toute blanche, en fantôme, sur les massifs des bois d'Urzy, tandis que, de sa terrasse, comme d'un balcon de forteresse, elle voyait se creuser à ses pieds et s'étendre jusqu'à l'horizon, l'immense vallée de Fourchambault : coquettes maisons de campagne, châteaux à écussons et à tourelles, séduits par la beauté du site, avaient tenté l'escalade, mais ils s'étaient arrêtés à mi-côte, essoufflés et ne lui venaient pas à la ceinture ; on y montait de partout : du côté nord, c'était un assaut, un chemin de chèvres, raviné en torrent, par les temps de pluie, semé de fondrières ; nous l'appelions le « Gravicho » ; souvent, malgré le surveillant, nous faisions dévier la promenade de ce côté, pour nous donner l'illusion d'alpinistes...

Quand nous prenions nos ébats sur la terrasse, nous devions ressembler, pour ceux d'en bas, à des insectes se jouant dans un rayon de soleil ; de même que pour nous, les grands arbres avaient la taille des épis ; un peu au-dessus, pointaient les clochers de Varennes, de Fourchambault, de Parigny-les-Vaux, de Pougues, avec, aux Angelus, des sons de clochettes, perdus dans l'espace.

A chaque saison, spectacle nouveau, changement de décor ; toute l'échelle des couleurs, depuis le vert mousse des nids, jusqu'aux feuilles mortes, badigeonnées de safran, plaquées d'or.

Au-dessous de la terrasse en belvédère, un bosquet polychrome planté d'arbres de toutes essences, haussait péniblement le front ; que de fois, en fraude, et avec des battements de cœur, nous nous enfouissions sous ses ombres, attirés par l'éclair rouge des bigarreaux au travers des branches ou le froufrou ailé à l'entour des nids. Mais alors nous comptions sans les fenêtres, ces grands yeux ouverts ; quelques minutes après, nous étions ramenés, l'oreille basse ; les *flics* avaient opéré une rafle et l'on nous coffrait, le jeudi suivant.

Non seulement la vallée de Fourchambault, cette amie de nous tous, se grimait, comme une actrice, pour nous distraire, mais elle prenait encore toutes les voix et jouait tous les rôles.

A la rentrée, nous étions forcément tristes, en raison du contraste avec les vacances, on eût dit qu'elle pleurait avec nous et prenait des habits de demi-deuil ; tandis qu'au printemps, elle souriait comme nous, parée de fleurs et de jeunesse, et nous stimulait au travail, par son exemple.

L'hiver, c'était la morte sous son drap blanc, les yeux vitrés, le cœur froid, parmi d'autres morts dans un immense cimetière, plein de mausolées, semé des larmes des dernières feuilles.

D'autres fois, des vapeurs trop lourdes et trop denses pour s'élever, flottant à sa surface, l'inondaient et la faisaient ressembler à un lac, d'où émergeaient, en flottille, les mâts des arbres, le mamelon de Garchizy, qu'on eût pris pour un brick à l'ancre, tandis que bien loin, par derrière, pour compléter l'illusion, se détachaient, sur la ligne d'argent de la Loire fermant l'horizon, les noirs panaches des hauts fourneaux de Fourchambault.

Nous jouissions aussi d'un spectacle qu'on va souvent chercher très loin : des levers et des couchers de soleil ; alors, à l'aube, la vallée s'habillait en rose, et bientôt le soleil nous souhaitait le bonjour à travers toutes les fenêtres.

Dans les chauds après-midi, cette belle nature sommeillait, alanguie, heureuse, s'allongeant sous les tièdes effluves, comme dans une bain d'or.

Le soir au coucher de l'astre, elle s'enveloppait d'un manteau de pourpre, et, avec cette parure, se détachait dans les moindres détails, sur l'écran de l'horizon.

Tout aussi merveilleuses étaient les nuits, avec ce je ne sais quoi de plus suggestif et de plus charmeur qu'elles empruntent au langage de leur silence, de leurs étoiles, de leur ciel immense et mystérieux.

Rares étaient les circonstances où il nous était donné de les contempler : à quelques jours seulement de fêtes privilégiées ; on pendait alors aux arbres des lanternes vénitiennes, on se rangeait en cercle autour de la statue de saint Louis de Gonzague, pour entendre une allocution ; puis des chœurs longtemps préparés à l'avance, éclataient, soutenus par les violons et les orgues ; les échos de la vallée chantaient avec nous, et épandaient au loin ces harmonies tombées du ciel, comme dans la nuit de Noël.

Nous comptions aussi des jours d'une tristesse mortelle, ceux où la neige ou la pluie nous bloquaient sous les préaux, comme des moineux frileux sous les toits.

Parfois l'ouragan faisait rage. La vallée devenait une mer démontée ; sous un coup de vent venu de l'ouest à toute bride, elle hurlait par tous ses massifs soulevés en vagues énormes ou creusés en abîmes. Le petit Séminaire recevait le contre-coup sans sourciller, de cette saute de vent, ainsi qu'un môle l'assaut des vagues furieuses : puis la tempête venait expirer entre ses deux ailes, comme entre deux bras de géant tendus pour l'accueillir et la calmer en la caressant.

Je ne sais plus quel auteur pour écrire

« grand » escaladait les cimes ; tel autre, ai-je
lu, composait son drame à la lueur d'une lan-
terne, dans un souterrain, ou faisait de sa
chambre une chapelle ardente, tendue de noir ;
il n'est pas niable que nos impressions venant
par les sens, empruntent leur intensité et leur
caractère aux choses vues, à l'ambiance. Partant de ce principe, on comprend que le cadre
où nous vivions et que j'ai essayé de peindre,
était plutôt grandiose, et bien fait pour essorer
de jeunes imaginations d'humanistes et des
cœurs de 18 ans.

*
* *

Me voici en vacances ; ce sont les dernières
du petit Séminaire, que je quitte, le cœur
gros.

Elles commençaient fin juillet jusqu'aux premiers jours d'octobre. Ces deux mois étaient,
en cette année 1870, les deux derniers à passer
dans le monde, avant ma rentrée au Grand
Séminaire.

Aussi, avions-nous dressé tout un programme, Blasle, Dupré, Ducaffy et moi, les
seuls qui habitions la ville.

Nous étions à peine installés depuis huit
jours ; un matin, vers 3 heures, les dernières
étoiles pâlissaient dans le Ciel ; je fus brusquement secoué dans mon lit où je dormais à
poings fermés : « Hé ! vieux copain... t'as
mangé la consigne ?... Allons !... debout, et en
route pour Sept-Fons... »

C'était l'inévitable Blasle, toujours le même, infatigable de bonne humeur et d'entrain...

— « Je me souviens, lui dis-je, un peu ahuri, j'avais oublié... Et Dupré, et Ducaffy ? — Des farceurs... Dupré a la migraine, et Ducaffy se purge. »

Nous partîmes tous deux, chantant sur les routes, mangeant dans les fermes, couchant dans la paille, buvant aux sources et aux ruisseaux, dans le creux de la main. Nous n'avions que quelques sous en poche, qui furent vite épuisés ; on nous prit pour des aventuriers ; un fermier hirsute nous renferma un soir dans sa grange, et alla chercher les gendarmes qui nous demandèrent nos papiers...

Blasle reconnut aussitôt l'un des Pandores... « Tiens, Monsieur Grenet !... Comment va ?... » C'était un neveu de Julie... Tout s'expliqua et le fermier en fut quitte pour une bouteille de son meilleur vin.

Mon compagnon jubilait de tous ces incidents ; les moindres détails étaient aussitôt relatés sur son carnet ; on eût dit un explorateur ; pour moi, moins enthousiaste, je trouvais les routes longues ; les repas me paraissaient insuffisants ; et quand je sortais le matin, de la paille du fenil, harassé, je ne prenais même pas la peine de dissimuler ma mauvaise humeur.

« — C'est idiot ce que nous faisons là...

« — Tu n'entend rien à la vraie poésie... dis plutôt que c'est charmant... Tu t'en souviendras toute ta vie...

« — Mes pieds aussi... Vois, mes souliers m'abandonnent... sans compter que j'ai l'estomac dans les reins... Si tu appelles ça de la poésie... ? »

Blasle haussait les épaules et opposait à ma détresse de beaux vers sur les charmes insoupçonnés de la nature.

Enfin, après Moulin et une course interminable sur les bords du canal, nous arrivâmes à Sept-Fons, par une après-midi tout ensoleillée. Un religieux, cassé par l'âge, ouvrit un judas, nous fit décliner nos titres ; et, peu après, nous nous trouvions installés chacun dans une chambre à part. Trois ou quatre jours de retraite nous firent grand bien. Houblonnière, porcherie, vacherie, fromagerie, cordonnerie, tout fut visité et tout était nouveau pour nous.

Mais à Sept-Fons, si l'on pense au corps — et il le faut bien — l'âme est tout. C'est le centre d'où tout rayonne, où tout converge.

Le cimetière des Pères dit son immutabilité et son prix, dans le mépris de tout ce qui est matière et temps, et destiné à périr.

De chaque tombe, le visiteur pensif recueille une sublime leçon ; de ces os meurtris par la haire, martyrisés par la pénitence volontaire, ont jailli des âmes héroïques, d'autant plus libres qu'elles régnaient sur des corps asservis, victorieuses, même avant la mort, de ces esclaves enchaînés par elles, et réduits à leur servir de marche-pied.

Les voilà, les vrais philosophes, possédant la science de la vie et de la mise au point, pour voir par delà le tombeau !

Bravo, mes Pères !... et laisez-moi m'incliner bien bas, pour baiser cette terre mêlée à vos cendres de héros.

Plus loin, dans les champs, çà et là, des fantômes en cagoule, élevant et abaissant la bêche, silencieux, sans autre vue que celle du sillon ; ils accomplissent la loi primordiale, à la fois cruelle et douce, « *in sudore vultûs tui,* » sue et peine pour le ciel.

Ici, les murs ont des oreilles, mais pour entendre les oraisons de jour et de nuit ; ils ont des voix et sont sentencieux comme des pages bibliques : « Veillez et priez. — La cellule bien gardée est douce. — Le plaisir de mourir sans peine vaut bien la peine de vivre sans plaisir. — C'est ici la maison de Dieu, et la porte du Ciel. »

Dissimulés au fond de la tribune, nous pûmes, en fraude, assister à l'office de nuit, très impressionnant ; spectacle unique qui s'imprime, pour toujours, dans le cœur, comme une vue sur la plaque photographique qui la reçoit.

Le bon Père qu'on mit à notre disposition, et qui nous confessa, unissait à la rigueur de l'ascète et à l'âme du mystique, la rondeur du soldat ; avec nous, deux jeunes, il avait même, en récréation, le mot pour rire. Notre petite retraite achevée, la conscience légère, un peu tristes, nous partîmes, non sans avoir serré la main du Frère portier, avec un retentissant « au revoir ».

Maintes fois, nous nous retournâmes pour saluer, du geste, cet asile de paix, que le soleil déclinant voilait d'or.

Sur le canal, un vent attiédi faisait chanter les feuilles des peupliers, en même temps que peu à peu, les étoiles semblaient tomber du ciel, et brillaient comme autant de perles au sein des eaux. Cette nuit soulignait ces jours ; elle en détachait, en relief, les détails, les émotions et les souvenirs, comme les transparents d'or placés sous les riches nappes des autels.

En rentrant, ma mère me tendit deux lettres ; l'une, à en-tête de l'Evêché ; l'autre, de l'ami Jyvoze. Je la reconnus à son écriture nerveuse et largement espacée.

A tout Seigneur tout honneur ! Je rompis l'enveloppe de la première, et je lus, anxieux :

« Mon cher enfant,

« Les événements se précipitent : veuillez vous tenir prêt pour la rentrée au Grand Séminaire, non le premier mercredi d'octobre comme d'habitude, mais le 1er septembre. »

Je devins perplexe ; un instant de réflexion suffit à résoudre l'énigme : nous étions alors en 1870, l'année de la guerre et des enrôlements forcés.

J'avais besoin de diversion. Jyvoze me la fournit, par ces mots humoristiques :

« Tu reviens de la Trappe où l'on ne mange que des œufs, du fromage, arrosés de bière, c'est maigre pour un estomac comme le tien.

« Je t'atttends, avec quelques amis, après-demain, pour te décarêmer. Mon père a cassé une patte à sa plus belle dinde, en tirant sur un lièvre : je le soupçone d'avoir mal visé avec intention, le cher homme.

« Passe chez Bigord et munis-toi d'une livre de truffes, pars de bon matin ; Ducaffy et Dupré te trouveront au pont de Loire, à 5 heures. »

Ainsi fut fait.

*
* *

La matinée était à souhait ; Jyvoze, fils d'un régisseur cossu du marquis de Guerges, habitait à 6 kilomètres de la ville, il avait revêtu la soutane l'année précédente ; il passait donc ses premières vacances en *Curé ;* c'était le terme dont les paysans se servaient, en le saluant ; quelques-uns, les plus intimes, lui demandaient déjà s'il n'allait pas bientôt « *dire Messe* ».

On arrivait chez lui, sous bois — ceux du Marquis — après avoir franchi deux ponts et trois poutrelles à peine équarries, jetées, au petit bonheur, par les métayers, sur les trop-pleins de la Loire.

Blasle, qui voyait tout à la loupe, pensait à la cascade du Niagara : il lui semblait la franchir, sans trembler, sur une corde raide : il avait, du reste, pendant toute la route fleurie, sifflé avec les merles, et mieux qu'eux : c'était un de ses talents de société... quand il était avec nous.

A un détour du sentier, nous rencontrâmes Jyvoze très accueillant comme toujours.

« Topez là !... C'est très bien !... On a dû se lever matin !... Mais rien n'aiguise mieux l'appétit. A propos, je vous ménage une surprise...

— Une dinde truffée? fis-je, hâtif, tourné vers les amis... — Non, rectifia-t-il, en éclatant de rire... il s'agit de M. de Guerges... ce n'est pas la même chose... le Marquis m'a promis d'être des nôtres à déjeuner, et il paie le champagne. » Je fus un peu décontenancé de ma méprise, je voulus la réparer de mon mieux. « Messieurs, ajoutai-je, la *dinde* c'est moi ! et elle est *truffée* comme vous voyez ; et, en même temps, j'arborai le sac de tubercules que je traînais dans mes poches depuis deux grandes heures. — Dans ses poches !... Dans ses poches !... s'exclama Dupré, impitoyable ;... inutile de les faire cuire, alors !... elles sont confites !... Dans ses poches !... à même !... ah ! ah ! ah ! »

On gagna, en riant aux larmes, la régie.

Le soleil montait vite : une partie de chasse,

une visite au château occupèrent la matinée, puis on se mit à table. De longue date nous connaissions les repas de Jyvoze. Nous n'en sortîmes qu'à quatre heures : la dinde était le prétexte pour exhiber toute la basse-cour ; les langues marchaient encore plus que les fourchettes, et je dois dire en manière d'excuse que, dans ces agapes, l'esprit ne cédait pas ses droits à l'estomac.

« De l'esprit !... mais à nous cinq, nous en avons comme quatre ! » tonnait Blasle, après le champagne...

M. de Guerges quittait la table, étouffant son rire dans sa serviette. « Alors, tu ne te comptes pas ? » soulignait finement Ducaffy.

*
* *

Ce marquis de Guerges était plus encore qu'un fin lettré et un savant : c'était surtout un grand cœur ; parfait gentilhomme, chrétien modèle, père de six enfants, dont l'aîné missionnaire aux Hawaï ; on l'appelait la Providence du pays. Capitaine au long cours, il avait fait plusieurs fois le tour du monde, jamais plus heureux que quand il revoyait le ciel de son village, la maison de ses pères, son clocher, son vieux curé qu'il embrassait toujours comme à cinq ans. Très érudit, il laissait volontiers causer les autres : c'était plutôt un silencieux par nature, quoiqu'il sût sortir, à temps et par devoir, d'une réserve qu'on eût pu prendre pour de la hauteur ; il avait horreur de la pose... En lui, la distinction de la race s'alliait à une simplicité d'enfant.

Il payait la pension de trois Grands Séminaristes qui ne connaissaient pas leur protecteur pas plus que lui ses protégés, car sa libéralité ne portait pas sur telle ou telle tête, mais tombait dans la caisse, sans étiquette, pour prendre le chemin des fournisseurs.

*
* *

« Messieurs, dit-il, le repas fini, nous allons, si vous le voulez bien, célébrer les secondes Vêpres de la fête chez le Curé de céans, M. l'abbé Louis Gagne. Vous remarquerez que c'est aujourd'hui la Saint-Louis. Il était invité ici, la goutte le cloue au presbytère, il sied que nous, qui n'avons que la goutte que nous venons de prendre, allions à lui. Aux voix...
— Oui ! oui !... » criâmes-nous, en explosion. « Parfait ! » dit Blasle ; « exquis », s'exclama Ducaffy ; « épatant, » dis-je ; « trouvé, » souligna Dupré, en regardant M. de Guerges, qui lui tourna les talons. Un quart d'heure après, nous sonnions à la Cure dont la porte s'ouvrit sur Colette, la domestique.

Cette Colette était un phénomène : Barnum l'eût monopolisée et en eût fait de l'or. Cambrée en V, la tête dans les genoux, elle regardait de côté, d'un œil crevé, et pourtant aimable, et c'est de l'air le plus engageant du monde qu'elle nous introduisit dans le petit salon ; elle avait reconnu le châtelain, et avait fait effort pour incliner sa tête plus bas encore. « Ma bonne Colette, dit M. de Guerges, donnez-nous quelques paires de draps. » Et sans trop comprendre, elle s'exécuta. On les disposa le long des murs, on y piqua quelques fleurs, et chacun, muni d'un bouquet, fait à la hâte, avec les dernières pousses, nous attendîmes, rangés en rond autour d'une table, d'où émergeait une bouteille au long col argenté.

Bientôt un grand vieillard apparut, au bras de Colette, dont la tête lui arrivait à la ceinture. Il portait 80 ans ; sa large face, bien qu'altérée par la souffrance, souriait sous l'auréole des cheveux blancs.

Curé de Physy depuis plus d'un demi-siècle, berceaux et tombes, voiles de mariées et linceuls, immortelles et fleurs d'orangers, se brouillaient dans sa vieille mémoire, se confondaient devant ses yeux octogénaires. Que de « Veni Creator » et de « libera », de glas et de joyeuses sonneries ses oreilles avaient entendus !...

Malgré son grand âge, il baptisait encore, mariait et enterrait... validement ; dans la paroisse, les jeunes le consultaient, comme on feuillette un parchemin. Il avait le goût des études historiques ; sa mémoire, rebelle au présent, avait surtout enregistré le passé ; c'était un incunable : le Grand Vicaire à la recherche de documents pour un ouvrage d'histoire religieuse du diocèse, n'avait pas manqué de le « compulser », et l'abbé Gagne s'était laissé faire comme une bibliothèque dont on a les clefs.

Le livre avait paru, c'était de la plume du Vicaire Général, mais en réalité dicté et composé par le vieux curé : « Sic vos, non vobis ! » Il se vengeait en citant ce texte, et en confirmant le fait à ceux qui l'interrogeaient, il ajoutait, en riant : « Que voulez-vous... quand on est Grand Vicaire !... »

Pas un sentier de la paroisse qu'il n'eût parcouru... pas un seuil qu'il n'eût franchi, toujours accueilli par tous, jeunes et vieux, comme un rayon de soleil.

Les petits se jetaient dans sa soutane, tandis que la grand'mère, en tournant son rouet, lui rappelait qu'il l'avait souvent « tapée » au catéchisme, puis mariée ; et que c'était alors le beau temps... pour lui et pour elle, et qu'il y avait 50 ans de cela !... et le rouet et la langue tournaient ensemble sans se lasser, pendant des heures.

*
* *

Jyvoze nous avait rebattu les oreilles de ces détails. Mais rien ne vaut de voir ; cette fois nous avions devant nous, en chair et en os, le bon Curé.

C'était un vieux grognard qui a reçu le baptême du feu, en face de jeunes recrues ; un martyr du Christ, échappé de l'arène et des fauves, devant un trio de néophytes. Visiblement, Dieu avait voulu ce rapprochement entre ce passé et cet avenir, ce vieillard et cette explosion de jeunesse que nous étions !

*
* *

Il sourit, en prenant d'une main que la joie faisait trembler, les bouquets que nous lui tendîmes.

« Mes enfants, dit-il, — car je pourrais être deux fois votre père — la jeunesse est aimable, merci ! En ce moment mon vieux cœur se rajeunit et se réchauffe à la flamme du vôtre ; je sais que vous êtes des Séminaristes. Croyez-en mes 55 ans de sacerdoce, rien n'est au-dessus de la dignité, des luttes et des joies du Prêtre. Bientôt, je le sens, je vais partir ; un soldat tombe, dix le remplacent. Vous me remplacerez : c'est beau la conquête des âmes, plus beau que celles des royaumes !... »

En remuant ces souvenirs, l'émotion le gagna. M. de Guerges s'en aperçut, et, voulant arrêter les larmes prêtes à s'échapper, il applaudit à tout rompre, et sauta au cou du vieux Pasteur, ce que nous fîmes tous. « Des verres, cria-t-il ! Voilà une bouteille qui ne demande qu'à applaudir avec nous ! » Le bouchon sauta avec un bruit de tonnerre, le champagne moussa dans les coupes. « Je bois, dit le Marquis, au bon Pasteur ! à l'apôtre infatigable ! au père des pauvres ! au mien ! à ses noces de diamant ! à son centenaire ! »

Colette qui, en entendant tout ce tumulte, n'avait pu s'empêcher d'émigrer de la cuisine, et se tenait en boule dans un coin du salon, jugea à propos de souligner les derniers mots du toast :

« Jusqu'à cent ans !... ce serait bien profit... mais d'hasard !... il n'aura pas cette chance-là... s'il va seulement encore... »

Un fou rire couvrit les dernières paroles qu'on n'entendit pas. « Allons, Colette, dit l'abbé Gagne, riant lui-même de bon cœur, vous voudriez donc déjà m'enterrer ?... »

Le soleil s'inclinait. Malgré toutes nos protestations, le pasteur, que la joie avait rajeuni, et que la goutte semblait avoir quitté, voulut nous accompagner jusqu'au delà du presbytère, jusqu'à une grosse pierre tombale, effritée, où l'on avait coutume de déposer les corps, avant leur entrée à l'église. Là, il prit congé, et, comme nous lui répétions : « Encore 20 ans, Monsieur le Curé ! » il sourit, et d'une main nous montrant la pierre, de l'autre le Ciel, il ajouta, en guise d'adieu : « Priez pour moi, j'en ai bien besoin. » Il mourait trois semaines après.

Nous pûmes assister à ses obsèques qui furent un triomphe. Toute la paroisse était debout : pas une note discordante dans le concert de louanges des enfants à l'adresse du père, du grand-père, de l'aïeul vénéré, qui ne prenait de repos qu'après tout le monde, et ne gagnait sa tombe qu'après tous les autres. M. de Guerges pleurait ; tous pleuraient ; longtemps après la cérémonie, on eût pu voir, penchée sur la fosse, attachée au sol, la pauvre Colette ; elle avait tout perdu. Le Marquis la recueillit au château où elle n'avait rien à faire qu'à prier, en attendant son tour. Pour nous, futurs lévites, une telle mort, après une telle vie, indiquait, mieux que tous les traités, la voie à suivre pour étendre le règne de Dieu.

*
* *

Ah ! nos vacances, elles ne manquaient ni de charmes ni de variété ; même chez nous, en ville ; que de souvenirs, de belles soirées ! Nous allions faire un tour au parc. Ce parc était un vieil ami à moi ; nos mères nous y avaient promenés en maillot. Plus tard, au sortir de l'école, nous y avions joué à cache-cache, à saute-mouton, au palet, à la balle, suivant les saisons. Pas une allée que nous n'ayons parcourue, pas un arbre que nous n'ayons escaladé, sous les « mauditions » du garde qui nous montrait le poing du fond de son chalet d'observation, et recevait des pieds de nez.

C'était l'endroit préféré des oisifs avides de repos ; étudiants rêveurs ; chercheurs d'ombre et de verdure, en été ; bébés au cou des nounous ; grandes dames lasses de visites, y accouraient.

On y rencontrait des professeurs pensifs, des prêtres disant du bréviaire ou repassant un sermon ; des poètes en quête de rimes, très reconnaissables à leur teint plombé, cheveux et nez au vent, saouls d'idéal, et sans pain.

Or, il y avait aussi de jeunes séminaristes, mystiques, jugeant hommes et choses, du haut de leurs 18 ans !

Ce parc, en août et septembre, les soirs de lune, on eût dit le Casino d'une ville d'eaux ; une foule compacte, vivante, se remuait dans ce cadre, se détachait en couleurs variées sur l'écran de verdure, ivre d'insouciance et de rêves !

Vraiment, qu'eussions-nous fait dans cette cohue ?... Nous nous isolions dans les allées extrêmes et ombreuses, où les bruits n'étaient qu'un écho ; et déjà nous savourions le contraste ; nous méditions, à 18 ans, sur la sagesse du choix que nous allions faire ; ces fêtes nous apparaissaient comme un emballement de fous, un ricanement douloureux, dans un cauchemar de fièvre ; un défilé d'acteurs novices concourant dans un match de vanité, essayant de croire au machinisme, aux coulisses de toiles peintes où ils évoluent de leur mieux, menteurs ou cyniques !

*
* *

Ces réflexions, dignes d'un âge plus avancé, étaient faites tout haut par Dupré. — « Mon cher, dit Ducaffy, tu es d'une sagesse antique et précoce : à 18 ans, cela promet. Je ne sais quel sera, à la rentrée du Grand Séminaire, notre professeur de philosophie, mais nul, plus que toi, n'est digne d'occuper cette chaire. Dupré, qui l'eût dit !... »

Une idée bizarre vint à l'esprit de Blasle ; jusque-là, il avait gardé le silence. — « Si nous chantions !... Vous voyez bien que ces gens-là s'ennuient à parader dans les allées... et ça nous occupera, en même temps. »

— « Entendu !... fîmes-nous, mais chanter quoi ?... Un cantique ?... ici, à cette heure ?

— « Non, répliqua sagement Blasle : ce serait rompre l'incognito que nous voulons garder. Exécutons des chœurs simples, à effet, qui nous soient familiers ; nous avons le choix : les « Pifferari » — les « Brésiliennes » — les « Madrilènes » — la « Fauvette » — le Chœur des Soldats — Guillaume Tell, etc.

— « Si nous les chantions tous, opina Dupré, mis en appétit.

— « Impossible, objecta Blasle, gravement... Il serait plus de minuit, et nous nous ferions ramasser par la patrouille !... On en parlerait. »

On convint d'attaquer le chœur des soldats de Faust.

Ce soir-là, nous étions six, y compris deux grands séminaristes.

Blasle avait une voix de ténor remarquable, puissante et bien timbrée ; les deux barytons étaient excellents ; les deux basses donnaient l'impression d'un creux d'abîme d'où montaient des vibrations d'olifant, celui de Roncevaux.

*
* *

La soirée était à souhait ; à peine un léger souffle agitait les feuilles des grands marronniers. Au travers des arbres, les étoiles riaient ; une fraîcheur délicieuse succédait aux effluves étouffants de l'après-midi ; il pouvait être neuf heures ; les promeneurs, lassés de faire les cent pas, avaient assiégé les bancs qui ne suffisaient plus, de telle sorte que le parc rappelait, à ce moment, une cour d'école, où la promenade finie, des élèves sages s'assoient au frais.

— « Une !... deux !... » marqua Blasle, notre chef d'orchestre. Et, dans ce grand silence relatif, le chœur de Gounod éclata avec ses sonorités de fanfare ; dans son enchevêtrement de notes au galop, se poursuivant, imitant une charge de cuirassiers, une marche de fantassins à l'assaut ; pendant que les ténors, rivalisant de virtuosité, donnent l'impression d'une mêlée, les basses tonnent comme des coups de canon, et ainsi, en un rythme étrange, battent la mesure de cet hymne de victoire.

Par demi-tons, crescendo, les voix s'élèvent, s'étendent comme des ailes par degré déployées ; les notes éclatent, fusent en gerbes de feu d'artifice, jusqu'au bouquet, au point d'orgue, où, flambée multicolore, elles brillent, un instant, en une modulation hardie, inattendue, pour se fondre dans le ton initial.

Dans ce morceau, un des plus beaux de

Faust, la voix de Blasle planait, illimitée, comme l'aile d'une mouette sur l'océan.

Emporté par son émotivité naturelle, par l'effet de cette harmonie, Dupré avait les yeux à fleur de paupières, et, de ses bras, battait l'air, à contre-temps, au risque de tout compromettre. Ducaffy buvait du lait, plusieurs bols, et regardait les étoiles ; barytons et basses, pour sonner plus creux, se rengorgeaient, levaient ou baissaient la tête, au gré des notes, telles des cloches en branle.

La dernière note éteinte : — « C'est tordant, fit Blasle essoufflé. Nous chantons pour l'art ; il n'y a plus personne ici ! Nous les avons fait fuir, en haussant les épaules. Joli succès ! »

Il achevait à peine, que les applaudissements partirent de tous les coins, de chaque banc, du pied de chaque arbre.

— « Bravo !... les chanteurs ! Encore !... bis... ter... »

Nous reprîmes « Les Brésiliennes » ; mêmes suffrages flatteurs...

Cette fois, les curieux s'approchaient, voulant découvrir la retraite des mélomanes, ce que nous redoutions par-dessus tout. Aussi, pareils aux oiseaux qui, pour dépister les auditeurs, voltigent de branche en branche et s'éclipsent sous bois, nous disparûmes, et oncques ne rechantâmes.

Quelques jours après, nous pûmes lire, dans un journal local, cet entrefilet :

« LES ROSSIGNOLS DU PARC »

« Mardi dernier, sous un ciel d'Orient, vers
» 9 heures, audition d'un concert aussi artis-
» tique que gratuit, donné au Parc ; choix des
» morceaux, perfection d'exécution, timbre des
» voix, remarquables d'harmonie et de maî-
» trise, mesure, tout y était ! Nous fûmes char-
» més, aussi les « bravos » éclataient sponta-
» nément de toute part. D'où sortaient les ar-
» tistes noctambules ?... Voilà l'énigme !... Ils
» recherchaient l'ombre et la solitude... avec
» obstination... et disparurent au premier mou-
» vement d'approche de la foule.
» Des rossignols, vous dis-je ; mais des ros-
» signols... sauvages. Pourtant, Nesly, notre
» premier ténor, si goûté, avec les quelques ly-
» céens, ses élèves, voudraient-ils parier qu'ils
» n'y sont pour rien ? Un tel pari serait, de
» ma part, malhonnête, car il n'y a qu'un
» Nesly » et tous l'ont reconnu.

« ARSÈNE. »

— « Bien touché, dit Blasle, après lecture...
Voilà un « Arsène » qui ne manque pas de
flair. Au reste, quand on s'appelle comme
ça !... »

*
* *

Il ne nous restait plus que quelques jours
avant la rentrée au Grand Séminaire. La déchéance de l'Empire, l'avènement de la Répu-

blique avaient été proclamés à son de caisse et acclamés par le même peuple qui venait de faire le plébiciste ; « le oui et le non » à un an d'intervalle. Ah ! la sagesse des foules !... et des électeurs !...

On parlait d'imprévoyance criminelle dans la déclaration de guerre à l'Allemagne : « Pas un bouton de guêtre ne manquait, » avait-on dit ; en réalité, nous manquions de fusils et de canons, de chefs et de soldats, surtout de discipline et de sang-froid. L'emballement remplaçait l'héroïsme, la fièvre était prise pour de l'enthousiasme ; l'inconscience poussait à toutes les folies ; l'inexpérience conduisait à toutes les catastrophes ; le nombre faisait oublier la qualité et favorisait l'illusion ; des enfants étaient enrôlés avec les vieux garçons qui n'avaient jamais porté un fusil. On faisait « soldats » de tout ; pour chauffer à blanc, chez les jeunes, le « patriotisme », on les grisait, chaque soir, de musique, de bouquets jetés par les mains gantées des dames, de hourras où le cri : « A Berlin ! » perçait, délirant, grotesque ; et le peuple finissait par croire que « c'était arrivé ».

Entre temps, d'heure en heure, on collait aux murs des édifices publics, des dépêches sur lesquelles la foule se précipitait, croyant y lire une victoire, et c'était une défaite. Alors, des cris éclataient : « Canailles !... » ce n'est pas possible !... on nous trompe !... sale presse !... »

Un journaliste, Bigrat, qui avait devancé

une dépêche officielle pour faire du zèle, fut appréhendé, traîné ; une grêle de coups de canne plombée l'abattit comme un bœuf. On l'aurait achevé sur place si, par bonheur, les portes de la prison ne se fussent fermées sur lui et sur la foule.

Il fallait la victoire... quand même !... Aussi le peuple se vengeait-il de ces désillusions cruelles, sur l'effigie impériale.

Aux vitrines des librairies, à toutes les devantures, dans les kiosques, sur les murs, peintres, figuristes, enlumineurs, caricaturistes, artistes de talents, chansonniers, rivalisaient d'invention, de grotesque ou de cynisme. C'était à qui jetterait le plus de boue à la face du « pitre couronné ». On piétinait sur ce qui n'était déjà plus qu'un cadavre : Eugénie, hier encore, Impératrice des Français, dont les villes, qui se disputaient sa visite, acclamaient la bonté et la grâce, était représentée en « vache ! »

L'insulte dans le malheur !... L'ignominie après la chute !...

Par ce châtiment, dont les hommes n'étaient que l'instrument, Dieu ne vengeait-il pas Pie IX des trahisons hypocrites de Napoléon III ?... Il est permis de le penser.

*
* *

Après la déchéance de l'Empire, les vieilles barbes de 48 se montraient, comme les escargots après l'orage. Jusque-là, ils s'étaient terrés, gardant le silence, s'étudiant à se faire oublier, vivant en marge de la société, dans la crainte salutaire du bicorne et le souvenir des pontons.

A cette heure, ils se redressaient, conscients que leur tare était un titre.

Ils étaient très amusants. De ma fenêtre, j'aimais à les observer : ils se tenaient sur la place, cambrés, le pied droit en avant. hiératiques, lustrant, d'un geste convaincu, leur barbe qui avait souffert pour la Justice. Au reste, ils n'étaient pas méchants pour... un sou ; Rome alors admirait leurs vertus...

*
* *

Plus sérieux étaient les bruits lancés contre les « Curés » qu'on accusait couramment d'expédier de l'argent aux Prussiens, par monceaux..., par fourgons...

De là à conclure que nous étions les seuls auteurs de la débâcle, il n'y avait que la longueur d'une colonne du *Siècle*.

C'est dans ces conditions, sous ces auspices, que je me disposais à franchir le seuil du Grand Séminaire. J'ai voulu, en rappelant ces souvenirs, tracer le cadre, plutôt funèbre, où se détachait ma vocation sacerdotale, à cette heure tragique.

A vrai dire, tous ces événements la confirmaient, loin de l'ébranler.

Ne s'en dégageait-il pas une grande leçon ?

— Les fureurs aveugles de la foule, les revirements si soudains de la politique, l'empire payant de catastrophes inouïes ses triomphes ; les terribles revendications d'une Providence qui attend mais qui n'oublie jamais, la vanité d'une nation qui escompte la victoire avant d'avoir combattu, tous ces contrastes, tout ce document humain n'étaient-ils pas pour mes vingt ans, une grande lumière, comme une expérience infuse, devançant le temps, acquise sans effort !... et, pour la décision qu'il me fallait prendre, n'étaient-ils pas encore comme un souffle puissant qui m'entraînait du côté de Dieu, qui est vérité, immutabilité, justice, amour, éternelle joie... et plane au-dessus de la repoussante comédie humaine... laquelle se joue dans le fard, toujours, souvent dans le sang ?

*
* *

La sainte femme qu'était ma mère ne perdait pas son temps ; elle utilisait les derniers jours ; son intelligence de la grandeur du sacerdoce lui montrait que j'étais à une heure décisive de ma vie où les routes opposées s'entre-croisaient, demandant une héroïque décision. Aussi, prières, communions, jeûnes, sacrifices de toutes sortes, aumônes, travaux, étaient-ils multipliés.

Je m'étais couché un soir plus tôt qu'à l'ordinaire, par suite de migraine ; réveillé vers onze heures, très dispos, je vis qu'une lueur

discrète, partant d'une imposte qui donnait
sur l'atelier de travail de ma mère, éclairait
ma chambre. Après avoir consulté ma montre,
je craignis, vu l'heure tardive, que la veilleuse
fût restée allumée par distraction et brûlât
toute la nuit, ce qui n'était pas sans danger. A
peine vêtu et sans bruit, je me dirigeai vers la
porte vitrée. Un spectacle étrange s'offrit à ma
vue. Dans un angle de la petite pièce brûlait
une veilleuse, devant une image de N.-D. de
Chartres, représentant la Vierge du pilier. (Plusieurs fois déjà, ma mère avait fait le pèleri-
nage; elle y avait été, racontait-elle, comblée de
faveurs spirituelles). Cependant, je n'avais jamais vu, de jour, une telle exhibition ; il est
à croire que, pour éviter les contrariétés et
les reproches de singularité, elle n'avait lieu
que la nuit.

Mais ce qui me frappa davantage, ce fut de
voir ma mère seule, à cette heure, à genoux,
au milieu de la chambre, tandis que, devant
elle, une large pièce d'étoffe faisait sur le carreau rouge une tache noire de drap de mort...

Qu'était ceci ?... Qu'en penser ?... Ma stupeur fut au comble, quand je la vis regarder
longuement l'image, joindre les mains, et des
larmes tomber de ses yeux, presque éteints,
— elle était alors menacée de complète cécité.

Cela fait, toujours à genoux, je la vis se
courber sur l'étoffe dans laquelle, en suivant
des pointillés tracés à la craie, elle tailla à
pleins ciseaux, tandis qu'elle fredonnait « tout

bas » pour n'éveiller personne, le « *Te Deum* » et le « *Magnificat* » sans toutefois cesser de pleurer.

Je compris enfin !... Plusieurs fois, elle m'avait dit qu'aucune main étrangère ne toucherait à ma première soutane ; que seule, elle se réservait ce travail auquel elle se livrerait, en priant et en pleurant : elle tenait parole.

Très ému, n'y tenant plus, j'étais tenté d'ouvrir la porte et de me précipiter dans les bras de ma chère maman, si touchante sous ses larmes, dans ce labeur. J'eus peur de l'effrayer. En silence, je regagnai mon lit. Cette scène de nuit, dont j'avais été et devais rester l'unique témoin, car ma mère n'en dit jamais un mot à personne, me persuada plus que les traités de théologie sur la sainteté de l'habit ecclésiastique, la grandeur du sacerdoce, les vertus qu'il suppose.

J'étais encore sous le coup de cette émotion, quand, presque immédiatement avant ma rentrée au Grand Séminaire, j'eus à subir un formidable assaut. Je veux le raconter ici dans tous ses détails et sous sa forme diabolique. Cette peinture d'un état d'âme à la veille d'une décision sans retour, d'une fidélité photographique, sera la meilleure réponse à ceux qui font du sacerdoce une carrière, comme l'armée, ou le commerce, ou l'industrie, et qui pensent qu'on revêt la soutane, sans plus de façon qu'un tablier ou une capote.

Un soir, vers dix heures, j'étais accoudé à

une fenêtre du deuxième étage, c'était le 15 septembre, exactement ; la rentrée avait été fixée, par l'Evêque, au 18. — En ce temps-là … je l'ai dit — la nation ballottée entre l'inquiétude et l'espoir, vivait dans la fièvre. Levée dès l'aube, elle avait peine à s'endormir : jusqu'à minuit, une heure du matin, les cafés regorgeaient ; alors, le flot des buveurs, ivres de patriotisme, et « d'absinthe » s'écoulait. en braillant le « Rhin allemand » de « Musset ».

J'avais la bonne fortune d'habiter un bas quartier. Là, du moins, ne m'arrivaient que des échos affaiblis, mais suffisants pour me faire mieux goûter, par contraste, le silence qui m'enveloppait délicieusement. La nuit, d'ailleurs, était incomparable de tiède fraîcheur, de douce clarté, sous un ciel d'Orient. C'était l'adieu. le sourire mêlé de regrets. de l'automne, avant l'hiver.

A cette heure. à la veille de prendre une décision que je voulais irrévocable. je fixais ardemment mes yeux vers les étoiles, par delà lesquelles, à des profondeurs infinies, j'invoquais le Dieu de mon choix dans la fierté de le servir. et aussi. dans la confusion de lui donner si peu, en retour.

Dans cet « au-delà » j'emportais avec moi, pour le mettre à ses pieds, tout ce que mon cœur avait d'élans. ma volonté de généreux desseins ; tout ce que l'avenir tenait, pour moi. en réserve, de déceptions ou de succès, de sacrifices, de tristesses ou de joies, dans un apostolat qui ne tendrait qu'à sa gloire et au salut des âmes.

Sans efforts, ma pensée montait, ainsi qu'une aile, qu'un souffle d'en haut ouvre et emporte loin, vers des espaces illimités, toujours plus rayonnants, des océans bleus superposés, sans fond, où l'œil du rêve se perd.

Etre prêtre, quel honneur !... étendre le règne du Christ, quelle gloire !... sauver ses frères, quelle conquête et quelle joie !... Aller au ciel sûrement, les y entraîner après soi, se pouvait-il ambition plus grande, en même temps que plus facile à réaliser... Pionniers de civilisation, explorateurs de génie, exposent leur vie, donnent du sang, s'il le faut, consentent même à jalonner, de leurs os blanchis, les chemins ouverts pour d'autres qui recueilleront les semences de gloire jetées par eux !...

Hé bien, qu'est-ce que ces hommes en comparaison du Prêtre !... du Missionnaire ?... Des arpenteurs, déplaçant des bornes frontières, tandis que, lui, est le trait d'union des âmes, à travers l'espace et le temps !... J'exultais !

Missionnaire !... C'est cela !... si je me faisais Missionnaire !...

Cette idée, je ne l'avais jamais eue, elle naissait d'elle-même, de mes rêves d'apostolat intensif et ailé. Bientôt — le temps d'y songer — je fus transporté à des milliers de lieues de la mère-patrie. Le clocher natal n'était plus qu'un point imperceptible, perdu dans l'ensemble de tous ceux que je désirais conquérir. La paroisse, avec ses quelques centaines de fidèles, une misère !... une simple escouade à comman- der, au lieu d'un corps d'armée !...

Puis, sur l'écran où l'imagination ne cessait de projeter ses rêves, d'autres vues s'offrirent, attirantes, suggestives, dans un décor de rui- nes monastiques.

Pourquoi ne serais-tu pas Bénédictin?... l'étude... les livres... le charme délicat trouvé dans le commerce des grands esprits... au lieu du contact avec le vulgaire qui vit, mais ne pense pas et oblige le Prêtre à descendre jus- qu'à lui, au lieu de monter jusqu'au Prêtre ?

Vivre de science, de solitude et de prières... triple source où, de par l'Église, il t'est permis, comme à tant d'autres, de puiser l'apaisement de ta soif de connaître.

L'écran redevenait vierge ; le temps d'une nouvelle projection lumineuse, toute blanche, fantomale, fascinante !

En pied, les bras étendus dans le geste enve- loppant du Crucifié, et, comme lui, couronné de cheveux blonds, apparaissait le « Domini- cain ».

Je le plaçais dans son milieu, en chaire. Je le voyais très haut, comme perdu sous les arceaux gothiques d'une cathédrale ; et de ses deux bras étendus comme deux ailes, planant dans une envergure d'aigle, sur la foule fasci- née, je l'enveloppais de silence approbateur : dans ce silence, je me plaisais à ouïr un verbe varié, disert, modernisé : un écho filial, quoi-

que lointain, de celui de Lacordaire dont j'avais
lu la vie et les œuvres. J'avais toujours eu un
faible pour les fils de saint Dominique.

Tiens !... Dominicain, tu seras Dominicain...
pourquoi non ? Tous les Ordres religieux, ou
peu s'en faut, défilèrent ; tous me souriaient,
me faisaient signe de venir : ceux-là me van-
taient leur solitude, fille des grandes pensées ;
ceux-ci, un doigt sur la bouche, me disaient :
« Notre conversation est déjà dans le ciel. La
langue est si meurtrière, n'est-ce pas l'arme
avec laquelle une moitié du monde tue l'autre ? Viens chez nous. » Je voyais d'autres Religieux couchés sur des planches, vivant de presque rien, aux corps diaphanes, domptés comme
des esclaves, ou comme des bêtes rêtives, auxquelles l'âme maîtresse a imposé les rênes, la
route, le but... c'est-à-dire le ciel. — « Qu'hé-
sites-tu, me criaient-ils ? En avant !... fais-toi
moine... trappiste... chartreux... »

Combien de temps avait duré l'ascension, je
ne saurais le dire. Mais, comme celle de l'oiseau, les ailes de l'esprit se fatiguent à toujours planer ; elles se replient et, du pays des
étoiles, retombent chez nous.

Je me retrouvai, je revis la fenêtre, ma
chambre, la rue doucement éclairée et morne.
Malgré l'heure avancée, je n'avais nulle envie
de dormir, sans doute à cause de la tension des
nerfs surexcités par l'inconsciente intensité de
mes pensées.

C'est alors qu'après la voix descendue d'en

haut, monta jusqu'à moi, la suggestion d'en bas. Avais-je visé trop de choses, trop élargi le champ de ma vision intérieure, dans une griserie de rêves où le moi, le mérite personnel, la foi dans des aptitudes chimériques, tenaient lieu de consultation divine ?... Toujours est-il que l'ennemi s'approcha résolument et sema l'ivraie à pleines mains... on va le voir.

*
* *

Mon « moi » se dédoubla, il me semblait que nous étions deux en « un ». C'est « l'autre » qui avait la parole, me condamnant au silence, à l'audition, sans réplique possible, comme dans un cauchemar. — « Alors, tu te crois appelé ! Quelle voix as-tu entendue, où, quand ? Quel timbre a-t-elle ? La vocation !... as-tu compris ce grand mot dont les huit lettres disent tant de choses, voile qui enveloppe et recouvre les mondes, l'avenir, les âmes, le ciel et l'enfer, la rédemption, la vie, la mort... tout... tout... cela, l'as-tu vu ?... Y as-tu réfléchi ?... enfant que tu es !...

« L'appel !... les Apôtres dont tu te réclames n'en pouvaient douter, car, le signe auguste, ils l'ont vu, dans le geste électif, suavement impérieux du Maître, qui leur parlait, qu'ils pouvaient toucher, et qui les attirait, comme l'aimant, le fer ! Saisis-tu ?

« Mais toi ! toi ! ta vocation à toi !... Où donc son signe visible, sa certitude ? Ah ! ne va pas te tromper, l'erreur de chemin, ici, aboutit à un abîme d'où l'on ne remonte plus, et c'est tout bonnement effroyable !

« Prêtre !... sais-tu ce que c'est ... écoute-moi te le dire. L'as-tu vu, le Prêtre, à l'autel, sous l'éclat de l'or, comme un roi ; sous les flocons d'encens qu'on lui prodigue, comme à Dieu même ; debout, quand tous s'inclinent, y compris les têtes couronnées?

« C'est l'ambassadeur du Très-Haut auprès des peuples, de tous les peuples, chez qui ses seules lettres d'ordination l'accréditent à jamais.

« Vois-tu sur la terre, au ciel même, quelqu'un de plus grand que celui dont Dieu se fait l'esclave, soit qu'il baptise, qu'il consacre, qu'il lie ou qu'il absolve ?

« Quand il passe, le peuple salue en lui un autre Christ, un sauveur d'âmes, un ouvreur du Paradis : les anges envient cet... homme !

« Et c'est cela que tu prétends être ! toi !... présomption et folie !...

« A quels mobiles cèdes-tu donc?... Tes intentions sont-elles pures, surnaturelles, sans nul alliage d'ambition, de gloire facile, d'amour du repos, de crainte d'efforts sans récompense éclatante? Examine-toi, sans pitié... Tu as rêvé, réveille-toi sous l'éclair de ces révélations, dût-il éclater sur des ruines et t'arracher des larmes, en te brisant le cœur, et le cœur de ta mère, une sainte, sans doute, qui te voyait déjà à l'autel, mais qui comprendra qu'elle n'a pas le droit d'exiger le sacrifice de ta vie et la perte de ton âme, dans une entreprise où peut sombrer la raison trop tard éveillée, trop tard avertie !... »

*
* *

Mon cœur battait à se rompre, comme à la veille d'un crime. Je voulais crier : Assez !... m'enfuir, pour me soustraire à l'étrange suggestion dont je soupçonnais l'auteur et le péril: Impossible !...

— « Lâche !... continuait la voix. Tu te dérobes... pourquoi ?... As-tu donc peur de la lumière ?... Ne suis-je pas, à cette heure décisive pour toi, sagesse et prudence ?... la voix amie qui sauve... ; l'éveil, le sursaut de la conscience qui crie à temps : « Prends garde !... Tu vas à la mort !... recule !... »

« Ecoute-moi donc encore !... Si je suis la foudre, je suis surtout la lumière dans la nuit où je te vois sombrer ; ne faut-il pas m'entendre jusqu'au bout, pour me répondre... si tu peux !... oui, réponds-moi donc !...

« J'ai balbutié les gloires du Prêtre, en enfant qui épelle une page sublime incomprise, en aveugle qui veut chanter la lumière qu'il ne voit pas. Je n'en ai rien dit qui vaille, sache-le !

« Serai-je plus heureux au chapitre des « responsabilités » ?... Pas davantage ! Et déjà celles que j'aperçois sont écrasantes à des épaules, à un cœur, à une volonté d'homme.

« La chasteté, par exemple, cette mutilation

9

morale, diamant sans prix dont le monde et Dieu te font payer ton sacerdoce, peux-tu répondre que toujours, en toute occasion, à tout âge, tu en verras la beauté, la nécessité !

« Ne crains-tu pas que ce ne soit qu'un rêve héroïque, conçu dans l'inexpérience, vapeur du matin de la vie qu'absorbera le midi, note d'enfant noyée dans l'épithalame universel, éternel des êtres.

« Arrête-t-on l'avalanche qui se précipite ? la sève qui monte avec la vie ?...

« Et ton être moral !... Tu seras encore eunuque de volonté, d'intelligence, d'initiatives sortant des cadres tracés.

« A l'envergure de tes ailes, on appliquera la mensuration réglementaire ; ton enthousiasme devra s'arrêter à l'étiage marqué. Tu expérimenteras le joug d'une autorité qui ne vit, ne s'accroît, que dans l'esclavage.

« Vie effacée, solitude, haine des méchants, claustration forcée, soupçons, calomnies ; n'espère pas d'autre récompense pour prix d'un sacrifice incompris, parce qu'il est surhumain, invraisemblable, impossible... aux yeux de tous !...

« Tu trembles !... mieux vaudrait ignorer, n'est-ce pas ?... Je sais qu'on bande les yeux du condamné... Les forts refusent... sois un fort... Mesure, avec moi, la profondeur de l'abîme, tandis que tu es encore sur le bord...

« Les tentations seront moins violentes, crois-tu ; elles se briseront à l'angle de l'autel ? Erreur !... Est-ce que toute la fureur des tempêtes n'est pas réservée au pilote qui tient la barre ?...

« Si du moins ton salut devait être plus assuré !... Il n'en est rien !... La dernière de tes ouailles a sur toi l'avantage d'une vie normale, d'une foi sans doutes, d'un cœur satisfait, d'une ignorance que tu finiras par lui envier... d'une simplicité sereine à laquelle le royaume des cieux est promis.

« Le paradis !... mais tu t'en éloigneras de toute ta science théologique, de toute la multiplicité de tes responsabilités !...

« Tu ne me crois pas? Alors, penche-toi plus avant et regarde... Voici que la sonde que j'ai jetée va toucher le fond et ce fond n'est que le couvercle d'un autre abîme !...

« Tu n'as pas, j'imagine, la prétention de ne jamais pécher ; et si tu pèches gravement, ta position, à toi, sauveur d'âmes, devient inextricable. Monte à l'autel, en cet état, si tu l'oses, et vois ce qui s'y passe. Ce n'est plus le Thabor, mais l'échafaud où te traînent, ainsi qu'un condamné, des obligations qui, à cette heure, sont des bourreaux.

« Tu as la vision rouge d'un calvaire, où, dans le sang du Crucifié, tu bois la mort, comme les Juifs ; où, dans chacune de ses plaies tu comptes tes coups ; où, dans chaque blasphème, tu reconnais ta voix ; où, dans les saluts dérisoires, tu te rappelles tes gestes : ta tête inclinée, tes mains jointes, tes genoux ployés ; où l'agonie et la dernière parole semblent se confondre avec ton : « *Ite, missa est !*... ma messe est dite... et mon supplice vient de finir !... »

« Et je suppose qu'une âme pure, de celles qui communient, t'ait demandé ton Dieu, de quel côté se trouvaient donc la foi et l'amour, la vraie vie, la paix, le Ciel ?... Et de quel côté la sécheresse, l'épouvante, le remords, l'enfer... que ne puis-je ajouter : les larmes qui purifient et qui sauvent ?...

« Et le Confessionnal ! Tout n'y est-il pas étrange contraste, cruels renversements des rôles ! Là, siège en juge, celui qui mérite le banc des accusés !...

« Dans chaque conseil qu'il donne, il se condamne : la lumière qu'il prodigue aux autres épaissit les ombres autour de lui : c'est un moribond qui donne la santé, un aveugle qui dirige ; sa conscience fait mentir ses lèvres, il se condamne en absolvant, il se tue en distribuant des remèdes, il se donne la mort en donnant la vie. Son étole lui pèse comme un carcan !... Son surplis blanc est une ironie !... les naïfs aveux, coupés des larmes du repentir, pèsent sur son cœur souillé, comme un remords endormi qu'on réveille : penché, l'oreille tendue, afin d'entendre, pour absoudre, il est, aux âmes qui lui demandent vie et lumière, ce qu'est l'ombre du cyprès pour les lis.

« N'est-ce pas le criminel qui a usurpé la robe de juge, et qui, d'une voix de condamné qui se trahit, est contraint de lire le code, dont chaque ligne lui répète : « Tu es ille vir ? »

« Transporte-le en chaire, sur les bancs du catéchisme, au chevet des mourants !... Son martyre a changé d'arène, voilà tout !... son masque, d'expression !... ses mensonges, de formules !...

« Il ne trouve rien, il ne peut rien trouver qui aille à l'intelligence ou au cœur, dans ce rôle usurpé, où sa voix s'étrangle, où sa confiance et son assurance agonisent. Peut-être, dans un effort de volonté surhumain, trouvera-t-il quelques vibrations... des vibrations de cymbale brisée !

« Recule donc, te dis-je !... aujourd'hui... ce soir..., car demain, il serait trop tard !... Je te connais, le premier pas fait, et qui, en somme, n'engage à rien, t'engagera à tout !... toi !... toi !...

« Une fois prise, ta soutane te restera collée aux épaules... éternellement !... Le bourgeron de l'ouvrier est honorable, tu forgeras le fer comme ton père... voilà tout.

« D'ailleurs, tu peux choisir, l'industrie, le commerce, l'enseignement, les arts !... c'est la fortune... la liberté... l'amour... la vie... l'avenir sans remords !...

« As-tu réfléchi que, dans l'Eglise, à part quelques personnalités que leur titre, leurs relations, leur passé désignaient pour les honneurs, les autres, toi, par exemple, étouffent, piétinent sur place ; sont destinés à se morfondre au milieu de quelques paysans, dans un presbytère qui tombe, à l'ombre d'une église vétuste et désertée, obligés d'attendre leurs morceaux de pain du trafic scandaleux des choses saintes ?... »

... La voix diabolique continuait... Depuis longtemps je n'avais plus conscience de mon être dédoublé ; où étais-je ?... Quelle heure était-il ?...

Je fus brusquement ramené à la réalité par un cri aigu, rapide, mêlé de surprise et d'angoisse ! Il partait de la chambre à coucher de ma mère. Je m'y précipitai !

« Qu'as-tu, lui dis-je? Pourquoi ce cri, et pourquoi ces larmes !... » ses yeux en étaient inondés. Elle fixa sur moi des regards encore dilatés par l'épouvante. « Mais je n'ai rien, dit-elle : j'aurai eu un cauchemar ; retourne te coucher, car il doit se faire tard. »

Je mis longtemps à m'endormir. Quand je me réveillai, le soleil emplissait ma chambre, ma mère me souriait, en m'embrassant, penchée depuis longtemps sans doute, sur ma couche :

— Te souviens-tu du cri d'effroi que j'ai poussé cette nuit? me demanda-t-elle...

Voici le mot de l'énigme.

*
* *

Je m'étais couchée un peu fiévreuse. Je songeais : demain !... c'est demain qu'il va franchir le seuil du Grand Séminaire !... et j'exultais. Si ce n'était pas encore la sécurité du port, du moins c'était l'anse, l'abri contre le naufrage toujours possible.

Mais les mères ont des intuitions, leur cœur est-il jamais tranquille ?... Peut-il cesser de battre, même la nuit, pour leurs enfants ?... Leurs joies se conçoivent-elles sans un alliage d'appréhension qui les gâte ?...

Je pensais : Il est jeune, ce cher enfant, et le monde est toujours là, avec ses rappels désespérés, ses fascinations de serpent guettant une proie. Je dus m'endormir sous le poids de ces pensées plutôt troublantes.

Je vis alors s'étendre devant moi une grève sans limites, où, sous le soleil matutinal, rutilaient des diamants d'écailles, des gemmes de pierres polies, des monceaux de perles de sable fin. Nous admirions côte à côte : jamais le Ciel n'avait été plus bleu, jamais je n'avais ressenti en ta présence, sentiment plus vif de tendresse et d'orgueil maternels. Là-bas, très loin, l'Océan retiré et ténu comme un fil d'argent que le vent soulève.

Brusquement, la scène changea ; le ciel devint tout noir, déchiré, par intervalles, d'éclairs et de tonnerres.

— Fuyons ! m'écriais-je... et je voulus t'entraîner !... Mais tu avais disparu... mes mains appréhendaient le vide... Seul, quand la foudre se taisait, le silence plus effrayant que tous les bruits, répondait à mes appels déchirants.

— Mon fils !... où est mon fils ?... Viens !... réponds-moi.

Il me semblait ouïr, dominant tout ce fracas, de sourdes chevauchées, des galops invisibles, ébranlant le sol sous mes pieds. Tu jugeras de ma terreur, quand je vis dans un éclair, dont la durée se prolongeait, comme pour mieux signaler le péril que nous courions tous deux, des vagues furieuses !... C'était l'Océan qui accourait et n'avait plus que quelques pas à faire pour nous engloutir !

Je me vis dans la nécessité de fuir... sans toi !...

Sans doute la souffrance était telle que je me réveillai. Et comme il arrive en pareil cas, aussitôt revenue à moi, j'éprouvai une joie au moins égale à ma frayeur.

— Ce sont ces cris, ces appels désespérés, lui dis-je, que j'ai entendus ?

— Je ne le pense pas, me répondit-elle, car j'étouffais, et je me rends compte que tous mes efforts pour émettre un son étaient vains. Je voulais appeler et ne le pouvais pas ! De même, j'essayais de courir après toi, et mes pieds restaient cloués au sol.

Ecoute-moi jusqu'au bout. Cette nuit, comment pourrai-je jamais l'oublier ! Je la compare à un drame en deux actes. J'ai essayé de retracer le premier, voici le second.

*
* *

Oh ! l'incohérence des rêves !

On les dirait formés de lignes brisées, de larves de souvenirs, dans lesquels surgissent des images incolores de choses seulement nées dans l'imagination ou le désir.

Je te revoyais à la fenêtre où je t'avais laissé, en me couchant, à travers la porte vitrée qui nous séparait.

Au-dessous, la rue se creusait en abîme sans fond : un poids me semblait t'y attirer, et ta tête s'inclinait par degrés, bientôt ta poitrine elle-même émergeait de la rampe qui lui servait d'appui, de manière à entraîner tout le corps. — Je regardais, figée par l'effroi, sans pouvoir faire un mouvement vers toi, sans pouvoir articuler un mot, pour t'avertir du danger que tu courais. Puis les lieux changèrent d'aspect.

La fenêtre se métamorphosa en margelle de puits d'une largeur démesurée, sans fond, noir, si vieux que, sous ton poids, les moellons disjoints s'écroulaient et tombaient dans des vagues de sang sous lesquelles je distinguais les corps meurtris de tous ceux qui, comme toi, s'étaient penchés au-dessus de ce trou horrible !

Pour la troisième fois, le tableau se fondit en un panorama de fraîcheur idyllique — contraste singulier : le gracieux après l'horrible, le bleu après le noir, la joie succédant au martyre !...

L'aube se levait sur une cascade de parterres dont les fleurs semblaient tomber du ciel.

Tu étais encore à mes côtés : tous deux nous allions de merveilles en merveilles, ou plutôt nous montions, comme portés sur des ailes, les gradins fleuris d'un reposoir à base immense, à la cime sans fin. De chaque côté des marches, tout un peuple de statues, d'abord rigides, et qui finissaient par s'animer ; elles nous souriaient, s'inclinaient sur notre passage, puis d'un geste doucement impérieux nous invitaient à monter toujours plus haut.

Comme il arrive souvent en rêve, nous volions plutôt que nous ne marchions, dans cette ascension d'enchantements dont le terme nous semblait être le paradis.

Bientôt, sans fatigue, tant nous avions le cœur et les yeux satisfaits, nous atteignîmes au sommet. Etranges illusions du sommeil !... Voilà que tout s'écroule, ainsi qu'un nuage vaporeux, sous notre poids. Avec la vitesse d'un corps qui retombe, avec cette angoisse particulière qui, dans le rêve, accompagne les chutes, nous nous retrouvons à terre.

Que sommes-nous devenus à ce moment ?... Je ne saurais le dire. Mais le cauchemar continuant sans doute, je te retrouve, après t'avoir cherché longtemps, aux pieds d'un arbre d'aspect bizarre.

Je voulais avancer pour t'emmener ; impossible. Une assez longue distance nous séparait... Tu me paraissais absorbé dans une contemplation maladive, et la tête dressée en l'air, dans l'attitude de quelqu'un qui écoute : on eût dit que l'arbre te parlait. Je voyais tomber à ses pieds tous les oiseaux qui venaient se poser sur ses branches ; puis ses branches se replièrent comme les baleines d'un parasol et se confondirent avec le tronc ; celui-ci s'anima, s'enroula sur lui-même en anneaux de serpent monstrueux, et son sommet devint une gueule entr'ouverte, béante, en face de laquelle tu demeurais fasciné, et que je voyais s'allonger d'un mouvement à peine perceptible pour te dévorer. C'est alors que je poussai ce cri d'angoisse que tu as entendu et dont l'effort me réveilla.

*
* *

Tout cela me semblait étrange. Ma mère était fort émue, à ces souvenirs.

Je la rassurai par quelques mots banals : cauchemar, étouffement, digestion pénible, préoccupation de mère avant le sommeil...

Laissé à mes réflexions, je me défendis difficilement de certains rapprochements entre ceci et cela. Sous le vague et le décousu inévitables d'images enfantées dans le rêve, apparaissaient des lignes nettes et concordantes.

Ce matin-là, bien que nous fussions en automne, donnait l'illusion d'une aube printanière.

J'éprouvais, à revoir sa lumière, la joie du mineur qui remonte à l'orifice, après un coup de grisou. Ce beau soleil dissipait, dans mon âme, les brouillards nés de la tentation et de la nuit, il refoulait dans les bas-fonds de l'être, les objections de la veille, vapeurs légères désormais sans force troublante, pour s'élever jusqu'à la pensée sereine. Il n'en restait plus rien qui vaille.

Reprises une à une, ces objections me faisaient éclater de rire : la fourberie, l'impuissance, les contradictions de l'ennemi s'y trahissaient à chaque tentative. C'est ainsi qu'il se plaisait à exagérer les grandeurs du sacerdoce, pour en écraser la faiblesse de l'homme dans le prêtre, oubliant à dessein, qu'en vertu du sacrement de l'Ordre, la grâce greffait la nature divine sur le sauvageon que nous sommes.

— La virginité, mythe au sens humain, est une réalité, un fait, depuis le Christ, dont le sang fait germer les vierges, témoin l'innombrable armée de ceux et celles qui, au cours des siècles chrétiens, en remplacement des holocaustes, ont immolé leur propre chair purifiée, divinisée par l'Eucharistie.

— La vocation n'est pas, n'a jamais été, ne peut pas être une donnée, avec conclusion mathématique.

— Sans doute, les Apôtres ont entendu, dans un son matériel, le « *Sequere me* ». Mais de quel effet eussent été cet air battu, ces ondes sonores, sans le mouvement intérieur de la Grâce qui les accompagnait, entraînant la volonté, touchant le cœur, éclairant l'intelligence sur l'identité de Celui qui commandait en Dieu, sûr et digne d'être obéi. Car enfin, la voix et le geste de cet homme étaient-ils, à eux seuls, révélateurs de sa qualité?

Il y avait donc autre chose. Or, cette autre chose, c'est la vocation, cet appel intérieur, irrésistible, qui, depuis vingt siècles, fait des prêtres, des religieux et des saints.

Au surplus, cet appel est aussi articulé, avec cette différence que la voix du Christ est remplacée par celle du Pasteur, du Directeur de conscience, de l'Eglise.

— Le prêtre peut commettre des fautes. Assurément, puisque l'humanité lui reste, et que. d'ailleurs, l'Ordre ne lui confère pas « l'impeccabilité ».

Mais n'a-t-il pas les mêmes moyens de relèvement que tous les fidèles?... Dès lors, que deviennent ces tableaux effroyables du prêtre à l'autel, « son gibet et son tombeau ! » — au confessionnal, « son banc d'accusé ! » — en chaire, « ce trône d'hypocrisie, où ses lèvres démentent son cœur, où ses leçons jurent avec sa conduite ? »

— Le seuil du Grand Séminaire n'est pas la porte forcée du sacerdoce. On en peut et on en doit sortir, si l'on ne sait passer par le crible des épreuves successives et graduées qui sauvegardent les vocations.

— La crainte d'un recul n'est imputable qu'à un préjugé mondain qui n'a rien à faire en question si grave, et n'a jamais pesé d'aucun poids dans la balance des juges autorisés.

— Que restait-il donc des subtilités de l'ennemi ?... Des ombres, des fantômes qu'un regard lucide dissipait.

— Non ! je ne me faisais pas prêtre pour jouir, puisque le démon lui-même, se contredisant à chaque pas, ne me montrait que sacrifices.

— Non ! je ne me faisais pas prêtre par ambition ou par paresse, puisque la même voix qui me suggérait ces craintes criait en même temps : « Attention ! c'est pour toi l'esclavage, l'oubli, l'anéantissement dans un poste infime, pour prix de l'incessant labeur !... »

— Non ! je ne me consacrais pas à Dieu pour l'argent, puisqu'il était convenu que j'aurais à peine un morceau de pain.

Quant à l'objection d'un fils d'ouvrier arrivant à la dignité sacerdotale, je ne voyais pas bien l'illustre lignée de ceux choisis par le Maître, de ces Apôtres, bateliers et fils de bateliers.

— Restait le dernier argument : l'honneur, la liberté, la vie à pleins bords.

A défaut d'autres marques, cette trilogie eût suffi à trahir l'origine diabolique de la suggestion : « *In cauda venenum* ». Le poison était dans « la queue du malin », je veux dire : à la fin de son plaidoyer.

L'honneur !... N'allais-je pas le trouver justement au pays où, exilé de partout, il s'est réfugié ?...

La liberté !... Qui donc la donne, sinon Celui qui l'a apportée sur la terre, et au service duquel je m'engageais pour la reconquérir sur l'enfer, la chair et le monde ?

La vie à pleins bords !... C'est la « boue » à pleins bords qu'on entendait ici...

La vie, la vraie, la seule, celle où l'on nage comme le poisson dans l'eau, est-elle autre que celle de l'âme dans la lumière et la vérité, dans l'amour sans remords ? Cette vie-là, dont nous pouvons jouir dès ici-bas, ne la trouverais-je pas en allant au Christ, sans compter qu'elle achemine à la vie éternelle ?

— Ainsi soit-il ! me répondis-je à moi-même après cette période enflammée.

Le soir de ce jour, je sonnais à la porte du Grand Séminaire qui se referma sur moi.

CHAPITRE III

LE GRAND SÉMINAIRE

— Tiens !... Blasle !... Comment va ?

— Merci, et la tienne ?... — Et tu es ici depuis ?...

— Depuis toujours, mon cher, il me semble que je n'ai jamais habité ailleurs.

Et ce grand là-bas, qui se balance comme un if, dans la perspective du cloître vitré ? — Connais pas... il y a, paraît-il, quatre ou cinq étrangers au diocèse, venus du Cher, de l'Allier, de Clermont, de Dijon.

Le flot des entrants grossit toujours ; des poignées de mains s'échangent... des rires éclatent ; on s'interpelle d'un bout à l'autre des couloirs ; on est heureux de se reconnaître sous le tricorne et le rabat, et les joyeuses réflexions pleuvent : « Ça te va comme un gant... as-tu vu Ducaffy ? Ineffable... dans son complet de chez Faure !...

Et Liard, qui nous la fait à l'évêque, avec sa soutane à queue et son chapeau à glands !...

Regardez-moi le petit Dussourd... Ne dirait-on pas un enfant de chœur habillé en noir ?... Il n'y a donc pas de « pige » au Séminaire ?...

Connaissez-vous l'histoire ?... Tout à l'heure, Cathelin aborde de dos un séminariste qu'il prend pour Jourlin : Hé ! la vieille branche, fait-il en lui passant la main dans les cheveux !... l'autre se retourne... la « vieille branche » était un « directeur » qui rit aux larmes.

— Charmant, s'exclame le pratique Dupré, qui venait d'entrer, un oreiller d'une main, une valise de l'autre, un parapluie sous le bras, mais je parie cent sous que vous n'avez pas vos clefs... Or, sans clefs, vous n'êtes encore que des intrus... La clef, voyez-vous, c'est le passeport, le numéro matricule... la prise de possession. »

En effet, tandis que nous nous attardions en bas, au premier, au second étage, des têtes émergeaient des fenêtres des cellules, ceux-là avaient pris, chez l'économe, un billet de logement, ce que nous fîmes, et, à notre tour, nous pénétrâmes dans nos chambres.

*
* *

Peu à peu, l'activité d'en bas s'était transportée en haut. La ruche bourdonnante avait réintégré les alvéoles ; on n'apercevait plus que quelques groupes isolés, philosophant, les mains dans les poches, sous les charmilles osseuses ou dans les allées rectangulaires du potager.

Les autres finissaient d'emménager, comme ils pouvaient, bourrant tous les coins, utilisant le cube de la cellule, hérissant de pointes les quatre murs, dans l'espoir d'y accrocher soutanes et chapeaux, cannes et parapluies. Une chambre de séminariste !... C'est un problème de géométrie dans l'espace...

Etant donné trois mètres carrés, faire tenir un lit, une table et sa chaise, un bureau suspendu, un porte-manteau, un poêle et une table de toilette... Le problème a été résolu... on a même trouvé la place d'une alcôve !...

Dans ces conditions, on devine que l'exploration de mon nouveau domaine fut vite faite, un pas... et un coup d'œil suffirent.

En revanche, devant moi, le vaste horizon fait de toits de maisons, d'aigus campaniles, coupés de masses sombres, sous le ciel bleu.

Au-dessous de moi, dans le parterre carré et encore fleuri que creusaient les étages, une madone dans sa robe de pierre effritée par les hivers, dont le sourire avait éclairé des générations de lévites, en même temps que d'un geste accueillant, les mains étendues, elle ne cessait de leur dire : « Venez... je suis là... n'ayez pas peur !... »

Je regardais et je songeais ; les coups de marteaux, les taraudages qui, tout à l'heure, faisaient du séminaire une usine, avaient cessé,

avec le soleil décroissant aux angles des fenêtres.

Ma chambre s'ouvrit : c'était Blasle qui riait
aux larmes, en me trouvant, affirmait-il, un
air « tout chose ». — Coffré !... au clou !...
hein !... c'est pas drôle... parions qu'on songe
aux vacances !...

— Nullement !... J'en suis à cent lieues ; coffré... c'est possible... il est encore vrai que
nous ne sommes pas ici pour nous amuser...
mais avoue que notre cachot a cela de particulier que nous l'avons choisi, et que nous en
tenons la clef dans nos poches... voilà à quoi
je pensais quand tu es entré.

Tiens !... entends cette musique folle qui
éclate aux quatre coins de la ville ; il me semble qu'elle chante, du même coup, leur esclavage et notre liberté ; elle me met au cœur
une grande haine et un grand amour, ou
mieux, la tristesse d'une marche funèbre voi-
lant tout à coup des fanfares de victoire. Il
n'en faut pas davantage pour me faire tomber
à genoux en remerciant le Ciel, pour me dra-
per de ma future et chère solitude, comme d'un
manteau de roi.

— Epatant !... fit Blasle, irrévérencieux...
toujours philosophe et... pompier, ce cher
collègue... Puis il me pria de le suivre dans sa
chambre, à l'extrémité du même corridor ; et,
allumant une bougie — la nuit était tombée
— il me fit lire, écrits au crayon sur la muraille
en caractères imperceptibles, ces deux vers :

Mon Dieu, qu'ils sont étroits, les murs de ma cellule !
Mais puisque tu le veux, j'avale la pilule !

— Bon cela ! éclatai-je... rime riche !... **Du Silvio Pellico**, mon cher... il ne manque que l'araignée !... — L'araignée !... mais elle y est, et il me montra dans un angle une large toile, au centre de laquelle un monstre velu allongeait les pattes, prêt à fondre sur une victime.

J'ai toujours eu peur de ces bêtes-là, c'est plus fort que moi.

— Bonsoir, dis-je, et je partis. Ce fut, avec le dîner du soir et la prière à la chapelle, la « première » des 1.500 journées que je devais passer au Grand Séminaire.

*
* *

Je ne sais ce que je devins pendant la nuit, qui fut calme, sans rêves ; je dormis d'une traite jusqu'au passage de « l'excitateur », comme on sait que cela se pratique dans les Grands Séminaires. Seulement, en me réveillant, je mis quelque temps à me ressaisir, me demandant où j'étais.

Ce second jour fut consacré à un supplément d'installation et à la visite des lieux.

Tout y passa : les cuisines, le réfectoire, les cours, les salles d'études, la grande salle des conférences, les greniers où s'empilaient les malles, et les soupiraux où de petits lots de bois de chauffage et de charbon de terre s'alignaient déjà pour l'hiver, avec, écrit en gros caractères, le nom du propriétaire.

Je rencontrai, descendant du grenier, Ducaffy. coiffé d'un immense fauteuil éventré, n'ayant plus que trois pieds.

— Où diable transportes-tu ce monument?...

— Mais chez moi !... J'ai découvert le nid... il y en a une trentaine comme cela dans les combles, qui ne font rien.

— Tu n'auras pas la place pour le loger, et, en tous cas, il aurait grand besoin du tapissier et du tourneur.

Pendant ce dialogue, un père passa, qui pria très gentiment Ducaffy de ne pas mobiliser les tapisseries de la maison, ajoutant que les fauteuils étaient défendus.

Un peu avant midi, nous allâmes visiter le supérieur. Il est dans le Séminaire, après l'Evêque, l'autorité suprême ; c'est une cime qu'on n'aperçoit qu'en levant la tête et qui, quoique distante, donne l'illusion du voisinage.

Le nôtre était un bon vieux dont tout le prestige se concentrait dans ses pouvoirs.

Cariatide du règlement, d'année en année, il se voûtait davantage, moins sous le poids de l'âge que sous celui des responsabilités ; il comprenait que, de sa direction, dépendait l'avenir du diocèse : c'était une conscience, c'était aussi un cœur, l'une tempérant l'autre, de telle sorte qu'en lui le supérieur et le père tombaient toujours d'accord, après un instant de lutte, pour le bien et la joie des enfants.

On le disait très austère, et nous nous en aperçûmes ; dur à son corps, jusqu'au martyre quotidien : chaque matin, on le sut par son médecin, au saut du lit, au cœur de l'hiver, il plongeait son « squelette » dans une baignoire d'eau glacée.

Je dis son « squelette » ; en effet, sa maigreur était paradoxale, fluidique, sous sa soutane vide ; ce paquet de nerfs, reliant des osselets, déambulait dans les cloîtres, tout tremblant de froid, même en été, les mains soigneusement enfouies sous les larges manches, la tête inclinée et méditative.

C'était un humble et un doux, et ce « rien », qu'un souffle eût renversé, était une puissance : de ces ruines jaillissait une âme, une voix, surtout une bonté conquérante.

Aussi vous eussiez vu presque tout le Séminaire faire, le samedi, jour de confession, antichambre, comme à la porte d'un médecin célèbre qui sait joindre à l'art de guérir l'art plus difficile d'accueillir et de rassurer.

Dans cet homme, le visage impressionnait : les traits osseux, mais très expressifs, semblaient creusés, par un primitif, dans du vieil ivoire, ou emportés dans le cuivre d'un coup de balancier.

C'était un silencieux : pas un mot superflu, aucune décision hâtive et que le temps et la réflexion n'aient inspirée ; une invariable réponse suspensive était faite provisoirement à toute demande : « On pourra voir. »

Il était non moins avare de ses regards : on racontait que, depuis trente ans qu'il traversait la ville, il n'en connaissait que les rues, parce qu'il ne pouvait faire autrement.

Voici un fait que j'ai moi-même constaté :

A la lecture spirituelle qu'il nous faisait tous les soirs, une chauve-souris, sans doute attirée par la lumière du gaz, entra dans la salle ; elle circuita d'abord largement, puis rétrécit de plus en plus ses cercles autour de la tête du vieillard, qui dominait sur son estrade.

Ce manège ne manqua pas de soulever des rires, le supérieur ne broncha pas. L'impertinente bête alla jusqu'à frôler maintes fois, de son aile, son nez assez saillant ; il n'eut pas l'air de s'en apercevoir : ni mouvement, ni geste, ni surprise ; il se contenta de tousser légèrement. La chauve-souris finit par disparaître, et tout fut dit.

Tel était le père Dadelle, auquel, par petits groupes, nous rendions visite officielle, en attendant de le connaître intimement.

On devine l'impression qu'il devait produire sur les nouveaux venus.

En sortant de l'audience Blasle me dit : « As-tu vu ?

— Quoi donc ?... — Ce nez et ce menton !... A crever de rire, mon cher... Il ne manque plus que de le faire jouer de la clarinette...

Tu diras ce que tu voudras, mais on n'est pas Supérieur avec une figure comme ça...

Non !... vrai !... c'est pas un homme, c'est une silhouette ! Une ombre chinoise... un pli en biais.

Un directeur qui nous croisa mit fin à son exubérance de jeune rhétoricien.

— Je suis un âne, ajouta-t-il quelque peu après..., un crétin, un drôle... cet homme-là, c'est peut-être un saint...

— Je le crois », fis-je doucement. Nous allâmes faire une promenade dans les allées, jusqu'à ce que la cloche sonnât pour « le réfectoire ».

*
* *

L'aspect d'un réfectoire de communauté est connu. Des tables dans le sens de la longueur, des lampes accrochées au plafond, une estrade où trônent les professeurs ; en face, une chaire pour le lecteur, un judas par lequel les cuisiniers passent les plats que distribuent six séminaristes en tablier blanc.

En même temps que le corps, l'intelligence se nourrit.

Pour commencer, quelques versets des Epîtres de saint Paul. Pour finir, l'Imitation. Pendant le repas, c'est tantôt un ouvrage d'apologétique, tantôt une histoire de l'Eglise, ou une biographie.

Un mois environ après la rentrée, quand le règlement est en pleine vigueur, la lecture est remplacée par un sermon : il faut bien un apprentissage au dur métier d'orateur ; dès le Grand Séminaire, on y exerce les clercs de deuxième et de troisième année, à la grande joie des nouvelles recrues.

Spectacle ineffable !... Celui qui est désigné monte en chaire, tel un condamné à l'échafaud.

Il s'est lui-même bandé les yeux, je veux dire qu'il ne voit personne ; un seul regard sur les 150 auditeurs qui ont arrêté le bruit des fourchettes le perdrait. Je ne dirai pas qu'une sueur froide l'inonde, mais on peut avancer sans outrance, qu'il « se trouve mal », et voudrait bien que ce fût fini, pour redescendre.

Les plus comiques sont ceux qui jouent « l'aplomb », se campent droit, comme un cavalier en selle, se passent la main dans les cheveux, et lèvent au ciel des yeux vitrés, attitude qui indique, à coup sûr, le paroxysme de la peur.

Ce fut celle d'un jeune blond, fort bien de sa personne, du reste, qui faisait ses premières armes.

— On dirait qu'il va s'envoler, dit mon voisin de gauche.

— Je crois plutôt qu'il défaille, ajoute un autre, avec un geste.

— Des sels !... murmure mon vis-à-vis. Et le Père ayant donné un coup de sonnette, le jeune orateur part, haletant d'abord, puis bientôt emballé, avec profusion de gestes des deux mains, en haut et en bas, en zigzags, tantôt plongeant en avant, puis rejeté en arrière, la main sur la poitrine, les yeux à fleur de tête, perdu, cramoisi, furieux, épileptique !...

Tout le monde éclate... Les Pères, perdant toute gravité, font chorus.

Cependant l'orateur ne voit rien, n'entend rien. Son enthousiasme redouble, son diapason monte toujours, il tape sur la chaire à coups redoublés, c'est un délire !... Il avait pour sujet : *Stat crux dum volvitur orbis ;* la terre passe, la Croix demeure.

— Passez !... tonnait-il. Passez ! dynasties... empires... Passez ! Athènes la savante... Rome la superbe... Thèbes aux cent portes !...

A ce moment, un élève n'y tint plus, mais son rire faillit lui coûter la vie... Il étouffait, son manger ayant passé de travers. Tout le réfectoire était debout : heureusement, l'un d'entre nous eut la pensée de lui frapper dans le dos... Il en fut quite pour la peur.

Et l'orateur continuait toujours, superbe !

Le soir, à la lecture spirituelle, le Père chargé de la critique des sermons, fut impitoyable : « Messieurs, nous avons entendu aujourd'hui une assez bonne pièce de rhétorique. En composition de prix, Monsieur X... arriverait à « l'accessit », mais en chaire, quelle catastrophe ! Que le succès de fou rire obtenu, soit son seul châtiment. Que si plus tard il s'avisait de prêcher sur ce ton à ses ouailles, on se contenterait de baîller... sans rire... et on ne reviendrait plus, ce qui serait très fâcheux pour l'avenir religieux de la paroisse.

» De la voix, je dirai qu'elle n'avait rien d'humain ; du geste, qu'il eût mieux valu n'en point faire ; de la pose, qu'on ne la prend que chez le « photographe » ; des manches du surplis, qu'elles ont passé un mauvais quart d'heure ; des yeux, qu'ils rappelaient le merlan frit...

» Pour conclure, le jeune orateur nous a bien amusés... Nous demandons qu'il daigne nous « évangéliser » la prochaine fois, car la chaire d'un grand séminaire n'est point un théâtre de *Guignol* ».

Pendant cette exécution, la victime prenait le teint d'une tomate mûre.

— Pour un éreintement... c'en est un, dit Blasle, à la récréation du soir.

— Si je l'ai mérité, répliqua l'autre, sans se fâcher...

Dis plutôt que c'est une correction de copie faite avec beaucoup d'esprit par le professeur et au profit de tous. Et il ajouta avec une pointe d'humeur. Je t'attends, toi, quand ton tour viendra... Tu n'auras pas ouvert la bouche qu'on te priera de descendre.

— Pas mal répondu, fîmes-nous !...

De fait, l'apprenti conférencier sut profiter de la leçon. Il se fit Dominicain et alla de succès en succès dans les « grandes chaires ».

*
* *

Nous avions comme professeur de Philosophie, un Père Gicquel, qui avait peur de nous, bien qu'il fût très fort : mais il était trop jeune, et s'il se jouait, pour son compte particulier, dans les thèses les plus abstraites, il manquait de clarté d'exposition, ce qui nous encourageait à le cribler d'objections. Alors, piqué au jeu, il devenait superbe, ses réponses étaient toujours victorieuses. Ainsi nous lui rendions service, et la classe y gagnait beaucoup de variété et de vie.

Par contraste, le cours de morale était dévolu à un vieux casuiste, pour qui Gury et Liguori, et cent autres, n'avaient plus de secrets. C'était un type : dans sa bibliothèque voisinant avec Bossuet, s'étalait toute la collection du « Vermot ».

Son bonheur était de se mêler aux élèves, en récréations : bons mots, contes, histoires désopilantes, racolées un peu partout, nous faisaient rire aux larmes, et il riait plus fort que nous, désarticulé, congestionné.

« Hé ! mes bons Messieurs, avait-il coutume de dire, le séminaire n'est pas un lieu de réclusion... Quand on rit, on rit... »

En classe, c'était autre chose ! Il entendait peu, voyait mal, et bégayait, triple infirmité dont il avait conscience et qui le rendait féroce. Au moindre bruit, il interpellait n'importe qui, confondait un élève avec un autre, approuvait par des « très bien » multipliés une réponse à côté de la question qu'il avait posée. Ces quiproquos très fréquents amenaient une explosion de rire ; ne sachant pas au juste de quoi il s'agissait, tantôt il se fâchait, tantôt il prenait le parti de rire avec nous.

A une classe spécialement consacrée aux cas de conscience, un élève lui soumit la difficulté suivante :

— Mon Père, voici :

C'est l'habitude, dans ma Paroisse, quand il y a un baptême, que le parrain embrasse la marraine, autrement, dit-on, l'enfant bave. Or, j'ai été parrain pendant les dernières vacances...

— Hé bien, cher ami ?

— Hé bien !... mon Père, l'enfant ne bave pas.

— Voyez-vous... Ah ! très bien, très bien !...

Le digne homme n'avait pas compris ou avait entendu de travers.

*
* *

La liturgie, cette vieille science qui, dans ses éléments essentiels, est la Religion en actes, et la perpétue dans des symboles aussi vieux qu'elle, m'a toujours paru quelque peu négligée. Une grande connaissance des origines est nécessaire au professeur : il doit être poète, s'il veut interpréter avec ampleur les sublimes réalités cachées sous les figures : il lui faut, à la fois, l'esprit d'analyse et de synthèse ; le premier, pour n'omettre aucun détail ; le second, pour ne pas s'y noyer, et les faire concourir à l'harmonie du tout.

Voilà pourquoi, sans doute, les Maîtres en liturgie sont rares. J'ajoute que si, par la suite, les horizons s'élargissent, les commencements sont plutôt arides, et n'offrent aucune jouissance à certaines intelligences qui les trouvent plus facilement et plus vite dans d'autres études.

J'en dis autant des Professeurs d'histoire et d'Ecriture Sainte.

Cependant, personne ne nie que ce soient là des matières fort importantes.

Quant à « l'éloquence », nous en étions réduits à nous former à peu près seuls, à l'audition de quelques prédicateurs de marque à la cathédrale.

Pourquoi ces lacunes ? Une première raison, je crois, c'est la pénurie des sujets, d'où la nécessité, pour le même homme, d'enseigner plusieurs matières. Or, personne n'est universel. Une seconde raison, c'est qu'il suffit d'avoir passé par un noviciat de maison religieuse pour être improvisé Professeur de « n'importe quoi » dans un séminaire dirigé par cette maison. Une troisième raison, c'est le manque de discernement des aptitudes pour les matières professées.

Ces quelques concessions faites à des griefs motivés, mais singulièrement exagérés par la passion, je m'empresse d'ajouter que l'enseignement des séminaires, dans son ensemble, vu l'abondance du programme, suffit à remplir très copieusement les cinq ans d'études et à faire des élèves remarquables.

*
* *

J'ai réservé le Professeur de dogme.

Ses cours étaient pour nous une fête : nous l'aimions comme on aime le « beau et le vrai », à 20 ans, quand ces deux grandes choses sont chantées plutôt qu'enseignées par une bouche d'or.

Nous l'aimions, parce que « jeune comme nous », et aussi parce qu'il nous faisait penser « grand » du sacerdoce, de l'Eglise, de Dieu, de l'étude sacrée, du Ciel, de la Chasteté !... parce que nous n'avions qu'à le voir et à l'entendre, pour être convaincus qu'il pensait comme il disait.

L'étude était sa passion, l'oraison son délassement, l'humilité sa vertu de choix. En récréation, il se mêlait au premier groupe venu, souriait comme pour remercier de l'honneur qu'on lui faisait, en l'acceptant dans le rang.

Dans sa chaire de professeur, il avait le talent de nous transporter d'enthousiasme, sans le vouloir. Plusieurs fois nous l'applaudîmes, entre autres à la suite d'un commentaire du psaume : « *Quam dilecta tabernacula tua, Domine virtutum.* » Jamais nous n'avions rien entendu de pareil ! C'était une suite d'élans. Aucun style, au sens convenu de ce mot, mais des images inédites, d'une splendeur surhumaine, des rapprochements imprévus ; et tout cela jaillissait comme d'une source intarissable, sans efforts de mémoire, sur un ton uniforme ; on eût dit une musique de harpe sous des doigts invisibles. Quant aux pensées, elles ressemblaient à des ailes, emportant toujours plus haut, l'espoir, la foi, l'amour, tout l'être, pour le laisser, une fois la voix éteinte, retomber lourdement sur la terre, pleine d'ombres et désolée comme un désert.

Que de fois, parlant à la Chapelle, sur la Sainte Vierge, sur sa passion, son cœur de mère, sa pitié pour nous, sa beauté, sa puissance, il nous arracha des larmes, parce qu'il sanglotait lui-même, à la péroraison, qui était comme la dernière goutte faisant déborder le trop plein de son cœur !

Et ce poète incomparable, cet apôtre que nous savions en possession de si puissants moyens oratoires, nous le retrouvions à son bureau, creusant, avec des intuitions de génie, les plus arides problèmes de la philosophie et de la théologie, résumant sur une feuille, des traités entiers qu'on pouvait embrasser d'un regard, sous forme de tableaux synoptiques.

Voilà l'homme qui était, en même temps, le plus large directeur de conscience que j'aie connu, à qui nous confiions notre cœur comme à un frère, et qui cachait son génie sous la simplicité d'un enfant.

On a dit du Prêtre — et rien de plus vrai — qu'il devait être né « grand » ou le devenir.

C'est donc au Grand Séminaire, cette école du Sacerdoce, qu'il lui faut acquérir la double grandeur intellectuelle et morale que le bon sens du peuple a toujours mise au-dessus de la médiocrité blasonnée.

D'où la nécessité de choisir comme professeurs une élite ; elle se trouve dans chaque diocèse, à la portée de la main épiscopale. Pourquoi chercher ailleurs des sujets inconnus, étrangers au terroir, et dont on n'a pu contrôler dès le Petit Séminaire, les succès et les aptitudes pour telle ou telle matière d'enseignement ?

C'est au contact d'hommes supérieurs à tous égards, ses aînés et ses modèles, que le Séminariste se formera ; qu'il concevra une haute idée de sa dignité future, beaucoup plus que dans le commerce des livres ou l'habitude d'un règlement qui contraint sans convaincre, parce que dans de tels hommes, c'est le sacerdoce qui vit dans toute sa beauté, c'est la discipline qui agit et trahit sa puissance de formation et d'assouplissement, et rien de plus impressionnant, de plus convertisseur que cette leçon en actes.

Le Père, dont je parle plus haut, exerça une influence de cette sorte sur toute une génération. Pour mon compte, je la subis encore, et certains qui, sans lui, fussent restés à mi-chemin, ont été comme attirés et entraînés dans son sillage.

*
* *

Le Grand Séminaire !... Prononcez ce mot

dans une réunion, il départagera les avis suivant les mentalités, l'éducation, les théories religieuses, politiques, sociales.

Pour les rejetons des épatants de 93, cette « grande maison » est un vaste écran interceptant la lumière, une école de réaction, une geôle dorée d'esclaves ou d'illuminés.

Le bandit a, en rasant les murs, le tic nerveux qui le secoue en face d'une gendarmerie.

L'imbécile qui ne comprend l'histoire qu'à travers Michelet et Quinet, y voit une seconde Bastille.

L'instituteur qui n'institue rien, que la sottise brevetée, ayant à se plaindre de son curé, rêve d'un coup de pioche à la base de l'édifice suranné de la superstition.

L'universitaire tuberculeux en cube l'air, en suppute la superficie et songe, avec une mélancolie comparative, au trou d'ombre et d'humidité qu'est son collège vide.

A sa vue, l'élève de Charcot pense à une clinique de fous sans danger immédiat pour la société, d'auto-suggestionnés.

Le gommeux précipite les spirales de son cigare de deux sous en haussant les épaules, pris d'une douce pitié.

Homais se demande si ça va longtemps durer.

— En quel siècle vivons-nous? reprend Prud'homme.

— C'est un scandale, vocifère le ménétrier-cafetier.

— Et la liberté de penser... qu'en fait-on ? interroge insidieusement un pompier en uniforme, et casqué !

*
* *

Il y a longtemps qu'un certain monde en veut aux curés.

Pour nous rendre aux offices de la cathédrale, le dimanche, il nous fallait traverser les bas quartiers. N'oublions pas que c'était l'année de la guerre. Un ivrogne qui vint à nous croiser, nous appela un jour : « Tas de canailles. »

Ducaffy, que nous n'avions pu arrêter, l'avait déjà pris au collet, quand un agent qui passait par là, colla l'insulteur au clou.

Toutes les maritornes, chevaux de retour, vieilles édentées, ridées comme des figues, dont la face accusait toutes les tares, nous attendaient sur le seuil des portes ; et c'était un feu croisé sur nos têtes et sur nos dos.

« Pas mal le grand du milieu... — Je ne dis pas... mais dans l'ensemble!... Où diable ont-ils pris ces trognes-là?... Tandis que ton gagne-pain est à la bouche du canon, ça se promène... et ça vit bien... c'est pas crispant?... — Ils aiment mieux porter un cierge qu'un flingot... Pas si bête... Voyons... Est-on en république *voui vou* non?... *Alorsss*, pourquoi qu'on n'est pas *égals*? — C'est vrai aussi... *pourraient pas* être soldats comme tout le monde... plantés comme ils sont... un régiment d'élite, ma

chère... On écrasera donc toujours les petits !...
— Quant à moi, je me suis toujours noyée dans ma salive... *J'voulais m'faire* cantinière... d'abord on m'a dit que *j'avais* pas l'âge... après... que j'étais trop vieille...
— A ta place, *j'me r'présenterais... t'as* des chances avec 20 ans de plus !...
— Dis donc, toi, *faudrait pas* te moquer des honnêtes femmes... parce que ton homme a été Bedeau... *mêmement* qu'on l'a chassé de l'église pour vol...
— *Répète voir !...* — *Mêmement* qu'on l'a chassé... — Tiens !... — Tiens !... espèce de peau ! Une personne comme moi... si c'est possible !...
Ainsi finissaient habituellement les conversations dont nous étions l'objet, bien malgré nous.

*
* *

Voilà donc l'idée que tous ces pauvres gens se faisaient du Grand Séminaire et des Séminaristes. Les temps où l'on vivait, il faut le dire, entraient pour une large part, dans ces illusions d'optique morale.

Essayons donc de remettre les choses au point, en esquissant à grands traits, la physionomie si expressive et si complexe d'un « Grand Séminaire ».

Ici, le bâtiment n'est rien, l'âme est tout. Vous pouvez abattre ces murs, elle s'envolera ailleurs, n'importe où, aux catacombes, en prison, dans l'exil, au désert, elle vivra de sa vie propre, dans un rayonnement que rien ne peut éteindre, dans une fécondité que rien ne peut tarir.

Il n'y a pas toujours eu ces grandes maisons de pierre, il y a toujours eu des candidats et une initiation au sacerdoce dans l'Eglise ; et le règlement, la discipline, l'étude, la gravité des mœurs, l'oraison et l'autel y ont suffi. Et n'est-ce pas là, en effet, l'essence même d'un Grand Séminaire ?

Vu de ce côté, il apparaît tel qu'il est, et les préjugés se dissipent comme des brouillards devant la sublime et radieuse réalité.

Ouvrez les yeux, et ils seront éblouis ; pénétrez dans ces murs, et vous serez témoins d'un spectacle inouï ; réfléchissez, et un étonnant mystère d'amour et de force vous sera révélé ; faites appel, un instant, à vos souvenirs chrétiens et vous sentirez une grande fierté au contact de ces héros de 20 ans qu'on appelle des Séminaristes ; voyez-les à l'œuvre avec votre expérience de la vie et des passions humaines, et, au lieu de les insulter, vous les acclamerez comme des sauveurs.

— « A la caserne !... » criez-vous... « Nos fils y sont bien. »

— Et eux aussi... Les Séminaires, petits et grands, sont des casernes, plus dures que l'autre, avec la portion congrue, un règlement de fer, la théorie et les exercices, et les consignes... et le reste !...

— « Au feu... comme les nôtres ! » clamez-vous.

— Croyez-vous donc qu'ils ont peur du feu, les futurs Missionnaires... qui se résignent à être mangés !... Qu'est-ce que la mitraille, la mort foudroyante dans l'éclair du coup de canon, pour ceux qui s'immolent à chaque heure, qui se sont voués, pour Dieu, joyeusement, au martyre de tous les jours, dans un apostolat aussi ingrat qu'incompris ?

— « Ils sont forts !... » observez-vous.

— C'est vrai ! L'Eglise exige que ses Prêtres soient bien plantés, pour pouvoir affronter les travaux du ministère sous toutes ses formes.

— « Ils sont jeunes !... »

— Oui..., d'une jeunesse préservée... avec les enthousiasmes qui font les héros... des tressaillements de cœur qui ne connaissent que Dieu et les âmes... des ardeurs longtemps contenues et réservées pour les combats de la foi... les charmes d'une beauté morale, expression de vertus chèrement acquises.

Ils sont jeunes !... Voudriez-vous donc qu'ils n'aient à donner à Dieu, pour prix de leur sacerdoce, que ces restes dont le monde ne veut plus, et que le monde, le premier, reprocherait à Dieu de recevoir si volontiers, comme s'il ne pouvait espérer mieux pour son service ?

— Mais vous insistez, et vous dites : « En temps de guerre tous doivent partir. »

— Eh bien ! Ils sont partis, à cette heure exceptionnelle, en effet.

Religieux, Frères, Prêtres, Séminaristes, ont largement acquitté leur dette de patriotisme ; ils ont montré que le drapeau de l'Eglise et celui de la France n'en faisaient qu'un, et qu'en s'enrôlant sous le premier ils n'avaient pas entendu déserter l'autre.

Mais, ce noble geste accompli, qu'ils rentrent dans leur milieu, et que la France soit la première à les y inviter.

Certes, le soldat qui fait le coup de feu contre l'ennemi est digne d'admiration.

Le général qui commande, joue un grand rôle. La discipline militaire est une école incomparable et une force nécessaire.

L'uniforme et le drapeau sont des symboles devant lesquels on s'incline sans s'abaisser.

La caserne abrite dans ses murs des rêves héroïques et de futurs martyrs ; et, dans le champ de bataille, un vrai Français voit autre chose qu'un lieu de carnage au-dessus duquel planent les oiseaux de proie ; il y voit surtout l'arène où la Patrie défend, avec de la jeunesse et du sang, ses milliers de foyers, des siècles d'honneur et de bravoure, des traditions en péril, et qui valent mieux que la vie, parce que ce sont elles qui la font, cette vie nationale, idéale et sublime, digne d'être vécue.

Tout cela est vrai : une telle conception du pays grandit le rôle du soldat. J'affirme pourtant que le rôle du Séminariste enfermé dans sa solitude ne le cède en rien à celui-là, même en se plaçant au seul point de vue patriotique.

On sert sa Patrie autrement qu'à coups de fusil.

Moïse faisait plus que Josué pour le gain de la bataille.

Une Patrie sans foi, sans jeunesse croyante, sans Dieu, serait une Patrie sans âme, déjà morte avant d'avoir combattu. Or, qui forme l'âme d'un peuple, sinon le Prêtre, c'est-à-dire l'ancien élève du Séminaire?

A quoi bon des arsenaux, s'il n'y avait plus d'Eglise où s'enseigne le sacrifice, et la valeur du sang versé pour la défense des grandes causes !...

J'entends bien que vous comptez sur la discipline. Que pourra-t-elle sur l'homme, si l'enfant ne s'est pas d'abord formé au respect de l'autorité et n'a pas appris à obéir à l'école du Prêtre qui enseigne que tout pouvoir vient de Dieu ?

Quel autre que le Prêtre peut dispenser la vraie lumière, diriger la volonté, former à la vertu, commander et défendre, au nom de principes supérieurs dont il est le premier tributaire, en même temps que le gardien et le dispensateur ?

N'est-ce pas avec tout cela qu'on fait une nation, une armée, un peuple fort, parce que c'est avec tout cela qu'on leur donne un cœur et une âme, et qu'on leur infuse la vie ?

Telle est la valeur sociale du Prêtre ! Telle, l'importance du milieu de sa formation : le Grand Séminaire.

*
* *

Le Grand Séminaire ! voilà bien la caserne de ce soldat de Dieu !... Comme dans l'autre, le Grand Capitaine y fait l'appel, tous les jours, et il répond : « Présent. »

— Tes vingt ans, ton cœur, tes terrestres espoirs, ton corps et ton âme : amis, parents, rêves ébauchés, sourires du monde, avenir... tout... je te demande tout... veux-tu me le donner ?

— Oui, mon Capitaine !

— Le service est dur dans ma Compagnie... Corvée tous les jours... Tu peux encore choisir... aller ailleurs.

— Mon choix est fait, mon Capitaine !

— Ici la discipline est inflexible... On ne badine pas avec la théorie... toujours l'alignement... toujours prêt à passer la revue, en tenue, et jamais une réplique, au commandement...

— Ça me va, mon Capitaine !

— Et la guerre !... Es-tu fait pour la guerre ? On l'a ici, tous les jours, par des ennemis invisibles, mais qui attaquent sans trêve ; avec eux, c'est la victoire ou la mort. Le champ de bataille, c'est toi, avec ton cœur, ton imagination, le sang qui bout dans tes veines ; outre que tes ennemis sont légion, ils savent se dérober, prennent tous les masques, cachent le poignard sous les fleurs et tuent en souriant.

— Je les connais, mon Capitaine.

— Et tu connais aussi la manière d'en triompher ?

— Je la connais par cœur, mon Capitaine.

— Fort bien ! Tu dois savoir alors quel est le drapeau du régiment ?

— La Croix, mon Capitaine !

— Vieux briscards, ouvrez vos rangs, ce jeune conscrit est digne de vous. Et toi, jeune homme, tu as déjà du sang de soldat dans les veines, c'est bien !

Oui... La Croix !... Voilà notre drapeau !... Tu sais son âge ?... 19 siècles !... Ses champs de bataille ?... Le monde entier !... Ses victoires ?... Impossible de les compter.

Vois !... Il a servi de cible à toutes les balles ennemies... Aucune n'a pu le renverser... C'est une loque toujours gardée, baisée avec passion, élevée toujours plus haut sur l'horizon rouge, dans le feu de la bataille, par des mains de héros, et ses lambeaux sacrés domineront partout, toujours, tous les étendards. C'est beau, cela !...

Regarde... Il est teint de sang... le mien d'abord... puis celui de mes martyrs, de mes Prêtres... Il attend un nouvel éclat du tien et de celui de tes frères !

Viens donc !... Et « salut au drapeau !... » pour lequel tu veux mourir !

Et maintenant, enferme-toi au Séminaire qui est une école d'héroïsme.

Et n'aie crainte ! J'en ferai aussi pour toi une

oasis dans le désert. Tu y connaîtras des ascensions inconnues aux autres, et je t'y abreuverai d'un idéal que, seul, je peux révéler aux initiés.

En même temps, par ta science, tes vertus, ton sacrifice, ton grand exemple, tu montreras au monde ce qu'est vraiment un Grand Séminaire : un foyer de vie religieuse et nationale.

*
* *

Ce milieu était le nôtre : depuis trois mois déjà, chacun de nous y vivait à l'aise, comme poisson dans l'eau. Après quoi notre laborieuse retraite fut troublée.

Un matin, nous vîmes un officier s'entretenir longuement avec le Supérieur ; 1870 touchait à sa fin. Le typhus, la variole, la démoralisation, plus que les balles, décimaient nos troupes ; des hôtels privés, des monastères s'étaient spontanément convertis en ambulances ; il était naturel qu'on demandât le même service aux Séminaires. Et il en fut ainsi.

Quelques jours après, notre cloître vitré, pouvant contenir une centaine de lits, devenait un hospice.

A tour de rôle, et par groupe de dix, alternativement de jour et de nuit, nous étions préposés à la garde des malades et des blessés.

Que de spectacles divers, tragiques pour la plupart ! coups de bistouris, amputations, agonies longues et douloureuses, adoucies cependant par la réception des sacrements. De tout jeunes gens, engagés par enthousiasme, appelaient leur mère, et pleuraient comme des enfants.

L'un d'eux vint à décéder, emporté par l'affreuse variole pourpre.

Sa tête, démesurément grossie, se détachait, en lambeaux, sur son traversin, à chaque mouvement. Penché sur lui, — il le fallait bien, — je lui demandai : souffrez-vous ? « Non, me répondit-il doucement, je suis très bien. »

Il mourut peu après, vers le soir. Le même jour, avant la mise en bière, sa sœur, une jeune religieuse, qui avait traversé une partie de la France pour le voir, le demande. Nous voulons à toute force lui éviter l'horrible spectacle. Peine perdue, il fallut céder. Elle eut une crise au pied du lit, et criait que ce n'était pas là son « frère ».

D'autres scènes étaient plutôt comiques. Témoin un pauvre diable qui souffrait atrocement, chaque fois qu'il se couchait sur le dos : le médecin consulté déclara qu'il avait le « postérieur » criblé de balles, et qu'il en ferait l'extraction le lendemain. Quelques convalescents assistèrent à l'opération avec les infirmiers, et, naturellement, le patient, en dépit du major, fut « criblé de lazzis ».

— A la bonne heure !... Voilà un brave !... face à l'ennemi... toujours... hé !...

— Dis donc, ces blessures-là, on n'a pas peur de les montrer... en pleine poitrine, hein !

— Ça te vaudra une retraite aux Invalides...

— A l'ordre du jour... plusieurs campagnes...
dix blessures !... s'est battu comme un lion !...
veinard, va !...

*
* *

Une nuit, je faillis mourir de peur. Voici
dans quelles circonstances :

J'étais de garde avec trois autres séminaristes. Tous, malades et infirmiers, dormaient ; il
pouvait être une heure du matin. Nous étions
en décembre. Voyant que le sommeil ne venait
pas, et sollicité par un clair de lune merveil-
leux, je sortis, respirant, à pleins poumons,
avec bonheur, un air pur qui contrastait heureusement avec la salle lourde et surchauffée
de l'ambulance.

Je me promenais depuis un moment dans
une cour qui longe l'aile occidentale du Séminaire, la séparant de la salle de bains, quand
la pensée me vint de visiter cette salle, le seul
endroit que je ne connaissais pas encore. Je
gravis deux marches, et, après avoir poussé
une porte vermoulue, ce qui me donna une piè-
tre idée de l'établissement thermal, je me trouvai dans une sorte de vestibule donnant accès
sur deux cabines, à droite et à gauche. Celle de
gauche recélait, dans un coin, un morceau de
tôle qui avait dû être, il y avait bien longtemps
de cela, une baignoire, avec, au-dessus, deux
becs de cygnes tordus et morts de soif. Un
rayon de lune éclairait le tout. La salle, fort

étroite, n'était tapissée que de toiles d'araignées, et éclatait par tous ses plâtres et ses lattes pourries. Sur l'appui de l'unique fenêtre, trois ou quatre récipients démodés de lampes, carcels, modérateurs.

— Tiens, me dis-je, éclatant de rire, c'est, à la fois, cette masure, la « lampisterie » et les « Thermes » du Séminaire.

Tout en songeant, je poussai la porte de la guérite de droite car si l'autre avait perdu son huis, celle-ci était fermée à clef, mais la clef était restée.

Au fait, pensai-je, j'en ai assez vu... Cette salle est la répétition de l'autre, avec l'inconvénient de se trouver totalement dans la nuit, mais, en même temps, j'avais donné machinalement un tour de clef, et, la porte ouverte, j'entrai.

A peine avais-je franchi le seuil, que mes pieds s'embarrassèrent dans un obstacle, et je tombai tout de mon long, le nez sur un « autre nez », la figure sur « une autre figure », rigide, glacée ; au même moment, une voix profonde, prononça distinctement, entre deux ricanements :

> Qui que tu sois, veilleur de nuit,
> Ne rôde plus passé minuit !

Je bondis comme un ressort, et tandis que pâle de peur, je courais à l'ambulance, pour chercher du secours : « D'où sors-tu donc comme cela effaré, me demanda tranquillement un Séminariste veilleur, qui m'avait suivi à la piste ? Comment ! tu n'as pas distingué ma voix ? C'est moi qui ai parlé tout à l'heure.

— Bien ! mais le cadavre sur qui je suis tombé ?

— C'est un hussard...

— Quel hussard ?

— Celui qui est mort ce matin, et qu'on a mis, comme les autres, à la « morgue », en attendant le médecin, parbleu ! La morgue, c'est l'ancienne salle de bains : tu ne savais pas ?

— Dans tous les cas, on pourrait prévenir !

— Prévenir qui ?... les noctambules comme toi ?

— Eh bien, si tu veux m'en croire, rentre tes émotions... et ne souffle mot à personne de ce qui s'est passé... Tu n'aurais qu'un succès de fou rire...

— Au fait, tu as peut-être raison. Si maintenant nous allions réciter un *De profundis* auprès du mort? »

Nous retournâmes à la morgue improvisée. Le hussard était là, un œil à moitié fermé, l'autre grand ouvert, le nez écrasé sous mon poids, la bouche béante sur des dents blanches ; il avait 22 ans.

Je le revois encore... toujours !... Ma rétine projette partout sa figure glabre... mes joues ont gardé le froid de son baiser !...

*
* *

Il y avait trois mois que nous remplissions cette mission d'ambulanciers quand, sur un ordre du Préfet, nous partîmes, ainsi que je l'ai dit plus haut, vingt en tout, ceux de la classe.

La guerre était terminée, on nous dirigea sur Bourges, à titre d'infirmiers militaires. Il ne restait plus qu'à panser les blessures de la France ; et comme si l'ennemi ne suffisait pas à la meurtrir, les Français se mirent eux-mêmes de la partie : nous eûmes la Commune, avec les otages, les fusillades, les autodafés, au pétrole, de toutes les archives nationales : avec elles, l'histoire flamblait, et les finances aussi, heure de folie où des bacchantes ivres incinéraient, d'un geste, des trésors d'art qui supposaient des siècles d'efforts et de génie.

J'étais, heureusement, loin du théâtre de ces orgies. Retour d'Oran où il m'avait fallu rejoindre le dépôt de la 4e Compagnie d'infirmiers, je mourais, à Marseille, de tristesse et de honte ; les casernes regorgeaient d'hommes ; nous eussions préféré loger et coucher dans les écuries. Du moins, les chevaux, sous peine de crever, étaient étrillés, et changeaient de litière, mais les soldats !... Dans des vareuses en guenilles, ourlées de poux, ils s'étendaient sur une paille qui, depuis des mois, servait à tous les usages, et, toute la nuit, se grattaient de la tête aux pieds, en fredonnant le chant des Girondins :

Mourir pour la Patrie !...

— Je crois, répliquaient les autres !... Si elle nous donnait seulement un peu de paille fraîche ! la Patrie !...

Comme on nous laissait toute liberté de coucher ici ou là, en raison de l'encombrement, il m'arriva souvent d'errer, toute une nuit, sur le port de la Joliette. J'ai aussi visité nombre de fois, à cette époque, le fort de Notre-Dame de la Garde, que je gravissais à genoux.

De là-haut, en face de la mer, sous le regard de la Reine du Ciel, dont la statue d'or brille comme l'étoile du matin sur les flots bleus ; de la merveilleuse terrasse d'où le regard plane sur la ville flottante du vieux et du nouveau port, je me ressaisissais ; tout en moi, montait ; il me semblait que, de là, une protection, un sourire du ciel tombait sur nos misères d'en bas, et à mesure que je redescendais, je me retournais pour regarder la Vierge étincelante, comme un naufragé, les feux du phare.

Bientôt après, au mois de mai, nous reçûmes un congé définitif. C'était l'annonce de notre rentrée au cher asile que nous avions quitté six mois auparavant.

*
* *

De fin avril au commencement de juillet,

tous les jeudis se passaient à la maison de campagne du Grand Séminaire.

Alors, je la voyais pour la première fois. Au sortir de la caserne, quel contraste !

On partait à cinq heures du matin, ayant, pour seul fourniment, une serviette de table avec couteau et fourchette.

Et, tout du long des haies que, durant trois kilomètres nous côtoyions, c'était, mêlée aux subtiles émanations printanières, une débauche de chansons aériennes.

Rien, dans notre notre maison de campagne, du chalet suisse ou de la villa.

Pourtant son entrée annonçait mieux ; on y arrivait par une allée assez large et assez longue de vieux platanes, au bout de laquelle, parallèlement, à droite, apparaissait tout blanc sur fond vert, un simple rez-de-chaussée. Visiblement, on avait visé à l'économie : ce n'était pas même un pied-à-terre, mais un abri, une tente où, trois mois de l'année, une fois la semaine, notre esprit habituellement tendu, faisait halte, dans le rêve et la verdure.

Une vaste salle carrelée, cloisonnée par une brique sur champ, suffisait à la chapelle, au réfectoire, et au préau, les jours de pluie.

La nature nous avait mieux servis que l'art.

Comme ces bergères qui manquent de chemises et ont de belles robes, ou encore, comme certains paysans dont on ne devine pas le bien qu'ils ont au soleil à la masure qu'ils habitent, notre maison de campagne mettait toute sa coquetterie dans son bosquet.

Il tenait, à la fois, du fourré sauvage et du square au cordeau. Toutes les essences d'arbres et toutes les variétés de fleurs. Oiseaux nicheurs et chanteurs, cassolettes parfumées, eaux jaillissantes, dômes de verdure où, étendus sous la fraîcheur, nous méditions, un livre à la main. Ce petit coin nous séduisait : à vrai dire, on en avait bientôt fait le tour, mais nous l'avions enceint d'une allée circulaire ; en y circuitant, nous avions l'illusion de l'écureuil qui tourne, croyant avancer.

Des allées avaient été baptisées par nous. L'une s'appelait : l'allée verte, parce qu'elle manquait de gazon. Une autre avait pris le nom d'allée des soupirs, car on y riait beaucoup. Telle autre, plus ouverte, où l'on cuisait en été, était dénommée : l'allée des sources ; celle du milieu, qui servait de promenade au supérieur : l'allée du garde du corps.

Il y avait aussi l'allée des philosophes, des théologiens, des orateurs, des poètes. Celle-ci voyait se dresser, à son entrée, un poteau, avec cette pancarte : « Chasse gardée » — sans doute par allusion à « la rime ».

Mais la plus déserte était l'allée des orateurs. Les malheureux qui, le lendemain devaient parler au réfectoire, évitaient de la fréquenter, dans la crainte d'être surpris. Ils s'isolaient, s'enfonçaient sous bois, sans se douter que ces précautions étaient plutôt un signalement. On les suivait alors à la piste, et l'on assistait, de loin, à un exercice de gesticulation et de déclamation qui déchaînait une explosion de rires.

L'orateur, surpris et penaud, s'en retournait sous un tonnerre d'applaudissements, présage de son échec du lendemain.

Quelques-uns, plus nerveux, répondaient par un pied de nez ; alors, malgré eux, ils étaient enlevés et portés en triomphe.

— Voulez-vous bien me lâcher, s'écria un jour une de ces « victimes innocentes ! »... Sinon, du haut de cette chaire où vous m'avez fait monter malgré moi, je vous débite mon sermon de demain ! Et il commença : *In nomine Patris*, etc... En un clin d'œil, il fut doucement déposé à terre.

Un grand, au teint d'olive mûre, d'une rigidité de barre fixe, solitaire par tempérament, silencieux par hygiène, s'était construit une sorte d'ermitage ; nous le visitions à tour de rôle pour « la coulpe », l'appelant : mon Révérend Père. Etait-ce une prophétie ? Etait-ce une de ces intuitions, privilège des jeunes psychologues sans le vouloir ? Toujours est-il que ce camarade finit à la Chartreuse, dont il devint le sous-prieur.

Il est réjouissant de constater, à distance, la sûreté des horoscopes tirés au Séminaire.

— Toi, tu seras évêque !... Et il le fut. Sans doute qu'une mitre nous semblait le complément obligé de cette tête intelligente et superbe.

A d'autres nous affirmions qu'ils se feraient Jésuites, Frères-Prêcheurs, Bénédictins, Oratoriens. Prédictions qui, sauf quelques variantes, s'accomplirent. Tous s'illustrèrent dans leur Ordre, à titre de supérieurs ou de maîtres des novices. Nous eûmes des orateurs, des auteurs, des poètes, des professeurs de marque.

Par contre, il faut en convenir, l'avenir ne fut pas sans nous infliger de cruels démentis. Tels sujets qui promettaient beaucoup, tinrent peu. Tels autres, après de brillants débuts, s'éteignirent ou furent éteints... S'ils sont Prêtres avant tout, ces derniers se consolent vite, en pensant que bien des jugements d'ici-bas seront réformés là-haut, en cassation, et qu'entre la réelle valeur d'un homme et sa situation, il n'y a trop souvent d'autre rapport que la bonne fortune, moins encore.

Ainsi s'écoulaient nos journées du jeudi, où, pour obéir au règlement, nous devions nous détendre les nerfs, dans le mouvement et les éclats de rire.

Nous n'y manquions pas, on l'a vu. Quelques-uns, dont j'étais, les anciens soldats, allaient même jusqu'à en « griller une » (un vieux levain de caserne).

Quand le soleil s'inclinait, que les allées étaient plus sombres, en attendant le signal du départ, nous fumions gentiment une cigarette, et nous trouvions la chose exquise. Or, un soir, un Père qui nous avait aperçus, vint à nous ; déjà nous avions tout jeté là ; mais, dans l'herbe, nos cigarettes brillaient comme des lucioles, et l'odeur suffisait à nous trahir.

— « Messieurs, ramassez vos mégots ; il nous reste 20 minutes avant le départ... » Et, sortant une pipe, l'excellent Père nous demanda de la lui bourrer, car il n'avait plus de tabac depuis le matin, et se trouvait fort mal à l'aise. Et tout en fumant comme un professionnel : « Vous n'êtes pas non plus à votre coup d'essai... Il y a plusieurs fois que je vous observe... Voulez-vous... nous allons tous promettre de laisser ça là... Qu'en pensez-vous ? Voyons, un bon mouvement ? »

Nous le lui promîmes. Il envoya promener sa pipe par-dessus les arbres : blagues, papiers, paquets de tabac prirent le même chemin, et jamais plus nous ne refumâmes... je veux dire au Grand Séminaire.

*
* *

Les jours coulaient, les années se succédaient, rapprochant toujours plus de nous, le but convoité : la Prêtrise !

Nous n'étions pas là pour nous amuser, nous le savions, et le règlement, vieux code que l'expérience des siècles a dressé, commenté chaque soir, se chargeait de nous le rappeler.

Philosophie, théologie dogmatique et morale, casuistique, droit canon, histoire, exé-

gèse, liturgie, traités des saints Ordres, suffisaient, en y ajoutant les exercices de piété, à
remplir nos journées.

A vrai dire, ces études diverses qui s'impo-
saient à tous, dans une certaine mesure, n'of-
fraient pas le même attrait : elles donnaient
lieu à un triage de goûts, à une sélection d'aptitudes. Je connais un collègue qui, aux cours
de liturgie, avait la migraine, invariablement ;
tel autre prétextait une colique, et occupait
ses classes d'histoire à faire du violon, en
sourdine. Certain jour, le professeur vexé
monta à pas de loup dans sa cellule, et le sur-
prit à râcler lamentablement un air de Ber-
lioz sur sa méthode.

— Vous n'y entendez rien !... Donnez-moi
cela, et, pendant quelques minutes, avec un
vrai talent, il exécuta quelques pages du maître, et il ajouta : « Vous aviez sans doute oublié que c'était classe d'histoire. »

Cet élève devint un des plus assidus aux
cours. Il est aujourd'hui agrégé d'histoire, et,
par-dessus le marché, possède un beau talent
d'amateur violoniste.

Les infractions au règlement n'étaient pas
toujours interprétées aussi largement. Tel ar-
ticle, par sa gravité, emportait, pour le con-
trevenant, le renvoi, inexorablement : j'eus
le malheur de me mettre dans ce cas.

Ainsi, il était absolument interdit de pénétrer dans la cellule les uns des autres, à plus
forte raison d'y séjourner. Or — c'était une

veille de Noël — il pouvait être onze heures du soir ; tous les séminaristes avaient pris le chemin de la cathédrale, à l'effet de chanter Matines et Laudes, avant l'Office.

Seul, avec un nommé Billot, du Berry, j'avais obtenu de rester au séminaire, pour cause d'indisposition.

Nos cellules se touchaient.

Je ne pensais à rien de délictueux, quand j'entendis frapper à ma porte, discrètement, et mon collègue de me dire : « Je t'invite à venir prendre une tasse de café, et du bon... En route !... Il faut bien réveillonner, que diable !... » Ainsi fut fait !

J'étais sans feu ; son foyer, à lui, flambait ; je n'avais rien à déguster chez moi, tandis que, chez lui, le moka chantait, en distillant ses gouttes d'or.

Par précaution instinctive, je m'étais enfoui derrière le lit de fer, dans un fauteuil sans ressorts, les pieds devant le feu, un peu rôti, car l'espace était restreint, mais heureux de vivre, quand on frappa à la porte...

Billot hésita, perdant la tête. — Mais va donc, fis-je d'un signe désespéré !... — Entrez, articula-t-il, sans hésiter, et en même temps, il ouvrit la porte, crânement.

Le fauteuil et moi ne faisions plus qu'un. C'était le Père économe qui venait lui demander de vouloir bien lui servir la messe à minuit et demi.

— Enchanté... dans une heure... comptez

sur moi, mon Révérend Père,... bien le bonsoir...

Celui-ci, tout en se tenant sur le seuil, ajouta : « Vous avez une des meilleures chambres du Grand Séminaire »... Et faisant un pas en avant, il examina la bibliothèque assez bien composée de mon ami : — Tiens !... vous avez Dom Calmet ?... Je vous en demanderai quelques volumes... au besoin... — Ils sont tous à votre disposition, cher Père.

— Nous sommes perdus, pensai-je à part moi, me confondant de plus en plus avec mon siège, et retenant mon souffle.

Malheureusement, une bougie placée à ma droite, sur une table, me projetait, en ombre chinoise, sur le mur, implacablement !...

L'économe me regarda longuement, comme pour me reconnaître, ne dit mot, puis partit, et tout en refermant la porte, il ajouta gravement : « Pour qui me prenez-vous ?... en conscience, je dois porter le cas devant le supérieur... c'est un double renvoi... Dieu vous garde !... »

J'étais atterré, aphone, incapable de faire un mouvement pour m'esquiver.

Billot qui, vainement, m'avait objurgué de réintégrer ma chambre au plus vite, pour ne pas aggraver la situation, me tâtait le pouls, la bouche entr'ouverte, avec des yeux de poisson mort, quand le supérieur entra, sans frapper, hors de lui.

Dans une langue de corps-de-garde que nous

ne lui connaissions pas : « Ah ! canailles !...
c'est vous qui vous moquez ainsi de moi et du
règlement... partez... fripouilles... à Mazas.
vous vous êtes trompés de maison... hein... et
j'allais les admettre aux Ordres sacrés, conti-
nua-t-il, en s'arrachant les cheveux !...

— Du calme, Père, fis-je, en me rendant
compte que, moi-même, je perdais tout sang-
froid.

— Du calme !... l'ironie après le crime !...

— En vérité, avez-vous bientôt fini, et j'osai
lever la main sur son chef vénérable... et je
le frappai brutalement, ajoutant, dans une
colère qui m'aveuglait : Voyez-vous cette
malle ?... vous y entrerez de gré ou de force...
Vous y resterez jusqu'au jugement dernier...
on n'entendra plus parler de vous... misérable !... »

Mais le Père, par un effort surhumain, put
échapper au supplice que déjà nous lui faisions subir, après l'avoir saisi par les pieds
et la tête, et s'esquiva par la porte qu'il referma
sur lui avec un bruit de tonnerre, et en criant
de toutes ses forces : « A l'assassin !... à moi !...
ils veulent me tuer !... Ah ! les canailles !... »

Aussitôt, et sans que nous sachions comment, deux gendarmes surgissent et se trouvent en face de nous : « Vous allez nous suivre »,
vocifèrent-ils, rigides, et au port d'armes !

Une voiture cellulaire stationnait à la porte
du dehors où l'on nous fit monter, et peu après,
nous étions en prison.

Combien de temps y restai-je, pour ma part, car je perdis de vue mon compagnon d'infortune ? Je ne saurais le dire. Un matin, on vint m'annoncer ma condamnation à mort ! Rien que cela !...

J'avais franchi les degrés de la fatale machine, et, sous la lunette, sans pouls, déjà inanimé, j'attendais la chute du couperet quand, après un saut de carpe prodigieux, je me réveillai au pied de mon petit lit de fer : draps, couvertures, matelas, m'avaient suivi et m'asphyxiaient. M'étant dégagé promptement de ces entraves, je conclus que tout ce drame n'était qu'un mauvais rêve, et j'éprouvai autant de soulagement que si, réellement condamné à mort, on m'avait gracié !

*
* *

L'année d'après — 1875 — eut lieu mon ordination sacerdotale. On comprend, dans cette circonstance, toute la responsabilité des directeurs. Aussi, pensent-ils la mettre à couvert, par cette formule invariable des appels : « Vous pouvez avancer , *quasi per ignem*, comme au travers du feu !... »

A vrai dire, c'est moins que rassurant pour l'élu ; mais il convient que sa liberté, à lui, ait une part d'action.

Le samedi qui précède le dernier dimanche de l'Avent, tous, tonsurés, minorés, sous-diacres, futurs prêtres, nous prenions place dans le chœur de la Cathédrale.

Peu de monde, en dehors des parents et invités.

Aux grilles fermées des deux côtés du chœur, quelques têtes d'esthètes, de poètes en quête d'inédit, d'ex-séminaristes, naufragés de vocation, de chrétiens, hommes et femmes, soucieux du recrutement apostolique.

A certains jours, à propos d'une prédication, d'un salut en musique, le vieil édifice était insuffisant à endiguer les foules.

Une ordination !... C'était trop long sans doute ; trop de calme enveloppait la scène ; pour la suivre, s'y intéresser, trop de science liturgique était requise, qui manque à la masse des catholiques d'aujourd'hui.

Et cependant quelle prédication que celle-là ; sans bruit de paroles, consistant surtout en signes et en symboles qui, en même temps qu'ils parlent aux yeux, évoquent à l'esprit des choses sublimes.

Pour les tonsurés, une mèche de cheveux tombe sous les ciseaux du Pontife, c'est l'adieu au monde, à ses vanités, à tout ce qu'il aime follement.

Dans le contact des clefs, la sonnerie des cloches, l'attouchement du Missel, et le reste, les minorés prennent possession de leurs fonctions et de leurs pouvoirs, et remontent, par une chaîne ininterrompue, aux clercs de la primitive Eglise.

Toutefois, leur choix n'est pas irrévocable, aucun contrat ne les lie encore. Libre à eux, après plus mûre réflexion, de rentrer dans le siècle.

La merveille, la voici ! Regardez. Il me semble que le spectacle en vaut la peine. Voyez ces jeunes hommes rangés sur une seule ligne, face à l'autel où l'Evêque, héritier de la tradition, écho de dix-neuf siècles, successeur des Apôtres, les harangue dans la langue harmonieuse des Jérôme et des Augustin : « Réfléchissez !... Il en est temps encore... Avez-vous assez pensé au poids de vos nouvelles obligations, et vos épaules ne vont-elles pas fléchir ?...

» Il s'agit de la chasteté à laquelle vous vous engagez par vœu perpétuel et irrévocable, et de l'obéissance que vous promettez. Vous pouvez encore retourner en arrière...

» Que si vous persévérez dans votre résolution, avancez... *huc accedite !...* »

Et ils avancent... résolument... calmes et souriants... les yeux au ciel... applaudis par les chœurs des vierges et des martyrs.

En vérité, l'héroïsme de cette poignée d'hommes me fait oublier les plus beaux faits d'armes.

Le bruit qu'a fait ce pas de tout à l'heure, sur les dalles, est insignifiant. Pourtant, que d'objets convoités ailleurs avec fièvre, ont été sacrifiés en un clin d'œil, méprisés, et littéralement, foulés aux pieds !

Dans ce pas qui mesure un espace si limité,

des abîmes ont été franchis, des barrières abaissées, d'autres dressées à jamais ; une distance quasi infinie a été parcourue !...

Pour le faire, une seconde a suffi, et dans cette seconde, tient toute une vie, toute une éternité, un ciel ou un enfer.

Voilà comment, dans une seule de ses cérémonies, la liturgie d'une Ordination, presque insignifiante dans la matérialité de ses symboles, découvre, dans leur signification, aux yeux des spectateurs informés, des horizons immenses, et dépasse, par les émotions qu'elle soulève, tout drame terrestre.

Après, a lieu l'appel des diacres et des futurs prêtres, rangés sur trois lignes ; puis le « procumbant omnes ! » Tous s'étendent à terre, comme, sous la faucille, la gerbe d'or.

A son soleil, les épis ont mûri en dépit des orages ; voilà pourquoi le divin Moissonneur les fauche, pour les engranger et en nourrir son peuple... Le Saint Sacrifice continue.

« *Hoc est enim corpus meum !* » Avec le Pontife, chaque nouveau prêtre dit ces paroles qu'a prononcées une première fois le Christ, et que depuis dix-neuf siècles, il redit par la bouche de ses Ministres.

Qui s'étonnera que des lèvres humaines tremblent à cette première consécration !

A partir de ce moment, tout disparaît aux yeux du jeune prêtre : Voûtes et colonnes de la vieille Cathédrale s'exhaussent jusqu'à l'infini ; il ne voit plus l'assistance, ni les parents, ni les camarades de promotion, ni rien de ce qu'il soupçonnait autour de lui ; tout cela s'est évanoui comme tombe un voile d'apothéose, pour le laisser seul, extasié, devant Dieu.

La messe achevée, chaque ordinand, dans le vêtement particulier à son ordre, accompagne, en procession, l'Évêque, jusqu'au palais épiscopal. Les fidèles sont accourus sur leur passage, quelques-uns en simple curieux, tous sympathiques, et d'ailleurs aussi diversement impressionnés en face de ces hommes silencieux et graves, que différents sont leurs sentiments à l'égard du sacerdoce.

De retour à la cathédrale, je vis ma mère et ma sœur qui me souriaient et n'osaient s'approcher. Je me précipitai dans leurs bras. Puis elles se mirent à genoux, me faisant signe de les bénir.

— Et le pauvre vieux ? demandai-je ; — mon père avait alors 68 ans.

— Vois-le donc là-bas, près du pilier de gauche de l'entrée du chœur.

Il regardait sans doute la place que j'occupais, et dont, j'en suis sûr, il n'avait pu détacher ses regards de toute la cérémonie. Il semblait m'y chercher encore ; peut-être revoyait-il la scène du drame où, avec tous les autres, il avait vu tomber son fils, comme mort, et lui-même comptant, dans une anxiété mortelle, les éternelles minutes de cette prosternation.

Je lui frappai sur l'épaule : quand il se

retourna, les larmes l'aveuglaient. Je fus bouleversé : un afflux de sang me monta des pieds à la tête. Jamais je n'avais vu pleurer mon père. Mais ce qui achevait mon émotion, c'était la timidité d'enfant qu'il avait, à cette heure, en face de moi, comme si une infranchissable distance nous séparait.

Je l'embrassai bien fort, et je l'entendis me dire, au milieu des sanglots qui le secouaient : « Je n'étais pas digne !... Je n'étais pas digne !... » et lui aussi tomba à mes genoux, implorant ma bénédiction...

A la porte, comme nous sortions, la vieille tante Louise, qui s'était placée en sentinelle, me sauta au cou, sans compter les cousins et les cousines. Je ne savais plus auquel répondre, et ma main droite se laissait à tracer dans l'air le signe de Croix.

Le lendemain, je célébrai ma première Messe dans une chapelle intime, derrière l'autel majeur, à cette même église Saint-Etienne où j'avais été baptisé, communié, confirmé, catéchisé.

Les jours suivants ce fut au Carmel, aux Ursulines où petit enfant de chœur, pendant 10 ans, j'avais servi à l'autel le prêtre vénéré qui, ce jour-là, me servait à son tour.

A la Visitation, je pus revêtir, à titre de nouveau prêtre, la chasuble de saint François de Sales, vieille et inappréciable relique de la maison.

J'allais ainsi d'émotion en émotion, dans un

envol d'âme, de sanctuaire en sanctuaire. Ma mère jubilait ; sa joie contenue, plutôt devinée, s'ajoutait à la mienne pour la faire déborder de mon cœur, comme d'un vase trop plein.

Quelques-uns de mes camarades de promotion avaient reçu de riches cadeaux : calices de vermeil, rehaussés de pierres précieuses ; ciboires au pied d'argent, avec coupe d'or, cabochons, guirlandes de pampres et d'épis symboliques en relief.

D'autres avaient célébré leur première Messe vêtus de chasubles en drap d'or, bosselées d'or, ou brodées à la main, travail d'art et de patience inlassable.

Ma mère et ma sœur n'avaient pu m'offrir qu'une aube apportée la veille de l'Ordination et que je possède encore.

Don modeste, mais combien touchant ! N'était-il pas le fruit de leurs veilles et de leurs privations ?... Elles ne m'en ont jamais rien dit, mais pour moi, il n'est pas exagéré de penser que si ce vêtement pouvait parler, il dirait qu'il a été mouillé de beaucoup de larmes, fait surtout la nuit, après de rudes journées. Quand, après bien des années, je le revêts, aux jours de grandes fêtes, il me semble voir, dans son tissu et ses broderies usés, des traces d'amour, de pleurs et de sang. Et voilà pourquoi je prendrai mes dispositions pour que cette chère relique me suive dans la tombe, suaire doublement sacré.

L'ordination est un mariage mystique : or,

au jour des épousailles, les plus pauvres donnent un repas.

Le mien fut des plus modestes : la parenté et quelques amis ; en tout une douzaine de convives.

Pour plat de résistance, une dinde dont les abats avaient été mis en fricot. Tante Louise, assez bon cordon bleu, s'était mise aux fourneaux ; pour desserts, une crème au chocolat avec une « gougère », sorte de brioche au gruyère.

A la fin, mon père, qui avait une voix de baryton fort agréable, y alla de sa romance ; ma sœur exécuta un cantique choisi parmi les plus édifiants du répertoire de la Congrégation. Une cousine — trente ans, déjà mère de famille — voulut nous la faire à l'amour, au berceau, que sais-je ?...

Ma mère, préposée au service, fit un tel bruit de vaisselle, qu'on n'entendit rien ou fort peu de chose.

Vers onze heures, on se sépara : rentré dans le silence et la solitude, j'en profitai pour prendre connaissance d'une lettre reçue le matin ; elle était de mon futur curé et ainsi conçue :

« MON CHER ABBÉ,

« Je vous attends pour la Circoncision.

« Je vous ai annoncé, comme étrennes, à mes paroissiens. Janvier ne pouvait, assurément, leur apporter meilleure surprise.

« Nul doute que vous teniez toutes les promesses de zèle prudent et dévoué, de bonne
volonté, de soumission filiale faites à votre
futur curé, heureux de se dire, déjà et pour
longtemps.

« Votre père in Christo. »

Deux jours après, installé dans un méchant
coupé de patache, je franchissais en une nuit
et un jour, les 80 kilomètres qui me séparaient
du canton de L...

(Ici finit la première partie des notes, écrites
sans doute de mémoire, et après coup. Elle fait
place à une seconde partie, je dirai plus actuel-
lement vécue et non moins intéressante, puisqu'elle se compose d'éphémérides, de faits et
impressions écrites au jour le jour.)

CHAPITRE IV

1ᵉʳ janvier 1876.

Je viens de passer ma première journée de vicaire. Il est neuf heures du soir ; j'entends au-dessous de moi, M. le Curé qui dispose sa table de nuit, tire son lit et prélude par un bâillement, aux lenteurs du sommeil.

Pour moi, nulle envie de dormir non plus, ma cheminée tire bien : Claudine a pris sur le bûcher commun, et bourré mon coffre à bois, en attendant que je puisse restituer. Un vent de rafale badigeonne ma fenêtre de larges flocons de neige ; mon bréviaire est dit, le silence m'enveloppe. Que faire ? Lire ? Je me sens incapable d'appliquer mon esprit sur un sujet donné : malgré moi, il se disperserait sur les péripéties de cette première journée, si douce et si agitée.

Restons donc au repos comme cela, au coin de ce bon feu, et songeons, la plume à la main, à tout ce qui s'est passé en quelques heures.

*
* *

Je suis arrivé ce matin, vers 11 heures, transi de froid et d'émotions diverses. Je fus rassuré dès le seuil du presbytère, par l'accueil très franc du bon Curé qui venait de terminer la grand'messe de la Circoncision. J'avais grand peur qu'il pontifiât avec de grands airs, un visage composé, une poignée de main sans chaleur, gélatineuse.

Au lieu de cela, il se prit à rire en me voyant, et battant des mains, et me sautant au cou : « Le voilà donc, ce cher vicaire !... Mais vous êtes gelé, cher ami !... Claudine, emmenez-le dans sa chambre, et veillez à ce que la cheminée flambe... puis vous lui monterez un bol de vin chaud, en attendant le déjeuner... Nous ne sommes plus ici au Séminaire, que diable !... ah ! ah ! ah !... »

Un chien, un beau caniche dont la queue frétillait d'une façon désordonnée, me mit ses deux pattes sur le ventre, comme pour m'embrasser, l'intelligente bête.

Claudine, entre deux âges, m'avait déjà dévisagé, de la tête aux pieds ; il me sembla que l'impression produite par cet examen, était plutôt bonne.

— Monsieur l'abbé attend sa malle sans doute ? me dit-elle, comme nous montions l'escalier.

— Oui, Claudine, le courrier doit me l'apporter tantôt.

— M. l'abbé est tout jeune... c'est probablement ses débuts...

— Mes débuts, Claudine !...

— M. l'abbé sera bien ici... les gens sont humains... et M. le Curé, y a pas meilleur dans tout le diocèse !

J'esquissai mon meilleur sourire, soulignant de confiance ce jugement anticipé, pour moi.

Elle me montra le porte-manteau, le cabinet de toilette, une commode où mettre mon linge de corps, une bibliothèque, etc.; elle attira mon attention sur une assez belle garniture de cheminée, et me fit observer que le parquet était ciré, puis s'en alla.

*
* *

Au déjeuner, M. le Curé se fit attendre. Claudine qui préparait la table, me dit d'un air mystérieux : « Vous ne savez pas où il est ? Je vous le donne en cent mille !... Imaginez-vous qu'il me laisse toutes les clefs, sauf celle de la cave. Que voulez-vous ? c'est un principe chez Monsieur. Je ne m'en formalise pas ; du reste, il ne m'a jamais trop consultée la-dessus, à dire vrai. »

Tandis qu'elle causait, un vague refrain, à moi connu, retentissait dans le corridor, en sourdine, semblant monter des entrailles du sol :

La cave où mon vin est serré
Est un vieux couvent effondré,
Voûté comme une vieille église.
Quand j'y descends, je marche droit.
De mon bon vin j'en bois un doigt
Un doigt, deux doigts, et je me grise !...
A moi le mur et le pilier !...
Je ne connais plus l'escalier...

Le Curé, ceint d'un tablier à bavette, tenant un panier à bouteilles, entra dans la salle à manger, fredonnant toujours.

— Connaissez-vous Dupont, cher abbé ? Sa vigne, ses bœufs, ses louis d'or ? Voilà de la poésie, elle pétille dans ses alexandrins comme vin en cuve : du champagne frappé !

Ce disant, il déposa sur la table, à côté du vin ordinaire, une vieille bouteille étiquetée où je lus, sur son invitation, la date respectable de 1850. — « Vous n'étiez pas vieux, hein, étiez-vous né seulement ? »

Je m'inclinai devant le flacon comme devant un aïeul.

— Ce n'est pas toujours le premier de l'an... Je ne reçois pas toujours un vicaire, morbleu...

Un vicaire !... Tenez, pour tout dire, je me venge ainsi de la réception plus que glaciale qui m'a été faite quand je débutais comme vous. Ah ! ce n'est pas d'aujourd'hui !...

C'était aussi en hiver. Comme vous, 36 heu-res durant, pour gagner mon poste, j'avais voyagé dans une affreuse patache, ouverte à tous les vents, et je débarquais, la figure, les mains et les pieds sans connaissance, les pieds surtout.

Le Curé était absent, la domestique n'attendait personne, la cuisine sentait le hareng, ma chambre, une soupente à tabatière, donnant sur des écuries, sans feu... Je voulais repartir... vexé.

Eh bien ! j'efface ce mauvais souvenir, je le convertis en joie, en vous donnant aujourd'hui le meilleur vin de ma cave, le bois le plus sec du bûcher, le plus franc sourire de mes lèvres et de mon cœur !...

Avant cette explication, je vous semblais peut-être bizarre, sans dignité, oubliant les distances, brusquant les débuts. J'espère que vous êtes revenu de cette première impression, si vous l'avez eue.

Et maintenant, assez bavardé; à table, et bon appétit à tous deux !

Claudine, enlevez l'eau pour aujourd'hui, le vicaire a eu trop froid : qu'il boive sec !... Compris ?...

Le repas fut des plus cordiaux : mon Curé me conquit d'emblée. Ah ! le brave cœur, pensais-je, en dégustant mon petit verre ! Si jamais je suis Curé à vicaire, je n'aurai pas d'autres procédés.

Il me parla de ses campagnes de 1870, de ses états de service comme aumônier au 10e Moblots. A la franchise de son allure, à son ton de commandement légèrement atténué dans la circonstance, j'avais deviné du militaire sous cette soutane.

— Voilà, ajouta-t-il au pousse-café, comment j'entends la chose du ministère :

Nous sommes deux ici, et nous ne devons faire qu'un, pas vrai, l'abbé ?...

Un but unique : les sauver tous. Un seul programme : se dévouer jusqu'à en mourir s'il le faut... vous en êtes ?

Quant aux moyens, c'est selon les tempéraments, mais toujours dans la ligne de l'obéissance, selon la vieille stratégie du Grand Maître, et avec, en lettres d'or, sur le drapeau, la devise conquérante : « bonté toujours ».

Ce qui gâte tout, mon petit, je vais vous le dire : ce sont de prétendues méthodes modernes, qui font fi de l'expérience des vieux.

Compris ? — Oui, M. le Curé.

— Alors, topez là, et marchons de conserve !

— Et la paroisse ? me demandez-vous.

— Ah ! la paroisse, parlons-en... Une voilière un peu trouée, depuis la guerre, nous la rapiécerons. N'était-ce pas l'office de Simon-Pierre et d'André ?

Elle incline un peu à gauche, sur sa coque, nous mettrons du lest à droite. Surtout nous aurons l'œil sur la boussole, une main jamais lasse au gouvernail, et nous naviguerons à la lumière des phares côtiers : le Pape, l'Evangile, l'Eglise, les Conciles, etc., pas vrai, l'abbé ?

Après cela, nous nous en remettrons à Dieu du succès, sans nous arracher les cheveux de l'inutilité apparente de nos efforts, comme si l'avenir de l'Eglise reposait sur nous, qui vivons un jour, et ne faisons pas grand'chose de bien, morbleu, non !

*
* *

En vérité, cet homme parlait d'or. Je suis encore sous le charme de son discours improvisé, à l'emporte-pièce, dans lequel chaque mot cache des trésor de bon sens, d'expérience, de foi lumineuse et robuste, de sagace et profonde observation.

Cependant, chez ce penseur, la lame, ainsi qu'il arrive à d'autres, n'usera pas le fourreau, j'en réponds.

Au physique, l'abbé Curq paraît inusable. Imaginez une figure large, osseuse, à pommettes saillantes, yeux à fleur de paupières, nez en trompe, saillant sur une bouche copieusement fendue, encadrée de longs cheveux grisonnants, une tête de lion, reliée à des épaules d'hercule par un cou de taureau. Il mesure près de deux mètres. Il n'a nulle conscience de sa force. Cette musculature et cette taille paraissent plutôt l'embarrasser. On me disait avant que je n'arrive, — et je m'en suis déjà aperçu — il a la timidité et la gaucherie d'un grand enfant. Dans cette poirine de géant, bat un cœur très pitoyable et très tendre. Il a la réputation de tout donner.

Je n'ai qu'à remercier Dieu du poste qu'il m'a choisi.

Il est onze heures. Avant de gagner mon lit,
j'ouvre ma fenêtre : la neige tourbillonne avec
rage. Refermons vite et endormons-nous, pour
en rêver encore, sur les réconfortants souvenirs de cette première journée.

15 janvier.

Quinze jours déjà !... déjà est tout un dithy-
rambe en faveur de mon Curé, car un **condisciple**, moins bien partagé, m'écrit que ses
jours sont des siècles ; il exagère !

Et pourtant, neige, tempêtes, rafales, froid
de 10 degrés, ciel gris et à fleur de terre, tout
était fait pour augmenter la mélancolie des
hommes et des choses.

Moi, j'aime ça ; la flore hivernale, avec ses
marguerites de givre et ses pâquerettes de flocons de neige, me parle autant et plus que
celle du printemps ; à chacun ses goûts et ses
impressions. Je suis né en novembre, ça y fait.

*
* *

Le presbytère est à mi-côte, entre l'église per-
chée au sommet, et la petite ville qui dégrin-
gole jusqu'au bas de la vallée, en cascade de
toits bleus et rouges, puis étend ses maisons
uniformément et à plat, dans un cadre de til-
leuls et de platanes qui sentent le pain bénit,
en juillet.

Ma première visite fut pour l'église. Elle est

moderne, de style gothique, à trois nefs, avec déambulatoire.

Elle couronne une montagne assez élevée d'où l'œil plane sur une douzaine de clochers, comme une mouette sur des mâts.

J'y pénétrai dans l'après-midi, vers trois heures : le temps bas et chargé l'emplissait d'une sorte de pénombre, favorable aux austères pensées de responsabilité et de devoirs.

Une mélancolie mystérieuse, mêlée de crainte, semblait descendre de tous les objets où se portaient mes regards, et navrait mon pauvre cœur.

Ainsi, la chaire où je monterai sans doute bientôt, me causait une double impression : de joie et d'effroi.

De là-haut, pensais-je, tu sentiras tous les regards braqués sur toi, toutes les oreilles tendues à ta parole novice.

Sera-t-elle chaude ou tiède, convaincue et convaincante ou embarrassée ?... Fera-t-elle la lumière, ou laissera-t-elle les ombres, les doutes, les préjugés sans nombre, et si solidement étayés sur des passions qui ne veulent ni entendre, ni voir, ni désarmer ?... Ah ! la rude tâche !

Et, malgré moi, pris de peur, j'essayais, sans y parvenir, de recoudre quelques pensées déjà jetées sur le papier en prévision du premier sermon.

De là, je passais aux chapelles latérales, aux vitraux qui commençaient à s'éteindre, sous le ciel devenu plus sombre ; on eût dit de grands yeux, qui ont sommeil.

Les fonts baptismaux, le confessionnal m'arrêtèrent longuement, puis je revins à ma stalle de vicaire, où je me tins longtemps à genoux, abîmé dans ma prière sans fin, tant les demandes s'y pressaient, mais qui peut se résumer ainsi :

« Seigneur, vous êtes à deux pas de moi, regardez-moi. J'ai besoin de crier vers vous, comme l'aveugle de Jéricho. Faites-moi voir d'abord mon indignité, pour traiter de si sublimes mystères ; ma faiblesse, pour de si grands devoirs, mais aussi votre immense bonté, l'appui que je dois attendre de vous, les sources de grâces qui, pour votre Prêtre surtout, jaillissent incessamment de l'autel.

« Je vous consacre mon ministère, vous le bénirez ; ma volonté, vous la fortifierez ; mon cœur, vous le garderez ; mon intelligence, vous l'éclairerez ; mon âme, vous la sauverez ; ma vie, vous la prolongerez ou l'abrégerez à votre gré, pourvu qu'elle se consume entièrement à votre service, pour le bien des âmes, et ma sanctification. Que tous mes efforts tendent à votre gloire ! Que je ne prononce pas une parole, que je n'écrive pas une ligne, que je ne fasse pas une démarche, que je ne me livre à aucune entreprise, à aucun labeur, que je ne pense ni ne désire, ni n'agisse, en dehors de votre bon plaisir, de mes serments et de mes obligations de prêtre !

« Je crois, mais augmentez encore ma foi, car il faut que de mon trop-plein, j'alimente les âmes que vous me confierez.

« J'espère !... Mais faites que mon espérance soit diffusive, rayonnante, conquérante des cœurs abattus et des vies désespérées.

« Je vous aime, mais que par moi, avec moi, à cause de moi, ils vous aiment, eux aussi, tous, plus que tout, toujours !...

« J'ai un ardent désir d'être auprès d'eux, le héraut de vos bontés, le révélateur de vos infinies et inlassables miséricordes, l'Apôtre convaincu des trésors d'amour de votre Cœur sacré, pour les pécheurs qui se repentent et qu'une terreur exagérée éloigne de vous, dans la misère et la sécheresse d'âme.

« Après cela, envoyez-moi l'épreuve, si vous la jugez nécessaire, tout en me donnant la force pour la supporter.

« Humiliez-moi, si tel est votre bon plaisir, à la condition que vous révéliez, en même temps, à l'orgueilleux que je suis, les joies cachées, les victoires et les grandeurs de l'humilité.

« Vous qui prévoyez, ou plutôt qui savez tout, et qui m'entendez en ce moment, passons un contrat tous deux : que je meure, si je dois être infidèle, car alors, pour moi, la vie sans vous, contre vous, serait un enfer commencé, dont la pensée me jette en agonie. »

Je continuais ainsi ma prière commencée

d'abord avec une sorte de fièvre, occasionnée par le tumulte des pensées qui se précipitaient, puis poursuivie dans un grand calme.

L'église était plongée dans la nuit. Seule, la petite veilleuse traçait son sillon d'or sur les dalles de marbre du Sanctuaire, et jusqu'au milieu de la nef.

Je me levai pour sortir, un léger mouvement se fit à ma droite, vers la grille du chœur. Je fus surpris, car je me croyais seul. Une dame âgée me demanda timidement si je voulais bien passer au confessionnal.

Ce fut mon premier acte de ministère.

*
* *

Pendant cette quinzaine, j'ai confessé, baptisé, prêché, marié, catéchisé, enterré et visité quelques malades.

J'ai fait, je pense, le tour de la roue ; par la suite, et si longtemps que je reste ici, que ferai-je autre chose que répéter ces différentes fonctions ?

Mon premier baptême eut lieu un dimanche vers une heure.

C'était une petite fille ; elle s'agitait comme une carpe dans les bras de la porteuse, jouait des mains, tandis que ses yeux, à peine de la grosseur d'une perle de chapelet noir, erraient de tous côtés. Au lieu de faire la moue, elle se prit à sourire, tandis que je lui appliquais le sel sur la langue. Ce qui provoqua chez la marraine un accès de tendresse : « Pauvre chatte, fit-elle, en l'embrassant, chère mignonne ! » Un peu surpris de cette explosion à un pareil moment, je la regardai, et je n'eus pas de peine à deviner, sous la toilette tapageuse, une bonne petite paysanne qui avait tort de jouer « à la Parisienne », une rose pétrifiée sous globe ! déracinée, incolore, morte !

Quant au parrain, gèné dans les entournures d'un habit neuf, il se tenait au port d'armes, attentif aux cérémonies, fort sérieux. A toutes les questions que je lui posais d'après la liturgie, et dont je lui soufflais d'ailleurs les réponses, il répondait invariablement : « Ah ! de bon cœur, M. le Curé ! »

— Dites : fidem, la foi !...

— De bon cœur !...

— Très bien, mais répondez : fidem.

— De tout mon cœur !...

Il me fut impossible de lui tirer autre chose, et j'y renonçai, en raison de sa cordiale bonhomie.

A la sacristie, je reçus une boîte et un cornet ; les cloches sonnèrent à se rompre sous un ciel qui riait jaune aux toits chargés de neige, aux campagnes dépouillées !

Rentré au presbytère, en attendant le premier coup des Vêpres, j'inscrivis, sur mon agenda : « Première baptisée : Marie Cross. Dieu lui donne un jour le ciel que je viens de lui ouvrir !... et pendant sa vie que je souhaite longue et pure, la pensée de prier quelquefois pour le prêtre qui l'a faite chrétienne. »

Y pensez-vous jamais, chrétiens !...

*
* *

Premier mariage : Louise Denis avec Jacques Marrette. C'était un mardi ; il pleuvait, à verse, de la tristesse avec de la neige fondue.

J'attendais dans la sacristie à jeun et menacé d'une migraine. Convoqués pour 10 heures, à 11 heures il n'y avait encore personne.

Le Maire, pensai-je, leur fait, sans doute, un discours senti, mais trop long pour le temps qu'il fait.

Je le calomniais indignement.

Un enfant de chœur, dépêché par moi à la mairie, revint en me disant qu'elle était vide, et que M. le Maire, en attendant, prenait un punch au café voisin.

Il ne me restait plus qu'à m'accouder sur le meuble, la tête dans les mains, en pensant à autre chose.

Vers midi moins le quart, les cloches carillonnèrent. La mariée, toute pâle de visage et de costume, au bras du Monsieur tout noir, guindé, à la démarche inarticulée, franchit le seuil de l'église, en essayant de sourire.

L'orgue, car c'était un mariage de deuxième classe, tonna agréablement. Un chœur de jeunes filles, car c'était une chanteuse, attaqua « l'Ave maris Stella. »

Tout le monde prit place, et après le rappel de la proclamation des bans, d'un geste contenu, je fis signe à l'assistance de s'asseoir.

De ma voix la plus harmonieuse, sans un signe, sans un geste, sans un mouvement, je lus l'instruction toute faite qui figure encore sur les vieux rituels : grandeur du sacrement, devoirs des époux.

C'est court, la doctrine en est sûre, et ça manque de flamme. En vérité, pensai-je, tout en lisant, voilà un auteur avisé !... et qui a deviné que l'éloquence n'avait pas grand'chose à faire ici. En tout cas, par sa prose serrée, il est très secourable aux jeunes vicaires qui débutent, et dont l'abondance inexpérimentée risquerait de compromettre la dignité et le caractère.

Puis je procédai au mariage et montai à l'autel pour la messe. Au premier *Dominus vobiscum*, je vis les jeunes mariés, les yeux fixés sur leur paroissien, suivant leur office, comme s'ils fussent étrangers l'un à l'autre.

L'assemblée gardait le plus profond silence, les jeunes gens d'un côté, les jeunes filles de l'autre.

La messe achevée, comme je me retournais pour l'*Ite missa est*, je m'aperçus que la jeune mariée s'épongeait les yeux avec son mouchoir.

A ce moment, les chanteuses terminaient le *Salve Regina* du plain-chant, ce cantique d'une musique si douce et si puissante en même temps, pleurs de l'exil mêlés aux joies de l'espoir dans l'intercession de la bonté de la Mère du ciel.

J'appris que c'était son air de prédilection.

Que de fois, dans la chapelle de la Sainte Vierge, à certaines fêtes auxquelles il fallait dire adieu, elle l'avait entonné de sa belle voix de baryton qui faisait frémir la foule !

Sans doute qu'à cette heure, sous ces voiles blancs, après le « oui » irrévocable, elle l'entendait comme un écho plus lointain, mais tout chargé de souvenirs qui murmuraient à son oreille et à son cœur : « Souviens-toi, toujours !... toujours !... »

M. le Curé, à qui je fis part de mes impressions, me dit : « C'est la vieille histoire... les parents ne comprennent pas... tout plutôt que la vie religieuse... Ils lui ont fait manquer sa vocation... elle a dû céder à des sollicitations intéressées, plus fortes que sa volonté. »

Son mari est riche, jeune, affectueux, il l'adore !... Je doute cependant, que ces avantages lui fassent jamais oublier son premier époux, son premier amour, comme on dit dans le monde.

C'est une veuve, voyez-vous, et elle sera inconsolable.

Pourtant, nous avons grand besoin d'épouses et de mères chrétiennes. Tout mon rôle consistera à le lui dire, et à le lui faire comprendre, si c'est possible.

*
* *

J'ai prêché aussi, c'est fait !

Ah ! le premier sermon !... ce qu'il coûte avant, pendant, après !...

Ceux-là seuls le savent qui y ont passé. Manque de simplicité, d'humilité, d'esprit surnaturel ? C'est évident.

Toujours est-il, que, dès la veille, je fis plusieurs kilomètres dans ma chambre qui mesure à peine 20 mètres carrés.

Très abstrait, très loin des objets qui m'entouraient, le regard de la pensée en dedans, je me promenais en long, en large, en diagonale, mon papier à la main, fiévreux, l'œil ardent, me heurtant aux meubles.

Claudine, inquiète, monta : « M. l'abbé m'a appelée ? »

— Non, Claudine, voyez, je prépare mon sermon.

— Pour sûr, M. l'abbé a parlé tout haut ! Mon Dieu, pourquoi se donner tant de peine, pour des gens qui n'écoutent même pas ?

Et elle partit, en haussant les épaules.

Je fis plusieurs fois le tour du jardin, puis j'arpentai la salle à manger, les corridors, et, me sentant ridicule, je pris le parti d'aller à l'église.

La vue de la chaire me produisit l'effet du bourreau sur le condamné ; je n'osais la regarder en face. Du coin de l'œil, je la confondais avec les bois de justice : la cuve avec sa bor-

dure de velours rouge, prenait des airs de lunette encore teinte de sang ; l'abat-voix suspendu rappelait le couperet.

Demain !... c'est demain !... pensais-je, avec
un frisson dans le dos.

Puis, je reprenais mon papier, je le refer-
mais, et, les yeux dans le vague, je demandais
à la sûreté de ma mémoire, un peu de confiance et de courage ; or, les deux m'aban-
donnaient davantage à mesure que j'appro-
chais de l'instant fatal.

Un camarade à qui je faisais part, longtemps après, de ce petit martyre :

— Enfant que tu es !... Eh bien ! moi je
monte en chaire comme à ma chambre... Là,
je suis chez moi... chez moi, absolument !...

— Et tu y montes souvent ?

— Oui... au moins tous les quinze jours !..

— J'envie ton sort... Et tu parles longtemps ?

— D'abord, je ne parle pas, je lis... c'est
beaucoup plus sûr, vois-tu... et pour ne pas
fatiguer les gens, je me suis imposé, pour règle invariable, de ne jamais dépasser les trois
quarts d'heure !...

— Ah ! les malheureux auditeurs, fis-je, instinctivement.

*
* *

Le lendemain, à l'Evangile, les deux grandes
manches de mon surplis rabattues sur ma poitrine, les yeux baissés, très ému, je suivis le
suisse qui, affranchi de tout souci, la tête

haute, me frayait, à grands coups de canne sur les dalles, un sentier dans la foule, l'heureux homme !...

Dans la foule !... je n'exagère pas. Du haut de la chaire, à 12 pieds en l'air, j'étais le point de mire de 550 à 600 personnes, et de 1200 yeux, par conséquent.

En face de moi, dans la chapelle de Saint Joseph, les élèves des Frères ; derrière moi, dans la chapelle de la Sainte Vierge, les pensionnaires des Sœurs, frottées de lettres et expertes en brocards, sur les maladresses oratoires des nouveaux vicaires, que, d'ailleurs, elles plaignaient de toutes les sympathies de leurs jeunes cœurs.

Enfin, au-dessous de moi, dans la nef, une mer houleuse de têtes pensantes : dames de charité, mais dont le salon était impitoyable ; officiers en vacances, fonctionnaires pleins d'indulgence et primaires retraités et entendus en choses littéraires !

Je voyais tout cela, de là-haut... en attendant la fin de l'Evangile.

— Mon garçon, pensais-je, tu n'as qu'à bien te tenir !...

L'enfant de chœur fit entendre un sonore : *Laus tibi, Christe !* heureux enfant ! J'enviais son âge, et son rôle.

Le Curé prit place sur son siège, les fidèles s'assujettirent sur leurs chaises... et ce fut le grand silence...

Par bonheur, il y avait une assez longue enfilade de proclamations de bans ; ce qui me permit de retrouver un peu de souffle, car j'étouffais : puis, je lus la liste des morts, puis l'Evangile, puis plus rien !

Et enfin, plus mort que vif, d'un geste d'au·tomate, je commençai l'*In nomine Patris*, dédoublé, perdant « mon moi ».

Il me semblait être aux assises, et entendre la voix du président : « Accusé, qu'avez-vous à répondre ? »...

A peine avais-je commencé mon exorde. qu'un bruit insolite se produisit, dont je ne me rendis pas compte sur le moment. J'appris, après, qu'une personne s'était trouvée mal. Oh ! l'heureuse indisposition ! Ame compatissante, sois bénie !

Grâce à cet incident qui détournait de moi, pour quelques instants, l'attention, j'allai de l'avant, d'un ton sonore et d'un geste assuré, à tel point que, même mon évêque entrant à ce moment, à l'improviste, ne m'eût pas causé la moindre émotion : j'étais emballé, perdu... fluidique...

J'avais pris pour sujet la « Passion du Christ et la Passion de l'Eglise » menées parallèlement. C'était du M. Besson tout pur, un peu démarqué pourtant, surtout dans la forme, moins pompeuse, et à périodes moins longues et désarticulées à dessein : j'avais à compter avec mes poumons et les droits d'auteur.

. J'avais déjà donné ce sermon au Grand Séminaire. Je n'étais donc pas à mon coup d'essai.

Les impressions, les difficultés du début sont telles que je crois bon, pour les jeunes prêtres, de ne pas s'embarquer sans « biscuit », et de préparer à l'avance un certain nombre d'instructions, cela prévient les maladies de cœur.

Quand je descendis de chaire, j'éprouvai un grand soulagement, et je jugeai, à l'attention qu'on m'avait prêtée, que je n'avais pas été trop ennuyeux. Je regagnai modestement ma stalle où je restai, jusqu'à la fin de l'office, encore un peu enfiévré, et repassant, malgré moi, tels passages de mon discours qui me paraissaient plus remarquables, comme pour supputer, après coup, l'effet produit sur les auditeurs.

A peu près tous les dimanches soir, M. le Curé manillait et buvait le thé avec un vieil ami, ancien acteur remplissant les rôles de basse au théâtre des Italiens, homme fort compétent, érudit, critique d'art apprécié dans la presse ; et, pour tous ces motifs, d'une extrême bienveillance, celle qui est la vertu des forts et des initiés.

Il monta à ma chambre, en fredonnant sur l'escalier car il était encore très jeune de caractère sous ses cheveux blancs : « Lucie !... ô ma Lucie !... »

« Pas mal, l'abbé !... pas mal, vraiment !...

tonna-t-il, en entrant ! Je parle du sermon de ce matin, mordié !

« Des dispositions... oui !... mais que de progrès à faire !... Je ne veux juger ici, ni du fond, ni de la forme, ce n'est pas mon rôle... Je ne veux faire état que de ce que j'appellerai l'outillage matériel, mais indispensable de l'orateur : voix, geste, pose, diction, jeux de physionomie, etc.

« Ah ! sapristi ! si je vous avais tenu !... Voix sympathique, mais montée à quel diapason !... Et les gestes !... Ceux de Pierrot au bal Bullier !... Quant à vos yeux, on n'en voyait plus que le blanc !... Et pourquoi donc vous pencher en avant, puis vous rejeter en arrière, avec des effets de torse d'hercule forain ? aller de droite à gauche ? C'est le mouvement de l'ours dans sa cage... Mais où je vous arrête, c'est dans votre emballement à jet continu...

« Quelle rapidité de débit, grand Dieu ! un poulain à l'œil, qui a pris peur, et dont le galop s'accélère... Du calme, cher enfant, de l'assiette !... Qu'on se possède, que diable !... Savez-vous bien que je m'essoufflais à vous suivre, et que vous avez épuisé, en un quart d'heure une matière très riche d'ailleurs, autant que j'ai pu en juger, et qui eût exigé trois fois plus de temps !... »

Je pâlissais sous l'averse ; j'étais comme figé sous cette dure leçon.

Le professionnel s'en aperçut.

« J'ai été brutal, hein ? Croyez que je

vous veux beaucoup de bien, et qu'il y a chez vous de l'étoffe, je vous le disais en commençant ; autrement je vous aurais laissé aller. A quoi bon faire des remarques à qui est incapable d'en profiter ?... pas vrai ?

« Tenez, à mon premier rôle aux Italiens, je tombai, comme vous, ce soir, sur un butor de directeur qui m'abîma littéralement, comme je fais.

« J'eus toutes les peines du monde à me contenir ; j'avais une folle envie de m'esquiver, en lui criant : « Vous n'êtes qu'un mufle !... » Or, je lui dois ma carrière... rien que cela !

« Dites-moi, Monsieur l'abbé, que je suis un mufle, mais profitez de ma leçon, et je serai content. Ah ! ah ! ah ! ce cher vicaire !

« — Vous êtes adorable, lui dis-je, et laissez-moi vous embrasser ; vous êtes plus qu'artiste, vous êtes charitable impitoyablement. Grand merci !... La leçon est gratuite ?... »

Nous descendîmes à la salle à manger, en riant.

Le premier mot de M. le Curé à son ami fut celui-ci : « Que pensez-vous, cher artiste, du sermon du vicaire ? »

— « Ça promet, ça promet... mais je ne suis pas un juge impartial... Voici Claudine qui apporte le thé... interrogeons-la... son impression sera la bonne... nous n'avons qu'à nous rappeler Molière et sa domestique. »

Claudine, consultée, répondit : « Toute la ville en parle... on dit comme ça : à la bonne heure !... Voilà donc un « l'abbé » qui ne nous ennuiera pas trop longtemps : 10 minutes, montre en main, n'est-ce pas tout ce qu'il faut ?... Voilà ce qu'on dit, et c'est aussi mon opinion. »

*
* *

Dans ces notes hâtives qui résument la première quinzaine, je dois aussi mentionner un enterrement, celui du père Lachèze, un surnom, sans doute, car il était rempailleur, de père en fils.

Il mourut à 92 ans : c'était notre plus proche voisin ; sa maison, qui lui appartenait, s'enclavait à moitié dans le jardin du presbytère.

Il y avait à peine deux jours que j'étais arrivé, que, m'apercevant dire mon bréviaire, il m'aborda timidement : « Je vous dérange, M. l'abbé ?...

— Mais non ! mais non ! mon brave homme.

— Ah ! vous êtes au moins le 40e vicaire que je vois passer ici !... Vous n'avez pas connu M. Bérose ?... Mais qu'est-ce que je dis là, vous êtes tout jeune... Il m'a fait faire ma première communion... un bel homme... prompt, par exemple, et pas intéressé... Si je vous offrais une goutte ? Ça vous réchaufferait... Ah ! M. le Curé me connaît bien... parlez-lui du père Lachèze... Je n'ai jamais fait de mal à personne, allez !... et tous les dimanches à la messe !... depuis 60 ans, au moins, j'occupe la même place à l'église, le dernier banc, vers les fonts...

« Vous ne connaissez pas ma vieille ?... une brave femme aussi... mais jalouse en diable ! Ah ! ah ! ah !... »

Tout en causant, nous avions franchi le seuil de la maison.

Nous nous trouvions dans l'atelier du rempailleur : à genoux et courbée en deux, la mère Lachèze, d'un geste expert, tordait de la râche dont elle assujettisait les nattes blondes sur le cadre d'une « bergère ».

De ci, de là, dans des coins, quelques sièges dépaillés, attendant leur tour, des rognures de pailles jonchant le sol.

« Tu perds la tête, dit la vieille, en me saluant !... Si l'on peut faire entrer M. l'abbé dans cette « oulerie », au lieu de l'introduire dans l'autre chambre, par le corridor !... »

Il y avait, en effet, derrière, une pièce bien meublée, toute reluisante de propreté ; sur l'émail d'un poêle en faïence, des châtaignes achevaient de rôtir, parfumant l'air ; en vedette, sur la cheminée, au milieu de quelques verres, un pichet de grès, d'où montait un subtil arome de vin du cru.

Tout avait été préparé d'avance : une grande jeune fille de 18 à 20 ans frottait les meubles.

— C'est ma petite-fille, me dit le père Lachèze... elle est sourde-muette, et n'a plus que moi au monde !... C'est un grand souci, allez... si je venais à mourir... je me demande ce qu'elle deviendrait !... à la garde de Dieu !...

Et sur un signe qu'il fit, en s'essuyant les yeux, l'enfant alla chercher sa grand'mère, disposa sur une petite table châtaignes et pichet, avec une copieuse tranche de pain de froment, et nous nous assîmes en rond.

En guise de dessert, le vieux alla décrocher deux cadres violemment patinés par la fumée ; l'un était son cachet de première communion, l'autre un brevet de maître d'armes, au régiment.

Une demi-heure après, j'étais au presbytère. Trois jours s'étaient à peine écoulés que j'étais appelé auprès de lui, à deux heures du matin.

Extérieurement, rien n'indiquait qu'il fût gravement malade.

« Je vous ai fait venir, me dit-il, en me serrant la main, parce que j'ai été mort pendant quelques minutes ; mon vieux cœur usé ne battait plus. J'ai peur ! Donnez-moi le bon Dieu, et administrez-moi ! »

Après quoi, il appela d'une voix encore forte sa petite-fille qui veillait, et ne bougea pas.

— C'est vrai, reprit-il, elle n'entend pas. Je devrais pourtant le savoir, après 20 ans ; mais habituez-vous donc à des infirmités pareilles !...

Et il lui fit un grand geste. Elle s'approcha : et, pour lui faire comprendre que c'était fini, et qu'il allait mourir, il ferma les yeux, mit une main sur son cœur, puis montra le ciel.

Elle comprit, et sans pouvoir traduire autrement son immense deuil, elle pleura longuement.

Nous causâmes jusqu'au matin, à l'*Angelus* ; puis je l'administrai. Avant la communion, il tint à réciter ses actes. Depuis 80 ans, tous les jours, il les ajoutait à ses prières.

Il attendit, pour mourir, que toutes les formules de l'Extrême-Onction et de l'Indulgence plénière fussent achevées. Il y ajouta un « merci » à peine perceptible, et expira.

En regagnant la cure, j'enviais cette fin, pour sa simplicité et sa grandeur.

L'enterrement eut lieu le lendemain, au milieu d'un grand concours de peuple, malgré la saison, car le pauvre vieux était connu et estimé.

Pour la conduite au cimetière, tout proche de l'église, le vent qui avait fait rage, s'abattit ; le soleil, un pâle soleil d'hiver, filtra entre les nuages amoncelés, détachant chaque tombe dans une lueur d'aube qui se lève.

Contre les usages, la mère Lachèze n'écoutant que son cœur, avait voulu accompagner son défunt jusque-là : elle était soutenue par sa petite-fille.

Quand le cercueil eut touché le fond de la fosse, elle s'avança sur le bord, appuyée sur un bâton ; et, comme si elle eût parlé à l'oreille du mort, tout doucement, elle dit, en se penchant : « A bientôt... appelle-moi donc ! » Jusqu'ici, elle n'avait pas versé une larme, du moins de celles qu'on voit.

Comme sa petite-fille lui donnait de nouveau le bras, pour retourner à la maison, voyant cette pauvre muette secouée par les sanglots, elle voulut rebrousser chemin pour donner « contre-ordre » au père Lachèze, mais c'était trop tard, le fossoyeur avait déjà comblé le trou.

20 janvier.

Hier soir, je suis allé dîner, avec mon Curé, chez le vicomte de Burr. Il occupe un château à 3 kilomètres de la ville, mi-moyennageux, mi-moderne. Il est flanqué de deux énormes tours à créneaux, une grande allée d'ormes séculaires y donne accès : pelouses toujours vertes, pièces d'eau où se balancent de petites barques, prés à perte de vue, squares un peu défleuris en cette saison, laissent aux visiteurs une impression de rêve.

Le vicomte est un homme heureux ; grand écuyer et chasseur devant Dieu, il voit, à ses pieds, tout un peuple de fermiers, métayers, laboureurs, maréchaux, ouvriers de tous les corps de métiers qu'il commande, dit-on, au doigt et à l'œil. Il jouit d'une très belle fortune à laquelle s'ajoute une jeune femme charmante qui l'a fait père de deux fillettes, 11 et 14 ans. Leur éducation est confiée à une institutrice, silencieuse par ordre, surtout quand Monsieur reçoit, et laide par nature.

Le coupé marron, à double attelage, qu'on avait envoyé nous prendre, est arrivé au pè-

ristyle ; un valet de pied ouvre la portière, et
nous descendons. M. le Curé est en douillette
ouatée, à revers piqués et satinés, sans un pli ;
quant à moi, je suis en soutane un peu étri-
quée par l'usage, et ma seule fourrure est un
collet de molleton, avec capuchon rabattu.

L'accueil est très cordial, de part et d'autre ;
on nous introduit au salon, où la vicomtesse,
fort gracieuse, nous tend, à tous deux, sa main
gantée.

Un quart d'heure après on annonce que Madame est servie.

Le dîner est aussi sobre que distingué.

Comme il arrive en pareil cas, la conversation
effleure tous les sujets sans en traiter aucun.

On a ainsi l'occasion de faire de l'érudition à
bon compte ; on s'évertue aux mots spirituels,
en guise de documentation ; on juge, sans appel, par un aphorisme ; et d'un sourire ou d'un
haussement d'épaules, on tranche les nœuds
gordiens de la diplomatie et de la politique.

L'actualité littéraire, la dernière pièce, la
critique de théâtre, l'illustration et les jour-
naux de modes, en y ajoutant le dernier scandale, sont les uniques sources où puise la langue si spéciale des salons. Sans cette matière,
tous les matins triturée par la presse, elle serait à pain cherché.

La châtelaine étant quêteuse aux jours de
fêtes, le petit vicomte, président de fabrique,
mon Curé tient le « rire perpétuel », histoire
de faire plaisir. sans se compromettre.

Suis-je obligé à tant d'habileté ou à tant d'héroïsme?... Je me tais, et j'écoute... et je juge... c'est bien mon droit.

L'institutrice ne fait pas autre chose... elle est gagée ; les deux fillettes — âge ingrat — allongent des cous et des yeux de cigognes intéressées, tandis que la vicomtesse oublie de boire son pomard pour relever les paroles du vicomte, qu'elle souligne de réflexions grasseyantes et sottes.

Au dessert, ce fut une débauche !... Tout en grignotant des petits fours, on ne fait qu'une bouchée des gens d'Eglise, depuis le bedeau avec sa baleine et le suisse chamarré d'or, jusqu'au cardinal, en s'arrêtant à la chaire et au confessionnal.

— Dis donc, chérie, te souviens-tu de nos stations au pied des chaires, à Paris, l'automne dernier?... On prenait un sermon, avant dîner,, comme on prend l'apéritif... Seulement, c'était un peu cher : 5, 10, 15 fr. la place... et pour entendre qui !... et pour voir quoi !... des prédicateurs boursouflés, tonitruants, aux gestes gauches, à la pose insolente, à l'a, b, c, de la diction, au-dessous du dernier élève du Conservatoire... et quels sujets traités, grand Dieu !... Pourquoi donc tant tonner contre le luxe, la mode, les sauteries en famille, le théâtre, l'éducation, la politique !... quand on vit séquestré du monde, depuis la 18e année, quand on ne sait rien, quand on n'a rien voulu savoir des choses de son temps, qu'à travers saint Liguori ou Rodriguez ?...

S'ils pensent nous convertir avec ce style-là, me disait la baronne de R... en sortant d'un de ces prêches à la moderne !... Tenez, vicomte, une conclusion pratique à ce fatras, ajoutait-elle. Je vais à l'Odéon, ce soir, ça me changera au moins d'acteur...

Voilà, Messieurs, à quoi l'on aboutit, neuf fois sur dix, avec ces perpétuelles attaques contre nous.

Qui donc soutient les œuvres... remplit les églises... appuie le prêtre dans sa paroisse,... entretient les séminaires ?... Le riche, n'est-ce pas ?... Nous, toujours nous !...

Il conviendrait donc qu'on trouvât une autre façon de reconnaître nos services, et qu'on cessât de nous déshabiller, ainsi, des pieds à la tête, devant le public.

Et les sermons de charité !... Quelles gaffes !... Après ces diatribes, on resserre les cordons de la bourse, au lieu de l'ouvrir... On avait préparé un billet de cent francs, on donne un sou... C'est ce que me racontait un de mes amis, fort riche, au carême dernier.

*
* *

Le vicomte s'animait, M. le Curé, dont les digestions devenaient difficiles, somnolait ; j'écoutais pour deux.

La vicomtesse avait hasardé quelques timides
réserves.

— Sans doute, tout n'est pas parfait, mon
ami... mais la charité n'en peut pas, n'en doit
pas souffrir... Il faut regarder plus haut que
les hommes... on est chrétien ou on ne l'est
pas, Adolphe !...

— Oui, j'entends bien... aller quand même...
faire le jeu de gens qui se moquent de nous !...
Eh bien ! je maintiens qu'une grande réforme
est nécessaire.

Il y a trop de luxe dans l'Eglise !... Pourquoi
des palais épiscopaux... des trônes... des armes... toute une petite cour de clercs empres-
sés autour de l'Evêque, et l'habillant comme
un fétiche ?...

Peut pas s'habiller comme tout le monde !...
comme moi, s'il faut le dire, vicomte de Burr,
remontant aux Croisades, propriétaire de tout
le canton, deux millions de rentes, 20 fermiers, correspondant des sociétés savantes du
monde entier, président à vie de trois comices
agricoles ?...

— Mais tu n'es pas évêque !... ces honneurs s'adresesnt, non à l'homme, mais à la
lignité..., c'est clair.

— Je ferai un ouvrage sur l'Episcopat...
de l'avenir.

— C'est la liturgie qui a tout réglé...

— Je réformerai la liturgie ! voilà tout !

— Pour les Evêques, en particulier, il y a un

livre, le Pontifical, qui les oblige en conscience...

— Je ferai un « Pontifical », j'irai jusque-là !...

*
* *

Il continua : « Ce n'est pas tout !... Dans les séminaires, paraît-il, il y a un coulage énorme que nous payons.

Et dans les cures !... On m'a assuré qu'un jour de conférence, la seule note du boucher montait à 20 fr..., 20 fr. de viande pour une douzaine de prêtres !... sans compter le reste... est-ce assez triste !

Je me suis laissé dire qu'il y avait un lièvre de 8 livres, tué sur mes terres, donné par un de mes fermiers... Au dessert, on a bu le petit verre de Bourgogne, et fumé des cigares de 0 fr. 10... C'est intolérable !... Ah ! si le Christ dont ces Messieurs se réclament à chaque instant contre le luxe des grands, surgissait, le fouet à la main, comme autrefois pour chasser tous ces « banqueteurs » du Temple !...

Patience ! Je mets la dernière main à un opuscule qui fera du bruit ; il aura pour titre : « Le menu du clergé, ce qu'il est, ce qu'il doit être », d'après le vicomte de Burr...

— Allons, mon ami, insinua la vicomtesse, il faut pourtant vivre, même en soutane !... 20 livres pour 12, avec le déchet !

— Vivre !... Vivre !... Assurément !... Ecoute, pour en finir, les dernières lignes de mon opuscule, je les sais par cœur : « Une réforme urgente est à faire, l'Eglise meurt d'embonpoint, elle mange trop et quête trop !... A l'avenir, les prêtres habiteront des masures ouvertes à tous les vents, et coucheront sur une paillasse, avec, pour couverture, même l'hiver, leur soutane et leur culotte. L'usage de l'édredon est interdit. Leur mobilier se composera d'une chaise, d'un prie-Dieu et d'un Crucifix ; ils vivront de racines comme les Pères du désert, et n'auront qu'un cavereau, pouvant renfermer, au plus, deux ou trois bouteilles de cidre !... »

. . . .

L'heure s'avançait. M. le Curé dormait à poings fermés. La vicomtesse me regarda d'un air navré. Je n'avais pas ouvert la bouche de tout le dîner, car le châtelain me semblait tout congestionné par les petits verres, très agité, et peu disposé à la contradiction, même la plus courtoise.

Nous partîmes dans le coupé qui nous avait amenés.

— Que pensez-vous du vicomte, me demanda M. le Curé ?...

— Je pense qu'il est fou !...

— Vous ne vous trompez pas.

Moins de six mois après on l'enfermait dans un cabanon.

1ᵉʳ février.

Hiver, mon ami, quand me quitteras-tu ? Vraiment, je suis las de t'entendre, de te voir, de te méditer. Quand laisseras-tu la parole aux hirondelles, sous le ciel bleu, et la palette à ce peintre varié et charmant : le printemps !... car tu n'as que deux couleurs : le blanc pour les yeux, le gris pour le cœur !...

Aujourd'hui, je suis « au gris ».

6 février.

Une éclaircie... Le soleil essaie de rire entre deux nuages... un homme malheureux qui veut sauver les apparences... puis, des averses, des ondées, sous le ciel de nouveau assombri... N'est-ce pas la vie... rire forcé... larmes jaillissant de source ?...

15 février.

Quelle journée incohérente !... Combien en compterai-je encore de pareilles !... Elles sont longues et stériles à en mourir d'ennui et de découragement !...

J'ai rangé ma bibliothèque, en pensant, malgré moi, au saint homme Job, car elle est pauvre comme lui, avec cette différence qu'il avait été riche et qu'elle ne l'a jamais été.

Que de rossignols !... Que je meure, du jour au lendemain, ce qui est possible, et mes héritiers n'en feront pas deux sous... Personne ne voudra d'un vieux Bossuet, in-12, de Gauthier et Cie. Ajoutez-y quelques ouvrages de théologie, les œuvres spirituelles de Baudrand (1841), les Soliloques de saint Augustin, et nombre de catalogues de bonnes maisons pour vêtements ecclésiastiques... C'est à peu près tout — deux sous, vous dis-je, à l'encan !...

Et pourtant, j'aimerais travailler, puiser, compulser, compiler... et dire que mon Baron de l'autre jour, qui ne fréquente guère que sa cave, la Bourse et les théâtres,... a ce meuble, auquel j'aspire, avec la soif inassouvie de Tantale, une riche bibliothèque tenue au courant !...

C'est leur science, à eux, en petits pots, qu'ils ne débouchent jamais, mais qu'ils étiquettent avec soin, afin qu'on lise pour eux, et qu'on conclue: Sont-ils savants !...

Telle petite dame se croit littérateur, parce qu'elle reçoit, dans son salon, un auteur en vogue.

— Vous connaissez Victor Hugo ? demandait-on à quelqu'un.

— Très bien,... nous ne nous quittons pas.

— Un ami de cœur, un confident, alors...

— Vous le dites : « Je fais son lit, cire ses souliers et balaie sa chambre... »

De ma bibliothèque, je passe à mon feu que je ravive, je monte à l'église pour réciter Vêpres et Complies, puis je rentre et m'empare de mon carnet, pour causer avec lui, et écrire des *riens*, que je déchire.

23 février.

Une trouvaille dans mon courrier de ce matin ! **Je** lis :

MON CHER AMI,

Tu as toujours eu de la chance, toi. Un caniche qui te saute au cou à ton arrivée à L...; du moins, tu me l'écris. Un curé qui a prévenu son chien, dans ce geste plutôt rare, pour les vicaires nouveaux venus.

Une chambrette qui flambe avant, pendant et après ton arrivée, saluée, d'ailleurs, par toutes les cloches. (Tu ne me donnes pas ce détail, mais, je le suppose, seule ta modestie a pu l'omettre).

Une domestique qui ne t'a pas regardé de travers, chose invraisemblable, ni servi froid, et, de plus, cire ta chambre !...

As-tu voulu rire ?... Tout cela me paraît, à moi, si hyperbolique !...

Eh bien ! suppose tout le contraire pour ton ami, et tu sauras, sans que j'use trop d'encre, dans quelles conditions j'ai débuté, et je continue à vivre ici.

Je ne puis pourtant pas résister à la tentation de te croquer le curé de M...

Petit et grand.

Petit, très petit de taille, et grand d'idées et

d'ambitions. Il espère le canonicat **honoraire.**
De fait, est-ce viser trop haut?...

Toute sa vaisselle est d'argent ; il n'a que des meubles antiques qu'il cote fort cher, il paraît qu'on lui en a offert des sommes considérables ; or, il est riche et mourra dans ses meubles, enseveli dans l'art, vieux bijou dans un vieil écrin de la même époque. Il a 83 ans sonnés.

Chez lui, tout est d'un autre âge : le chien, les chats, les mœurs, la domestique et les sauces. Il adore la couleur locale ; plutôt que de changer la physionomie des lieux, qu'il leur a toujours connue, il s'oppose « mordicus » à ce que le Conseil de fabrique change le papier de ma chambre qui ne tient plus.

Tu vois d'ici ce qu'est un vicaire pour un pareil homme, un fâcheux qu'on eût bien fait d'adresser ailleurs.

Il me le fit bien voir !... Je suis le 18ᵉ depuis 15 ans. La porte du presbytère est close à 8 heures, en hiver, à 9 heures en été.

Une nuit, j'ai couché dehors, parce que la bonne n'avait pas voulu se lever pour m'ouvrir.

Mon premier sermon a été exécuté en deux secs : « Trop long, M. l'abbé, et rien que ces mots. » — Attrape !...

J'étais furieux et je ne pus m'empêcher, malgré son âge, de mettre M. le Curé au défi d'en faire autant. J'avoue avoir dépassé les limites de l'impertinence.

Le lendemain, j'eus une migraine et ne parus pas à table ; alors, le pauvre vieux qui, depuis fort longtemps, n'était pas monté à la chambre du vicaire, vint frapper timidement à ma porte, implorant la permission d'entrer.

J'étais debout. Je lui sautai au cou en l'apercevant, et lui demandai pardon de ma grossièreté de la veille.

Il était conquis. Je suis très froid de mon naturel, et je m'aperçus, à son contentement, qu'un peu d'affection de la part des jeunes vicaires pour leurs vieux curés, serait encore le meilleur moyen d'entretenir de bons rapports.

A toi, bien cher, *in Domino*.

L. C.

Réponse à L. C. (2 mars) :

MON TRÈS CHER,

Je m'ennuie, aujourd'hui, comme deux croûtes de pain derrière deux malles. Ce n'est pas très littéraire, mais c'est très vrai.

Pourtant, j'ajoute bien vite, que ce n'est pas la seule raison qui me fait t'écrire, et, si je veux être sincère, il me faut avouer que, seule, mon amitié pour toi tient la plume.

Je regrette que mon bonheur, qui est réel, contraste si violemment avec tes déboires immérités.

Si tu te souviens, tu voulais te faire « missionnaire », le plus loin possible : en Chine, aux îles Havaï, aux antipodes.

L'imagination, cette fée, y était bien pour quelque chose, en y ajoutant la curiosité, la géographie, l'océan à traverser, l'inconnu, quoi !

Ma vieille branche, crois-moi, il y a peut-être plus de mérite à rester chez nous, en France, à annoncer l'Evangile à nos sauvages civilisés, car, c'est beaucoup plus dur.

Les Peaux-Rouges, dont tu rêvais au Séminaire, ont des oreilles pour entendre et comprendre la doctrine du Christ ; les Français n'en ont plus que pour le boniment des histrions.

Sans être prophète, il me semble que dans 30 ans, au plus, nos prêtres missionnaires devront faire retour chez nous, et y tenir le langage qu'ils tiennent là-bas, une Bible, un Evangile et un catéchisme à la main.

Reste donc où tu es !... et tape dans le tas.

Quant à ton Curé, c'est un type, voilà tout !

Il a du cœur, m'écris-tu..., c'est énorme, à 83 ans... Il en avait donc beaucoup, pour que l'usure des ans lui en ait laissé assez pour pleurer sur la dureté d'un vicaire.

As-tu compris, au moins, la leçon de ce vieillard ?...

Il a renversé les rôles et pleuré à ta place, car enfin, tu l'avais insulté.

Si j'étais ton confesseur, je te donnerais,

pour pénitence, de lui dire : « Monsieur le Curé, vous avez raison », pendant un mois.

Quant à la domestique... c'est autre chose.

Puisqu'elle te ferme la porte au nez, et t'oblige à coucher dehors, passé neuf heures, je me ferais faire tout bonnement une clef, je l'introduirais discrètement dans la serrure... et j'irais tranquillement me coucher.

J'ai fini... je ne puis pourtant pas te quitter, sans te mettre au courant d'une pensée fixe.

Tu n'ignores pas que j'ai toujours eu la manie d'écrire... C'était d'abord un roman sensationnel : Mémoires d'un Vicaire. J'ai dû y renoncer, ce n'était pas lisible... et à force de retranchements, de modifications, de surcharges, il ne restait plus que des ratures... pour l'imprimeur.

Alors, je me suis rabattu sur : La vie d'un Curé de canton.

J'en avais écrit une centaine de pages, rien que cela en huit jours, quand la tentation m'est venue de les soumettre à mon curé.

Heureusement, j'ai attendu la nuit, et le lendemain, je riais et tremblais de ma naïveté et de mon audace.

Tu crois que je me suis arrêté là ?... J'ai envoyé mon manuscrit à un éditeur. Comme il tardait à me répondre, je rêvais déjà de la gloire des lettres, quand, un beau jour, mon factum me fut retourné, avec ces mots d'encouragement amer :

« Œuvre de jeune... manque de documentation sérieuse... Imagination brillante... style classique... de l'avenir... mais impossible éditer... ne pourrions rentrer dans nos frais... »

Je te laisse là-dessus, en te priant de ne rien éditer, jusqu'à nouvel ordre, sauf tes sermons, tes catéchismes, et les missives très attendues et toujours trop brèves, que tu voudras bien adresser à

Ton fidèle ami.

12 mars.

Huit lettres aujourd'hui dans mon courrier, je ne suis pas habitué à cette avalanche, j'ai peur !

C'est d'abord l'annonce d'un mariage ; une mienne cousine ; elle a longtemps hésité... et pour cause... la voilà qui donne tête baissée dans le miroir aux alouettes.

Le plus joli est qu'elle a l'air de me consulter, tout en me faisant entendre que c'est chose faite. Son futur est adorable. J'y souscris. Il a 20 ans, et elle aussi. Je ne dis pas le contraire.

Il est mécanicien de son état. Je le savais. Et buveur invétéré ; ce qu'elle semble avoir oublié. Tant pis pour elle.

De ses principes religieux, de son éducation, de son passé, de sa famille, pas un mot !... Toutes pareilles, ces folles !

Ah ! jeunes filles, vous rêvez trop. Gare au réveil... aux décevantes réalités !...

Désillusions, regrets... retours amers sur une jeunesse libre et radieuse, toute à Dieu.

Dites-moi, à qui la faute ?... Vous vous êtes embarquées au petit bonheur, sans prière et sans conseils !...

Je n'irai pas à ce mariage... On n'assiste pas à une catastrophe qu'on n'a pu empêcher. — On plaint les « sinistrés », et on prie pour eux. Ce que je ferai.

*
* *

La seconde lettre est une lettre de mort. Je ne sais à laquelle des deux donner la **préférence**.

Une autre renferme un billet de 20 francs pour mes pauvres. La donatrice veut rester inconnue. La lettre, à mon sens, est d'une plume exercée, et d'un cœur délicat.

« MONSIEUR L'ABBÉ,

« 20 francs. — un denier — pour les pauvres que vous visitez. J'ai l'intention de vous adresser la même somme tous les mois, et je n'ai pas eu de peine à décider une de mes amies à en faire autant. Ainsi, vous pourrez faire précéder ou suivre, selon que vous le jugerez à propos, vos exhortations, d'une petite aumône. C'est, je le sais par expérience, la clef magique qui ouvre les cœurs.

« Agir de cette sorte, n'est-ce pas aplanir les difficultés d'un ministère que tous admirent, sans penser assez qu'ils peuvent en partager les mérites, à l'aide d'un léger sacrifice d'argent ?

« C'est un moyen bien facile pour ceux qui le peuvent. Ils font du bien sans se déplacer, expient leurs fautes, rendent le Prêtre sympathique aux plus prévenus, se concilient le cœur de Dieu !...

« O argent, voilà de tes coups !... Qui t'accapare, se ruine ! Qui te donne, *en nom Dieu*, comme disait Jehanne de l'impôt du sang, s'enrichit pour l'éternité.

« Dites donc cela, Monsieur l'Abbé, en chaire, n'importe quel dimanche ; vous avez alors, comme auditrices, « les grandes fortunes de L..., » devant lesquelles il ne faudrait jamais se courber, qu'en leur tendant la « bourse ».

« Je suis, etc... »

*
* *

Voici une réclamation de mon cordonnier. L'orthographe ne manque pas de pittoresque, mais ce n'est rien à côté de « l'imprévu du style. »

Il a égaré ma « pointure », et me prie de la lui expédier par la poste.

Je lui avait donné une paire de souliers fort

usagés à raccommoder, les vicaires ne sont pas riches.

Or, il me soumet son embarras : doit-il me mettre « un nez », me refaire « une paire d'oreilles ?... » L' « âme » est aussi très endommagée... enfin, il serait d'avis de me mettre des « chevilles » dans le talon... Diable !...

Je vais lui répondre que je suis absolument convaincu qu'il a raison, et qu'il arrange tout cela pour le mieux, et au meilleur compte, l'excellent homme !

*
* *

Qu'est-ce ceci ?...

Des factures !... impossible pour le moment !... pas le sou !...

Tout ce que je puis faire de mieux, c'est de les collectionner... et de les tenir à distance... comme des ennemis... jusqu'au prochain mandat : 112 fr. 50 pour trois mois !... Du coup, l'Etat nous classe après ses cantonniers...

*
* *

Dernière missive... En tête, un énorme dentier en photogravure.

Puis, en gros caractère gras : « Prothèse dentaire, plombage, aurification, prix défiant toute concurrence !... »

Je lis :

« Monsieur,

« Je suis de passage dans votre ville. Je réside à l'hôtel de M... pour deux jours seulement.

« J'apprends que vous souffrez des dents. J'aurai donc l'honneur de vous faire visite ; et, quand je vous quitterai, la douleur, aussi, aura pris congé de vous.

Signé : « Paul Aubry. »

La dernière phrase me rendit rêveur. Pas bête, ce dentiste, souriai-je.

Le fait est que, depuis quelques jours, une molaire me taquinait ; la broche rougie à blanc, le jus de tabac, en passant par toutes les eaux de toilette, rien n'y avait fait, tout au contraire !...

La bonne tenait que c'était là l'effet du printemps...

N'empêche que le dentiste de passage avait été tout de suite informé, ce qui ne laissait pas de me causer quelque satisfaction, d'abord, parce qu'il me soulagerait, et ensuite, ô vanité !... parce qu'on avait donc pensé à moi.

J'en étais là, quand un pas se fit entendre dans l'escalier, en même temps que Claudine donnait cette indication : au premier, à gauche !...

C'était lui... le dentiste !... Homme charmant... breloques d'or sur le ventre... bagues aux doigts... il tenait à la main un coffret incrusté de nacre... Tout souriant, sans l'ombre d'embarras, il me tendit la main... une vieille connaissance, quoi !...

— Vous êtes bien ici... très aimé, vous savez... Connaissez-vous le chanoine Aubry ?... mon oncle !... Moi aussi, je voulais me faire Prêtre... mais voilà... la vocation... Ah ! la vocation, sapristi !...

Ne craignez rien, Messieurs... Vous êtes une force... Ils ont beau faire... l'Eglise triomphera... Elle a toujours triomphé...

Pardon... voulez-vous ouvrir la bouche, s'il vous plaît... — je bâillai. —

Très bien... Je vois... un plombage... l'affaire d'un instant...

Or ? argent ? platine ?... Nous en avons pour tous les goûts et toutes les bourses.

— Platine, fis-je doucement... ce sera moins cher, n'est-ce pas ?...

— De toute évidence, Monsieur l'Abbé, 10 francs au lieu de 20, c'est pour rien !... Un quart-d'heure après, je l'accompagnais jusqu'à la grille.

Ma dent me faisait un peu plus mal... mais c'était prévu...

« Ne vous étonnez pas, m'avait-il annoncé, vous souffrirez encore pendant quelque temps, et puis, et puis plus rien. »

Le déjeuner sonna. A table, je narrai l'incident à mon Curé, tout en me tenant la mâchoire, car je souffrais horriblement.

— 10 francs, mon cher abbé !... Et vous lui avez donné 10 francs ? C'est un charlatan !...

— J'ai oublié de vous dire que son travail est garanti pour six ans...

— Ah ! ah ! ah !... pour six ans !... Et où le prendre maintenant, le bonhomme ?...

— Mais j'ai son adresse sur sa lettre.

— Vous croyez ?... Voyons un peu ça...

Vérification faite, absence totale d'adresse...

Tout en mangeant, je sentis un corps dur, que je ramenai au bout de mes lèvres, et puis dans mes doigts, c'était... le platine de tout à l'heure...

Et quand je me rendis à l'hôtel de M..., le Monsieur n'y avait plus reparu après mon opération... Il avait surtout opéré ma bourse...

Mon Curé, ému, me rendit les 10 francs, en y ajoutant ces simples mots : « Quand vous aurez mon âge, vous ne vous y laisserez plus prendre... car vous n'aurez plus de dents à faire plomber !... »

L'argument me parut péremptoire et... redoutable. Et tous les deux nous conclûmes qu'il valait encore mieux en être pour 10 francs et avoir des dents.

20 mars.

Il y a des jours où la chambre pèse comme une prison, avec cette différence qu'on en peut sortir.

J'ai donc arrêté de faire une promenade. Le

chien de la maison, un ami, que je gâte à table, épie toutes mes sorties, pour me suivre. Si seulement ses aboiements et ses gambades ne me trahissaient pas, en éveillant l'indiscrétion de Claudine !

Tous deux, la ville traversée, et ce n'est pas long, nous nous enfonçons sous bois.

Avril va bientôt paraître ; sous son sourire, les taillis s'estompent comme les lèvres des adolescents.

Cachés dans les bouchures, perchés sur les branches, des oiseaux de toutes plumes chantent des alleluia de Pâques, à la nature ressuscitée. Ah ! le bon moment !... sous le ciel tout bleu, les effluves printaniers, après le coin du feu, dans le cadre étroit des carreaux givrés et borgnes.

J'ai emporté avec moi la correspondance de Lamartine, ce grand cœur fou.

Jamais, il ne me parut plus sympathique, mieux inspiré que dans les pages émues, où il chante la piété et la charité de sa sainte mère.

J'étais absorbé dans cette lecture, quand le chien, que j'avais oublié et qui courait devant moi, me rappela à la réalité, par des aboiements sans fin.

— Là... là... dit une voix... tu ne vas pas me manger... mes os sont trop vieux...

En même temps, apparut, montant d'un raidillon, un vieillard à la barbe de fleuve, de belle taille, figure sans rides, éclairée et souriante, et saillant, sous les cheveux blancs, comme une plante d'hiver sous la neige.

— Monsieur l'Abbé, votre serviteur !...

Le printemps fait épanouir les fleurs, à ce que je vois...

— Trop aimable, Monsieur ! le printemps fait aussi reverdir les chênes.

Vous êtes paroissien de L..., je suppose...

— Tout ce qu'il y a de plus paroissien... et même d'un caractère tout particulier.

Voulez-vous me faire l'honneur de venir avec moi jusqu'aux « Cascades » où je loge, je vous raconterai cela ; vous êtes jeune, il y a des livres où vous n'avez pas puisé encore ; des livres vivants. Avec moi, vous en lirez quelques feuillets, et vous serez mieux armé, plus fort, plus averti...

Je n'y comprenais rien. C'est justement pourquoi je n'hésitai pas à le suivre ; un fou... tout au moins un illuminé, pensai-je...

— Les Cascades !... Nous y sommes, ajouta-t-il ; la peine de retourner sur vos pas... une centaine de mètres à gauche.

Je m'étonne que ce lieu vous ait échappé. Tous les vicaires, vos prédécesseurs, le connaissent... Un Niagara au cent millième... les photographes le savent bien, j'en suis assiégé... J'aurais tort cependant de m'en plaindre... ils apportent leur dîner, et je vis plusieurs jours de leurs reliefs.

A mesure que nous approchions, un bruit d'eaux, d'abord confus, s'accentuait.

Il tendit l'oreille.

— Ah ! les petits drôles !... ils ont levé les pelles ; il n'y a pas de tours qu'ils ne me jouent... J'aurais voulu vous donner le spectacle d'une belle chute à laquelle on ne s'attend pas... L'effet est manqué... dans un quart d'heure il n'y aura plus rien... un filet qui soupire, au lieu d'une mer qui se précipite en ouragan...

Je trouvais que son Niagara, même en réduction, manquait de souffle, en effet.

Nous étions arrivés. De fait, la cascade agonisait. Le pauvre vieux la regardait avec les yeux d'un père qui voit râler sa fille.

Le paysage n'en était pas moins pittoresque. Des pierres énormes, moussues et suintantes, surplombant sur une miniature d'abîme de 30 ou 40 mètres, où finissait de gronder un torrent, lequel disparaissait sous un fouillis inextricable de ronces sauvages, plein de batailles et de chansons d'oiseaux ivres.

A droite des pelles, ressemblant à une cabane d'aiguilleur sur une voie ferrée, la maison du « Cascadier ».

— Entrez donc, me dit le vieux, en s'effaçant devant le seuil de la porte. Et ouvrant une fenêtre : Vous êtes ici à 60 mètres d'altitude.

Voyez-vous cette croix qui se découpe à l'horizon, sous le ciel ?... C'est le clocher de votre église... ma fenêtre et le coq sont au même niveau.

Quand les cloches sonnent, j'entends mieux

que ceux qui sont au bas... C'est ma manière, à moi, d'assister à la messe, le dimanche... A l'élévation, je me mets à genoux ; et, avec le Prêtre officiant, je dis : « Hoc est enim corpus meum... Hic est enim calix sanguinis mei quod pro vobis tradetur... » Il ne put achever ; un sanglot étouffa sa voix ; me prenant les deux mains dans les siennes : « Ah ! restez Prêtre, Monsieur l'Abbé !... Toujours !... Toujours !... Le Prêtre ne déserte l'autel que pour l'enfer... »

Je vous ai dit : « Il y a un livre que vous n'avez pas lu... De sa lecture, vous sortirez plus fort... plus averti... » Hé bien, asseyez-vous donc, ce ne sera pas long... C'est mon apostolat, à moi, auprès des jeunes Prêtres... le seul ministère que je puisse remplir... puisqu'on m'a retiré l'autre...

Vous avez déjà deviné que je suis Prêtre aussi ; j'ai été curé de T... pendant 15 ans, à deux pas d'ici... L'orgueil et la désobéissance m'ont perdu ; je me croyais appelé à une haute situation, mon Evêque a voulu me changer pour un poste équivalent ; ma vanité fut blessée ; je lui ai répondu que son offre était une injustice et une insulte, et que je restais où j'étais.

J'avais perdu la tête et le sens de l'autorité.

Mon Supérieur insista, je résistai... l'interdit était inévitable...

Depuis 30 ans, je vis ainsi, dans cette maison bâtie de mes mains... des quelques sous que me donnent les visiteurs, et de quelques remèdes d'empirique que me fournissent les « simples », nombreux en cet endroit.

Bien que je me fasse vieux, 75 ans, mes remords sont d'hier... Je n'ai jamais pris mon parti de ma déchéance... Je m'étudie à éviter tout retour sur un passé qui me tue, sans y réussir ; le présent m'est insupportable ; l'avenir... que peut-il être autre chose, à mon âge, que la menace de la mort et des comptes à rendre ?... J'ai essayé de perdre la foi ; impossible... avec le temps, ses racines ont crû comme celles d'un chêne foudroyé, mais pas mort.

Il saisit un vieux livre noir, à portée de sa main.

— Tenez, mon bréviaire, le premier, celui de mon sous-diaconat... Je n'ai jamais cessé de le lire... Je n'ai jamais voulu rompre ce lien qui m'unissait encore à l'Eglise... Dieu seul pourrait compter les larmes tombées sur ces pages... Mais tout cela n'est rien... moi, je n'ai que ce que je mérite, après tout... Mais, ma mère!... ma pauvre vieille mère!... une sainte... qui vivait avec moi. Ce qu'elle a souffert de ma chute !

Je l'aimais plus que tout... j'eus tout fait pour lui éviter la moindre peine... et pourtant, c'est moi qui l'ai martyrisée...

Comprenez-vous cela ?...

Mon orgueil était plus fort que mon amour et que ses larmes...

Que de fois elle me dit : « Soumets-toi, va trouver ton Evêque !

Si tu veux, j'irai me jeter à ses pieds, pour toi... il m'accueillera, j'en suis sûre... il aura pitié d'une pauvre vieille qui ne veut pas paraître devant Dieu, en laissant après elle, au lieu du Prêtre qu'elle avait rêvé... que tu étais... que tu es encore, dans le fond, un ange déchu... »

A ces exhortations, j'avais le courage, la lâcheté plutôt, de répondre : « Non !... » et je la laissais !... Elle en mourut !

Ah ! Monsieur l'Abbé, si je recommençais ma vie... Croyez-moi, obéissez, soyez humble!... Le principe d'autorité est la grande force de cohésion dans l'Eglise. Sans lui, le Sacerdoce se disloquerait, comme les grains d'un chapelet sans mailles.

— Et votre mère est morte depuis longtemps ? lui dis-je, très ému...

— Il y a 15 ans... Pas un seul jour, je n'ai manqué d'aller pleurer sur sa tombe, en lui demandant pardon... Tout haut, quand je suis seul...

— Elle est partie en chrétienne qu'elle était, n'est-ce pas ?...

— Oh ! oui !... Elle a reçu tous les sacrements. Un de vos prédécesseurs, l'abbé Voiron, aujourd'hui curé, l'a administrée... Souvenir consolant dans ma détresse s'il ne s'y mêlait un remords plus cuisant que tous les autres... une promesse non tenue... Sa dernière parole fut pour m'exhorter à remonter à l'autel... « Du moins ainsi, j'aurai des messes pour mon âme... les tiennes... dites par mon fils !... »

Je le lui promis... et elle mourut pacifiée, heureuse, me bénissant...

Et ces messes, les miennes, elle les attend toujours !... Oh ! mon Dieu !... mon Dieu !...

Le vieux Prêtre, de nouveau, fondit en larmes.

La nuit tombait doucement ; à l'horizon, la pointe du clocher se dorait des feux du couchant, et, dans la cabane du Cascadier, pesait un morne silence, coupé de sanglots, auxquels semblaient faire écho quelques gouttes d'eau filtrant encore au travers des fentes de la vieille écluse.

Il était temps de partir.

Brusquant mon émotion : « Voulez-vous, dis-je, remonter à l'autel ?... célébrer la messe pour votre mère... et qui sait, du coup, lui ouvrir le ciel ?...

Il me regarda avec étonnement...

— Je suis bien vieux, répondit-il, est-ce la peine ?... et le voudra-t-on ?...

— Je m'en charge, pourvu que vous m'autorisiez à raconter notre entretien.

Quant à votre âge... Eh bien ! supposons que ce soit votre dernière messe, il vous semblera que c'est la première, avec toutes ses allégresses, accrues du mérite de l'expiation et de l'immense bonheur que votre retour donnera à celle qui a tant pleuré, et dont vous essuierez les larmes !...

— Eh bien, faites !... dit-il, et Dieu vous entende ! »

Nous nous séparâmes en nous embrassant.

Il est minuit : j'ai passé ma soirée à relater l'étrange rencontre. Le plaidoyer est tout fait ; j'adresserai à Monseigneur une copie de ces pages. Je ne doute pas du succès.

12 avril.

J'étouffe de réflexions contenues !

Il est bon que le cerveau, lui aussi, ait son déversoir. Mon déversoir, c'est mon cahier. Que de philosophes passent leur vie à penser tout bas et tout seuls, en égoïstes, qui eussent enrichi le patrimoine commun des trésors de leur esprit et de leur expérience, et, qu'on ne lira jamais, « parce qu'ils n'ont jamais écrit ! » — dirait M. de la Palisse.

Mais à côté de ceux-là, dont il faut regretter la trop grande réserve, que de gâcheurs de papier, quand ils n'empoisonnent pas les intelligences !

Mettons que je suis un gâcheur de papier, et rien de plus... C'est une manière de tromper ma solitude et de dialoguer avec quelqu'un qui ne me contredit jamais — exercice qui n'est pas sans charmes.

Après ce préambule, ma plume s'arrête net... Plus rien dans la tête ; table rase, abondance trop grande d'idées qui se neutralisent en s'entre-choquant, ou plutôt disette lamentable... un petit martyre !...

Je me gratte le front désespérément, je jette au ciel de mon plafond des yeux torves, je me lève et me rassieds, je fais des efforts inouïs et vains pour m'abstraire du chien qui aboie, de Claudine qui claque les portes, des oiseaux qui piaillent dans les poiriers fleuris, même des rayons de soleil que j'évite en déplaçant ma table de travail pour la reporter dans les coins inspirateurs. Tout est inutile ; rien, rien, rien.

J'en conclus que le cerveau est comme certains enfants gâtés.

Vous voulez qu'ils parlent, ils gardent un silence obstiné ; dites-leur de se taire, ils ne s'arrêtent plus.

Un peu vexé, je prends ma canne et mon chapeau, et je pars, sans but, à l'aventure, dans le bleu...

P.-S. — Je rentre, un peu fatigué de mes six lieues ; or, j'ai fait aujourd'hui la plus délicieuse promenade de ma vie. Au lieu de m'entêter à écrire dans le vide, j'ai lu, j'ai vu, j'ai senti, j'ai respiré, j'ai vécu.

30 avril.

J'éprouve, à cette date, une très douce joie ; le vieux prêtre, le Cascadier, est réhabilité. Grande liesse au Ciel, d'après l'Evangile, et aussi chez nous.

Les choses, comme toutes celles qui rentrent

dans les desseins providentiels, ont marché ron-
dement.

Mon plaidoyer, ou plutôt celui de mon client,
a touché l'évêque. Trois jours s'étaient écoulés,
que je recevais de Sa Grandeur, cette bonne
réponse. Je la transcris pour la mieux et plus
longuement savourer.

    « MON CHER ABBÉ,

« C'est. Dieu qui a conduit vos pas, et c'est
l'ange de ce vieillard qui l'a mis sur votre
route. Vous avez été l'instrument d'un miracle,
car, comment appeler autrement ce retour ines-
péré pour bien des raisons. dont les plus fortes
étaient : la désobéissance et la révolte de l'esprit, deux maladies presque incurables.

« D'autre part, regardez comme une grâce
de choix, la douloureuse et instructive révélation qui vous a été faite au début de votre carrière. C'est une leçon qui a manqué à M. X...
et qui eût pu éviter sa chute.

« J'ajoute : réjouissez-vous avec moi. car
mon cœur de père et d'évêque ne saurait hésiter un instant sur la suite à donner à cette affaire, triste, hier encore, aujourd'hui source
d'édification et d'allégresse pour tous.

« J'exigerai seulement, — et c'est pour moi
un devoir de conscience — de sérieuses marques de repentir, et des promesses fermes, qui
sont déjà dans le cœur et la volonté de l'abbé
X...

« Du reste, j'écris, par ce même courrier, à l'intéressé, dans des termes tels, que, s'il est sincère — et je n'en doute pas, — il sera touché et reconnaissant, car c'est le père qui parle, plutôt que l'évêque, dans cette lettre toute de pardon et d'oubli.

« Croyez, etc... »

Le lendemain, dans l'après-midi, je me disposais à prendre le chemin des cascades, quand quelqu'un frappe à ma porte ; c'était le vieux prêtre.

Nous causâmes. La joie débordait de son cœur ; il me semblait transformé ; plus jeune, plus droit, comme si ses épaules, longtemps ployées sous un fardeau invisible, se redressaient. Il y avait dans son bonheur de la surprise, une sorte de fierté reconquise, celle du miséreux devenu subitement riche.

— Il m'a écrit, M. l'abbé, fit-il tout à coup. Ah ! le brave homme, le digne évêque !

Ce n'est pas une lettre, c'est un bouquet de fête, un toast de noces d'or. Pas un mot de reproches, pas une allusion (ou, si discrète !) à ma défection !

Tenez, laissez-moi le plaisir de vous la lire ; ce sera bien la vingtième fois depuis hier.

Il la baisa, puis ajustant ses lunettes, il lut, d'une voix tremblante :

« Cher Fils,

« Mon cœur ne s'est jamais lassé de vous attendre, ni ma pensée d'aller vers vous, ni mes prières de monter au Ciel pour vous. J'étais si malheureux de votre malheur !

« Je sondais l'horizon, et je ne vous apercevais plus ; j'appelais et vous ne répondiez pas. Et, quand je comptais les premiers-nés de mon Episcopat, dont vous étiez, de quel deuil votre souvenir me remplissait ! Le deuil d'un père qui a vu disparaître un fils qu'il attend toujours, mais en vain, pour le presser sur son cœur, avec d'autant plus d'amour qu'il a plus attendu et plus pleuré.

« Vous voilà ! Cette joie m'est donnée, *nous* est donnée, car si je retrouve un fils, vous retrouvez un père, n'est-il pas vrai ? Ne me donnez, désormais, que ce nom encore.

« A cette nouvelle, je suis tombé à genoux, et j'ai pleuré ! Larmes plus douces que n'avaient été amères celles versées sur votre éloignement.

« Puis, j'ai emprunté les paroles de mon Maître et Modèle dans l'Evangile : « Mon enfant « était perdu, et il est retrouvé ; réjouissez- « vous avec moi. Qu'on lui mette au doigt « l'anneau de la réconciliation, qu'on le revête « de la robe nuptiale, qu'on tue les bêtes les « plus grasses, qu'il reprenne sa place et ses « droits dans la maison de son père ! » de son père, entendez-vous !

« Ah ! vous avez peut-être douté de mon cœur, cher enfant, et c'est là votre grande faute, celle qui a entraîné les autres.

« Comme si la crosse, aux mains de l'évêque, n'était qu'une verge qui frappe, au lieu de la houlette qui protège et dirige !

« Que l'autorité est donc une chose sublime... ou redoutable !

« Sublime, quand on la vénère, redoutable, quand on la subit ; sublime quand celui qui l'exerce en connaît le fardeau et les périls, redoutable quand elle sert d'instrument à la tyrannie et à l'orgueil.

« En aurais-je usé ainsi ? En m'examinant devant Dieu, je ne le pense pas.

« De votre côté, en descendant au fond de vous-même, pouvez-vous m'en accuser ?

« Mais que de degrés entre ces extrêmes ! Et, sans se porter à ces outrances, que de nuances délicates peuvent échapper à celui qui a le périlleux honneur de commander à d'autres hommes, fussent-ils prêtres !

« Dieu Lui-même est obligé de compter avec notre liberté ; il ne la meut qu'avec d'infinies précautions, et, quelquefois, quand il y touche, notre cœur en est brisé.

« Pouvons-nous faire mieux, nous, chétifs ?

« Mais il est une considération qui devrait toujours incliner les sujets à l'obéissance aveugle, c'est qu'eux ne se trompent jamais en agissant ainsi, tandis qu'il en va autrement de ceux qui commandent et qui préféreraient obéir.

« J'ai besoin de vous voir, de causer avec vous. Venez donc à l'évêché jeudi, sauf empêchement. Nous déjeunerons en compagnie de votre condisciple, mon vicaire général, qui se réjouit avec moi.

« Croyez, etc... »

Plusieurs fois, pendant la lecture de cette lettre, le vieillard en avait souligné de ses larmes les passages émouvants.

— Et que pensez-vous faire ? lui demandai-je.

— Aller me jeter aux pieds de mon évêque, le remercier, m'accuser devant lui d'ingratitude et de cruauté. Ce sera justice... Ah ! quel homme ! quel cœur !

— Je ne veux pas vous laisser partir seul. J'ai quelques emplettes à faire à la ville, je profiterai de cette occasion.

Nous partîmes. Le retour fut joyeux. La cordiale réception à l'évêché acheva ce qu'avait commencé la lettre avec quelque chose en plus.

— Vous ne me demandez rien que votre réhabilitation ? avait dit l'évêque. Eh bien ! prenez et lisez !

C'était sa nomination à son ancienne cure, en desserte depuis son départ.

— Monseigneur, vous me comblez !

— J'ai pensé qu'à votre âge une transplantation vous serait pénible. Ainsi, vous rajeunirez, en remontant le passé, en le revivant dans ses souvenirs les meilleurs, ceux de vos débuts, si consolants, de jeune curé. Et puis, ne convient-il pas que les témoins de votre obstination — sans autre scandale, d'ailleurs — soient aussi les témoins de votre soumission et applaudissent à votre retour ? Vous arrêterez, avec M. le Doyen, le jour de votre nouvelle installation.

Cette installation a eu lieu aujourd'hui, 30 avril. Et voilà la raison pour laquelle j'ai écrit, en commençant : « A cette date, j'ai éprouvé une très douce joie. »

Je veux, pour ne pas les oublier et pouvoir les relire, fixer les détails de cette cérémonie. Il est à croire qu'elle ne se renouvellera pas pour moi, quand je vivrais un siècle.

*
* *

« Mes frères, avait dit le desservant, sans préambule, j'ai une nouvelle à vous annoncer. Je pourrais vous la donner en cent, en mille... Vous ne la devineriez pas. Aussi, je préfère vous la faire connaître tout de suite.

« Dimanche prochain, votre ancien curé, M. l'abbé ***, reprendra ses fonctions auprès de vous ; il vous dira pourquoi et comment : je lui laisse la joie de cette narration, elle aura pour vous le plus vif intérêt.

« Vous acclamerez le pasteur, vous bénirez le chef du diocèse, vous remercierez le Ciel de toutes les voix de vos cloches, de toutes les fleurs de vos jardins disposées en festons dans cette église ; sans compter que tous les foyers seront vides, ce jour-là, comme à Pâques. Il est entendu que pas un gars ne restera aux champs, pas une fille à la ferme. A dix heures moins le quart, les tout petits, avec chacun son oriflamme, comme pour la Fête-Dieu, partiront les premiers, après la croix et la bannière du Patron; puis les filles et les femmes, les garçons et les hommes, drapeaux des Confréries déployés ; le *Te Deum* aux lèvres, tous nous irons chercher M. le Curé au presbytère, tandis que les cloches sonneront à se rompre.

« Est-ce entendu ?

« — Oui, oui ! » s'exclamèrent tous les paroissiens, ahuris par la nouvelle, électrisés, au comble de l'enthousiasme, croyant rêver.

« — Merci, et ainsi soit-il ! » ajouta le prêtre, après avoir ramené le silence, d'un geste.

« Donc, à dimanche ! » Et il descendit de chaire.

*
* *

Après la messe, divers groupes se formèrent ; on devisait sur le programme de la fête dont le desservant n'avait donné que l'indication ; on voulait faire mieux encore.

Parmi les femmes, toutes celles à qui l'ancien curé avait fait le catéchisme se réservèrent pour les guirlandes. D'anciens chantres se concertèrent, et il fut question de repasser la « Messe bordelaise », tout comme autrefois.

« — Personne ne m'empêchera de lui présenter les burettes », clamait le grand Dumas, un des derniers enfants de chœur, aujourd'hui grand-père.

Le vieux sacristain, qui avait servi sous trois régimes, et dont les 80 ans sonnés sollicitaient la retraite, rajeunissait, riait, pleurait. « Je vais faire retaper mon costume par *la vieille* », disait-il. Et les jeunes applaudissaient. « Il y aura encore de beaux jours pour le père Thibault », ajoutaient-ils.

« — Ma parole ! On n'a jamais vu ça... Fête épatante ! » criait le petit Louis, le fils du fermier de L'Huis-Morin, qui avait été en garnison à Paris, et avait fait retour au village avec les galons de fourrier.

* *
* *

En vérité, ce fut très beau, ce dimanche-là : gai soleil, du monde jusque sur la place ; tout le programme, et au delà, réalisé.

Par exemple, le sacristain perdait un peu la tête au milieu de tout ce monde ; et, défaut d'habitude ou excès d'enthousiasme, les chantres perdirent la mesure au premier *Kyrie*, les enfants de chœur se disputèrent à qui porterait le livre ou agiterait la sonnette, les cloches faillirent se retourner plusieurs fois...

Mais, bah !... à y réfléchir, ce petit désordre était encore de la joie exubérante, mais si sincère !...

Tous les yeux étaient tournés vers l'autel. Là, couronné de cheveux blancs, aveuglé par les larmes, accablé, sans doute, de souvenirs où, aux joies du jeune prêtre d'autrefois, se mêlaient les remords, le célébrant retrouvait le Dieu de sa première messe, immuable, lui, dans la fidélité de son amour.

Pour rester seul avec l'Ami, le vieux prêtre, visiblement s'absorbait, s'isolait de la foule sympathique et... curieuse. Et quand, pour lui faire face, à cette foule, la liturgie l'obligeait à se retourner, ses yeux restaient voilés d'humilité et de modestie, comme s'il eût imploré d'elle son pardon, après le pardon de Dieu.

Après l'évangile, il remplaça, en chaire, le Doyen. Ce que ses lèvres purent articuler n'est rien, en comparaison de ce qu'on devina derrière ces quelques mots qu'une poignante émotion ne lui laissait pas achever. Un solennel silence s'était fait.

« — Mes chers Paroissiens, dit-il, pardonnez-moi le scandale que je vous ai donné... Je ne vous connaissais pas... Je voulais vous quitter, et ce fut la cause de ma rébellion... et voilà comment vous répondez aujourd'hui à mon ingratitude !... Je me reconnais indigne de cette ovation, et je la reporte à Celui que j'ai aussi méconnu, et qui, comme vous, m'a pardonné... Ah ! si je recommençais ma vie, je voudrais vous en consacrer toutes les heures, tous les instants...

« Du moins, pendant les quelques années qui me resteront, je m'étudierai à réparer le temps perdu. Je suis en dette avec vous ; je ne vous ai pas donné tout ce que je vous devais...

« Mais il vaudrait peut-être mieux que je meure... après cette journée... après cette première Messe...

« Excusez-moi, je ne sais plus ce que je dis... je ne vous dis pas ce que je voulais vous dire...

« Je suis un misérable ! Vous voulez bien de moi, encore... J'ai besoin d'espérer que vous ne vous souviendrez plus... la réception que vous me faites en est la preuve... Merci !... Pardon, encore une fois !... Je prierai pour vous !... Je veux vous conduire au Ciel, tous ... tous ...

« Que personne ne meure sans moi, sans que ma main se lève pour l'absoudre !... Que, chaque dimanche, je vous revoie ici, à l'église, comme aujourd'hui !... Ainsi vous m'aiderez à apaiser la colère de Dieu... Je pourrai lui répondre, quand il me reprochera mes années de prévarication : « Eux m'ont pardonné ; ne me pardonnerez-vous pas ?... Ils ont écouté mes prières ; y serez-vous sourd ?... Je vous les ai rendus ; ne me rendrez-vous point votre amour ?... Ma chute a servi à les relever ; me l'imputerez-vous toujours à péché, malgré mes larmes et mon dur martyre ?... »

Le prêtre cacha son visage dans ses mains et pleura longuement.

Toute l'assistance était secouée de sanglots ; l'église aussi, sous ses guirlandes de fleurs, semblait pleurer, au souvenir d'anciennes fiançailles entre ce Prêtre et elle.

Après quelques minutes, il descendit de chaire, soutenu sous les bras par le sacristain.

Le Saint Sacrifice s'acheva. On reconduisit le curé processionnellement, comme le matin, au presbytère. Il semblait ne rien voir, ne rien entendre ; et, quand la porte se fut refermée sur lui, c'est avec délices, sans doute, qu'il se plongea dans un recueillement et un silence que souhaitaient ses émotions et sa reconnaissance.

Une heure après, je le trouvai encore sur son prie-Dieu, qu'il n'avait pas quitté.

En me voyant entrer : « Ah ! c'est vous, dit-il, en me pressant sur son cœur ; je songeais à toute la part qui vous revient, dans ce poème de miséricorde... Vous commencez, et je finis ; l'aurore et le déclin !... Dieu a ses desseins dans ce rapprochement. »

Puis il découvrit sa poitrine et me fit voir le portrait de sa mère : « Elle avait été à la peine, ajouta-t-il ; il était juste qu'elle fût à la joie et à l'honneur !... »

Avant de le quitter, je tombai à ses genoux, implorant sa bénédiction.

Elle restera longtemps, toujours sur moi, comme une grave leçon et un sourire du Ciel au repentir sincère.

2 mai.

J'ai lu, dans mon courrier de ce matin, une missive lacrymatoire d'une cousine dont j'ai parlé, mariée il y a quelques semaines.

Dieu !... qu'elle a déjà déchanté !... Le prince charmant s'est mué en ogre ; la lune rousse a remplacé la lune de miel, et menace de ne plus quitter l'horizon.

La pauvre est battue comme grain sur l'aire. « Ah ! le voilà... » dit-elle, avec un coup au cœur, en l'entendant tibuter et chanter dans l'escalier ; puis, quand il a franchi le seuil, c'est la comédie, ou le drame ; tantôt il rit d'un air hébêté, et implore des flatteries ; tantôt l'œil est mauvais, les poings menaçants.

« C'est un enfer, écrit-elle !... et encore je souffre seule ; que sera-ce, si la famille vient !... Il y a huit jours à peine, il a failli m'étrangler... parce que je lui faisais observer qu'il dépensait tout son argent et me laissait sans le sou.

« Avec cela, excellent ouvrier... quand il travaille... un agneau à jeun ; c'est sous cette peau qu'il m'apparaissait, lorsqu'il venait me faire la cour ; depuis, les griffes de l'ours sont sorties et je désespère qu'elles rentrent jamais. Ah !... mon cher cousin... que ne puis-je rajeunir de quelques semaines... sachant ce que je sais !...

« Où sont mes 18 ans... mon indépendance... mes nuits sereines... mes réveils pleins d'espoirs... ma chambrette ailée et chantante comme une volière en avril... les adorations de ma chère maman... les rêves... puisqu'il faut rêver, hélas !... mais les rêves à fleur de tête, papillons qui vont toujours l'aile ouverte, où ne se posent que sur des roses, dans des rayons de soleil ?...

« Je vous ennuie, je le sens ; d'emblée, vous, vous avez choisi la meilleure part, celle louée par le Maître dans l'Evangile.

« Tant pis pour elle, pensez-vous ;... avertie, elle n'a fait qu'à sa tête, se mettant en garde contre des avis et des sermons jugés trop vieux... Et vous ne vous trompez pas; je n'ai que ce que je mérite. Plaignez-moi !...

« Je vous demande seulement des prières qui m'obtiendront force et résignation.

« Conservez aussi cette lettre ; vous êtes Prêtre ; c'est un document humain qui pourra éclairer vos directions, et vous aider à arrêter sur le bord de l'abîme des enfants plus obéissantes que

« Votre malheureuse Cousine. »

4 mai

Je ne pouvais laisser sans réponse la lettre qui précède.

Après m'être gratté la tête, voici ce que j'ai trouvé. En me relisant, je ne suis rien moins que satisfait... le cas était ardu.

« Triste... bien triste, en vérité, votre nouvelle situation, ma chère Cousine.

« Votre mari vous frappe... il mange son argent..., deux choses énormes..., j'en conviens.

« Mais, voyons…, n'exagérez-vous pas un peu ?… Vous étiez si gâtée à la maison !… J'ai connu une jeune mariée qui se plaignait que son mari l'eût assommée… ; même, elle tirait un peu la jambe. Or, le pauvre diable, sans le vouloir, lui avait simplement marché sur le bout du pied ; elle, de riposter par une gifle, qui, naturellement, lui fut rendue en riant. Une petite reine, quoi… qui entendait qu'on fût toujours en adoration devant elle. Mettons que votre cas soit tout différent…

« Eh bien ! je lis, dans votre lettre, que votre monstre de mari a pourtant deux qualités essentielles : il a du cœur, et est excellent ouvrier… Avec cela, chère enfant, laissez-moi vous dire qu'en sachant vous y prendre, vous en ferez un époux modèle. Prouvez-lui que vous l'aimez, arrangez-lui un intérieur si attirant, avec une table si bien dressée, une si bonne cuisine, une cave si bien garnie, que le cabaret ne lui paraisse plus qu'un chenil. Vous verrez la transformation !

« Vous n'êtes pas, vous ne pouvez pas être encore, un cordon bleu ; devenez-le…

« Vous n'avez jamais dirigé une maison ; mettez-vous-y…

« Vous faisiez de la musique; faites chanter vos fourneaux ; cette musique-là donne à l'ouvrier du cœur à l'ouvrage, et met du bon sang dans ses veines déprimées.

« Vous brodiez ; reprisez des chaussettes.

« Vous commandiez en gracieux petit tyran.

— ne me dites pas, non, à moi ; — eh bien !
l'heure est venue d'obéir à votre tour, gentiment, là, en souriant, et en lui disant : « On
y va, mon *Commandant !* » ce qui vous donnera des droits équivalents. Ne sera-ce pas
charmant ?

« — Mais les gifles..., les gifles..., mais l'argent dépensé..., oubliez-vous cela ?

« — Vous insistez ?... alors, je reviens à mon
histoire du commencement. Et au lieu de vous
insinuer : n'exagérez-vous pas ?... je vous dis :
vous exagérez certainement.

« Et la preuve, c'est ce petit mot que je
reçois aujourd'hui de votre mari. Vous lui
boudez depuis huit jours ; il a soupçonné que
vous m'écriviez, et il m'écrit à son tour ceci :
(Je transcris, car sa lettre est d'un laconisme
si touchant, et d'une simplicité si belle, que je
garde l'original ; voici la copie).

3 mai.

« MON CHER COUSIN,

« J'adore ma femme, et elle me boude, sans
que je sache pourquoi. Je ne vis plus... j'ai
des envies de me faire périr... J'ai beau chercher la raison de sa mauvaise humeur, je ne
parviens pas à la trouver...; à moins que ce
soit l'autre jour..., pour la Saint-Eloi..., un
repas chez Guichard..., 3 francs par tête... On
dépasse toujours..., j'ai payé un punch aux
amis, et j'ai dépensé un louis... C'est pas une

affaire..., quelques jours de *rabiau*, et ça fera le compte...

« Il est vrai qu'au lieu de 10 heures, comme c'était convenu, je suis rentré à 11 heures du soir ; la trouvant toute chose, j'ai voulu l'embrasser, quand elle m'a collé d'un coup de poing contre le mur... « Tiens, soulard ! » qu'elle m'a dit, comme ça !...

« Vous comprendrez qu'un homme qui a pris du punch ne peut pourtant pas se laisser plaquer par une femme... Alors j'ai répliqué en lui donnant une petite tape, mais dans le chignon..., pas dans la figure... Malheureusement son peigne est tombé, et s'est cassé.

« Alors, depuis ce temps-là, elle pleure dans un coin...; ça me saigne... Ecrivez-lui donc que je l'adore... Mettez ça sur le compte du punch..., et dites-lui que je ne boirai plus jamais..., et qu'elle me pardonne !... Ce n'est plus une vie...

« Votre affectionné Cousin. »

« Eh bien !... qu'en dites-vous ?... ai-je raison ?... avez-vous tort ? N'êtes-vous pas la plus heureuse des femmes ?... et vos larmes sont-elles autre chose qu'un trop-plein de bonheur qui vous monte aux yeux ?... Et ne vous mettrez-vous pas, dès aujourd'hui, à l'œuvre, pour accomplir le programme que je vous ai tracé ? Il y manque un mot que je m'empresse d'ajouter, et que j'ai gardé pour la fin : la prière !...

la prière pour vous et pour lui..., Dieu ainsi
au milieu de vous.

« Ce sera alors bien mieux que « la lune de
miel », ce sera le ciel bleu et le clair soleil,
ouverts sur un foyer béni, et pour toujours...
Car, ne l'oubliez jamais, votre faute, votre
grand péché, a été, en vous mariant, de ne
tenir aucun compte des sentiments religieux
du futur. Vous pourriez expier plus chèrement un tel oubli ; et je m'étonne, moi, que
votre mari, avec une éducation si opposée à la
vôtre, ne soit pas pire. Que dis-je ?... Il vous
adore !... le mot y est. Il vous adorera un peu
moins, mais vous estimera davantage, quand
votre Dieu sera devenu le sien. Et c'est à cela
qu'il vous faut tendre de toutes vos forces.

« Je conclus : vous l'avez échappé belle...
Vous méritiez un tyran, et vous avez un esclave, un adorateur, une cassolette, que sais-je
encore ?... Peut-être, après cette lecture, allez-
vous me bouder aussi... Je verrai bien. »

5 mai.

J'ai revu ce matin, le bon curé ; il a rajeuni ; il rit et pleure tour à tour en parlant
de ses paroissiens, de ses enfants, de ses
malades, de sa messe retrouvée..., trésor
longtemps perdu.

Nous avons fait échange de photographies.
Il habite les « Cascades » pour le moment ; car
on fait d'importantes réparations à la cure.

« J'ai un projet », me dit-il : « Edifier un Calvaire dans ces lieux où j'ai tant souffert..., par ma faute..., et tant fait souffrir ma pauvre mère. Ce sera une expiation..., j'y viendrai chaque soir prier et me souvenir... De plus, la paroisse pourra y monter pour les Rogations et la Fête-Dieu... Qu'en pensez-vous ? » me demande-t-il comme un enfant, et en regardant le ciel..., « je ferai ce que vous me direz... »

Je lui réponds que l'idée est excellente, et le lieu bien choisi.

Il passe des heures entières dans son église, et donne tout ce qu'il a. Son cas ne rappelle-t-il pas le mot de saint Augustin : « L'humble repentir vaut mieux, aux yeux de Dieu, que la vertu orgueilleuse ? »

6 mai.

Claudine est d'assez méchante humeur. C'est demain la conférence. Douze prêtres à table !... « Pensez donc, Monsieur l'Abbé, » gémit-elle.

« Si je vous disais que, la nuit d'avant, je ne dors pas deux heures en tout.

« C'est les œufs, les poulets, la viande de boucherie, le lard, le beurre, hors de prix ; que sais-je ? une ruine !...

« Et le vin !... M. le Curé donne tout ce qu'il a de meilleur ; c'est plus fort que lui..., comme si ces « Chers Confrères », ainsi qu'il les nomme, en avaient autant chez eux !... »

« — Mais ils paient, Claudine, chacun donne son écot.

« — Ils paient !... on ne me paie pas, moi, pour ce surcroît de besogne ; » ce disant, elle envoie un coup de pied au chien qui flaire de trop près les victuailles.

— Allons, qu'est-ce qu'il y a encore ? s'écrie le Curé, en sortant de sa chambre ; mais devant l'air menaçant de la domestique, il juge prudent de rentrer, et moi aussi.

Le lendemain, vers 8 heures et demie, douze robes noires sillonnent les rues de la petite ville.

Percepteur, receveur d'enregistrement, médecins, dentiste, bouchers, marchands de comestibles, reçoivent la visite des uns ou des autres au gré du besoin. On ne vient pas tous les jours à L.... Le Maire, un jeune, élu récemment, s'émeut... : complot clérical !... pense-t-il.

Le vieil adjoint, qui connaît ça, le rassure : « La Conférence !... la Conférence !... » prononce-t-il d'un air entendu, « ça a toujours existé... »

A 9 heures trois quarts, assaut de la chambre du Vicaire...

« Comment va ?... Ah ! ce cher Abbé, encore tout jeune !... l'âge du zèle dévorant, de l'enthousiasme, et... de l'inexpérience.

Celui-ci me confie sa canne et son chapeau, avec un numéro dans le fond, pour éviter un échange en dernière heure.

Un autre me demande un *Gury*, dernière édition, pour achever sa conférence.

Des petits paquets s'entassent dans tous les coins ; mon bureau est envahi — un vrai cabinet de rédaction, — plumes, enveloppes, papier à lettre, disparaissent, — voire mes deux ou trois timbres, qu'on me paye.

— Charmant !… on trouve tout ici… ah ! ces vicaires de villes !… s'exclame l'abbé Pill.

— Dites donc, mon cher enfant, pourrait-on trouver aussi un petit verre… de n'importe quoi,… ça m'est égal. Dix kilomètres dans les jambes,… vous savez,… et par cette chaleur,… à ᴖᴖ ans !… ah ! ah ! ah !

C'était le curé de Landry, un bon gros, à face bouffie, qui riait toujours.

J'allai au placard où, depuis le premier de l'an, dormait une bouteille de je ne savais trop quoi ; et qui fut trouvée exquise, à en juger par un abaissement de son niveau surprenant et rapide.

La Messe sonna. Au retour, et après le *Veni Sancte*, eut lieu la lecture de deux grands rapports, sur une question de théologie morale, et d'histoire ecclésiastique : « Saint Augustin, ses erreurs, sa conversion, ses œuvres·».

Ce dernier travail réunit tous les suffrages.

Deux heures après, on se mit à table, par ordre d'ancienneté.

A peine assis, l'abbé Cour fit signe à Claudine, et lui glissa à l'oreille qu'il manquait un couteau et un verre. Il y a toujours des gens

qui ont l'œil à tout, et s'entendent aux remarques aimables.

— Dites donc, Claudine, fit un autre, le pain
sort du four ; or, mon pauvre estomac, ajouta-
t-il, en appuyant sa main droite sur sa poitrine
pour tout commentaire...

— Toujours votre estomac ? dit le Doyen,
paterne et un peu nerveux...

— La diète,... la diète, mon cher ami ; avec
votre maladie, je ne connais que ça, prononce
le curé de Landry.

— La diète,... c'est facile à dire ;... je voudrais bien vous y voir, vous,... quand on a une
face pareille...

— Bon !... si vous dites déjà des bêtises,...
que sera-ce à la fin du repas ?

Le Doyen, par manière de diversion : — Vous
savez la nouvelle ?

— Non, non, dites... dites...

— L'abbé Dury, curé de Cymard, vient d'être
nommé chanoine honoraire.

Exclamations générales,... rires,... boutades,
haussements d'épaules, réflexions, se croisent
d'un bout de la table à l'autre, crépitent comme
des balles de tirailleurs.

— Vraiment, Messieurs, je ne pensais pas
déchaîner cet orage... L'abbé Dury a tout de
même des états de service.

— C'est vrai, il a élevé des lapins...

— C'est pourquoi on lui donne l'hermine.

— Chut !... interrompt l'abbé Lucas, un
vieux, ces grosses plaisanteries ne veulent rien

dire... Les jeunes... toujours les jeunes... en quel temps vivons-nous ?...

Le Doyen continue : — Il a fondé un cercle d'ouvriers, une congrégation de jeunes filles...

— C'est beaucoup à la fois.

— Une bibliothèque paroissiale, une école de Sœurs...

— Des œuvres mort-nées.

— Elles vivent depuis douze ans déjà, et ne font que prospérer.

— Mais il a une paroisse exceptionnelle,... des ressources que tous n'ont pas.

— Je n'établis pas de comparaisons, Messieurs, et je conviens avec vous que ce prêtre travaille sur un terrain de choix, et qu'on lui prête des concours que nous n'avons pas, ni vous, ni moi. Pourtant, avant lui, ces œuvres n'existaient pas ; il a fallu les concevoir, puis les entreprendre, et, ce qui est plus difficile, les entretenir,... ce qu'il a fait...

— Un ambitieux !... un inconscient !... qui se jette à l'eau, sans même penser qu'il peut se noyer...

— Un ambitieux ?... je ne le crois pas ;... j'ai même des preuves du contraire. Tenez, il y a dix-huit mois, Monseigneur lui a offert un canton, qu'il a refusé ;... puis une aumônerie qu'il a refusée encore, et lorsque son deuxième Grand Vicaire est mort, il a pensé à lui pour ce poste important,... refusé !... Où est l'ambition ?...

— On a dit qu'il préférait à toutes ces offres la grasse et très lucrative paroisse de Mengy, le premier canton du diocèse ; seulement, comme ceux qui prennent trop d'élan, il a manqué son but, et est tombé par terre... Voilà tout.

— Mon cher Curé, pardon ! Vous faites erreur ; ici, je ne table pas sur des « on dit », je raisonne d'après des pièces authentiques. Après tout, l'abbé Dury n'est plus de mon doyenné. Je prends sa défense ici, comme je prendrais la vôtre, si vous étiez attaqués ou mal jugés. Au surplus, il est mon intime et j'ai sa confiance. Prêtez-moi quelques minutes d'attention. Voici une lettre que Monseigneur m'écrivait à moi-même à la suite des refus successifs auxquels je viens de faire allusion, et dans l'espoir que je pourrais vaincre les résistances de l'abbé Dury, dont j'étais alors le supérieur hiérarchique :

« MON CHER DOYEN,

« Vous n'ignorez sans doute pas que j'ai offert à l'abbé Dury, le canton de Prémay, l'aumônerie de Cyran, le Grand Vicariat. Il m'a supplié de le laisser où il est. J'ai insisté, au nom de l'obéissance ; or, tout en protestant de son respect de l'autorité, il s'est dérobé à l'aide d'arguments tels, que je ne pouvais insister. Aujourd'hui, ses vieux parents sont morts, et je compte absolument sur lui pour le poste de

Mengy. Voyez-le, pressentez-le, et décidez-le surtout : j'y tiens absolument. »

— Bravo ! M. le Doyen, s'exclamèrent plusieurs prêtres.

— Eh bien ! qu'en dites-vous, interrogea le curé de Pressoye, l'abbé Lucas, en s'adressant au dernier détracteur ? L'ambition, où est-elle ?... où la voyez-vous ?...

— Quant au Canonicat honoraire, reprit le doyen, voici le petit mot que je recevais ce matin :

. « Monseigneur vient de m'offrir la mosette ; c'est un simple habit à revêtir, sans qu'on soit obligé de se déplacer. D'autre part, sur quoi baser un refus ? C'est un honneur qu'on entend me faire, et qui n'entraîne aucune nouvelle charge : dans ces conditions, l'acceptation est de rigueur ; refuser, serait un manque de tact. Je regrette seulement qu'on ait pensé à moi : il y en a tant d'autres plus méritants. »

Voilà, Messieurs, tel qu'il est, et non tel qu'on le fait, l'abbé Dury.

Et, en guise de péroraison : « Claudine, les petits verres !... et qu'on trinque au nouveau Chanoine !... En êtes-vous, Messieurs ? »

— Vive le Doyen !... un ban !...

— Je rétracte, dit l'abbé T... tout ce que j'ai affirmé contre l'abbé Dury ; je ne l'ai jamais vu, je ne lui ai jamais parlé. Ce que je viens d'entendre, m'édifie et me confond. Je devrais laver ma faute dans le sang,... je préfère l'expier dans le champagne, que je paie.

ce qui nous permettra de lever nos verres au nouveau Chanoine aussi haut qu'il est dans notre estime.

— Mes chers Collègues, dit le doyen, nous pouvons nous tromper comme tout le monde ; seulement, chez nous, si le jugement s'égare, le cœur se retrouve toujours loyal et fraternel. »

Le dîner finit sur ce joli mot. De nouveau, ma chambre de vicaire fut envahie ; et, après une demi-heure, chaque curé reprit gaiement le chemin de son presbytère, non sans que les mains se fussent serrées, comme il arrive pour des frères d'armes réunis à la même table, avant de rejoindre leur corps, la veille de la bataille.

15 mai.

Tout, pour le Prêtre qui sait voir et réfléchir tant soit peu, est documentation. Dieu l'a placé très haut, au-dessus de la foule qui s'agite en bas, afin qu'il aperçoive de plus loin l'ennemi, et le signale. C'est une vigie sur les remparts.

A un autre point de vue, ses fonctions sont très suggestives. Alors qu'un ouvrier ordinaire remplit la même tâche, son travail, à lui, est tout en contrastes, et lui fait parcourir toutes les extrémités de la vie humaine. C'est un nouveau-né qu'il baptise, c'est un mort qu'il conduit au cimetière ; une âme idéale à qui il ouvre le cloître, un mariage qu'il bénit ; il est témoin des agonies et des joies bruyantes ; il constate des fidélités héroïques et des chutes lamentables. Les âmes lui sont transparentes, avec leurs beautés ou leurs laideurs ; il en voit qui se sauvent, d'autres qui se perdent. Il est en contact avec les vices et les vertus. A cet homme qui ne bouge pas de place, et semble tout ignorer de la vie, le confessionnal en apprend plus, en six mois, que les plus lancés n'en peuvent soupçonner dans de longues années.

Arracher des masques, révéler des tares, défaire ou refaire des réputations injustes, serait un jeu pour lui, s'il n'était Prêtre, et si toute sa science n'avait justement pour cause le secret inviolable auquel on le sait enchaîné. N'empêche qu'il sait beaucoup, tout en consentant à paraître ne rien savoir. Avec lui, les rôles sont renversés : c'est un professeur auquel ses élèves veulent donner des leçons, un médecin auquel les malades prescrivent des remèdes. Il ne s'en émeut pas autrement : il se contente d'un sourire, en se disant : « S'ils savaient comme ils se trompent !... et comme nous rions d'une naïveté qu'ils nous attribuent et qui leur appartient en propre. »

1er juin.

La baronne chez qui nous avons dîné cet hiver, et dont le mari est devenu fou, puis est mort, entre chez les Clarisses de Lyon.

On les appelle les pauvres Clarisses, et c'est vrai. — Or, cette veuve, jeune encore, est très riche, a été habituée au grand luxe : elle mangera des pommes de terre ou des lentilles, couchera sur la dure, obéira après avoir commandé, se lèvera à deux heures du matin, pour expier ses grasses matinées dans le duvet ; elle qui recevait tant, ne verra plus le monde qu'à travers ses souvenirs, derrière une grille et un rideau de deuil baissé comme une toile de théâtre après le drame. Ses deux filles vont chez une tante.

Miss Clowes, l'institutrice, a retraversé la Manche, sans rien dire de ses projets d'avenir. Cette race est discrète. Mais on la soupçonne de convoler bientôt en justes noces avec le vicomte de Claves, un habitué de la maison du baron.

13 juin.

Je me promenais dans le jardin sans penser à rien, le nez au vent, quand je vis arriver à moi un mendiant, jeune encore, souliers éculés, toute sa barbe, cheveux d'esthète, pantalon trop court, paletot graisseux et étriqué, col de chemise flasque, yeux égarés, parole saccadée.

« — M. l'Abbé, vous ne me reconnaissez pas ?...

— Du tout...

— Colin !... le vieux Colin... du petit Séminaire... renvoyé en seconde, pour avoir chiqué en étude, et lancé un dictionnaire à la tête de l'abbé Cor...

— J'y suis,... répondis-je embarrassé... et comment êtes-vous ici ?...

— Allons, bon !... il me dit « Vous »... est-ce parce que tu portes une soutane, et moi une jaquette ?...

— Comment es-tu ici ?

— A la bonne heure !... Voilà : je suis représentant en vins d'une des premières maisons du Roussillon,... et je viens te faire mes offres de service : 200 francs l'hecto, logé, en gare d'arrivée.

— 200 francs !... mais c'est une fortune pour moi.

— Ah ! bah !

— Et d'ailleurs, pour le moment, je n'ai que la cave et la table de mon Curé. Je suis en pension ici...

— Alors, présente-moi à ton Curé... »

Je jetai un coup d'œil désolé sur son costume ; comme représentant, il représentait surtout la misère. Je le fis monter dans ma chambre, et nous causâmes du temps passé ; il s'intéressait à tout, me posait des questions sur tels condisciples perdus de vue, et me renseignait sur d'autres avec lesquels il était resté en relation. Il repassait curieusement tous les tableaux de ma chambre. Un groupe surtout l'intéressa : c'était la photographie de la classe de seconde ; il chercha la sienne, et se revoyant à 18 ans, il resta quelques instants rêveur, et

ajouta : « Vraiment, c'était le bon temps !...
Depuis !... que d'événements !... Ta vie, à toi,
a été paisible, tout unie comme un lac de montagne, tandis que la mienne !... Tiens, écoute-
moi ça, je n'indiquerai que les chapitres : Lieu-
tenant aux chasseurs d'Afrique, puis cassé !...
En prison pour bataille nocturne et coups de
poings à un gendarme. — Coiffeur pour dames. — Chirurgien. — Dentiste. — Emballeur.
— Suisse à Saint-Augustin. — Colleur de bandes, à 0 fr. 50 le mille, ce n'était vraiment pas
assez, et impossible d'obtenir de l'augmenta-
tion. J'allais alors manger au restaurant du
« coup de fourchette » ; tu ne connais pas
ça ?... En deux mots, voici : un grand baquet
où nagent toutes sortes de choses... on pique sa
fourchette, et on amène un navet ou une tête
de veau... J'ai tiré deux fois une tête de
veau !... Tu sais que j'ai toujours eu bon
cœur ; j'invitais les amis qui fournissaient le
vin ;... c'était le bon temps !... Enfin, me voilà
tiré d'affaire, avec une représentation en vins.

« Combien gagnes-tu ici ? me demanda-t-il
brusquement.

— 450 francs.

— C'est à peu près la somme que je réalisais
en collant des bandes, » ajouta-t-il sérieuse-
ment, tandis que je riais de sa réflexion, un
peu vexé.

Puis, prétextant des affaires, il prit congé,
m'exprimant toute sa joie de m'avoir revu, et

me demandant, comme une faveur, la permission de m'écrire quelquefois.

Trois jours s'étaient écoulés depuis cette visite, quand je reçus une lettre à cinq cachets rouges, surmontés de cette mention : Valeur déclarée, 550 francs. J'en croyais à peine mes yeux ; à tout hasard, je rompis l'enveloppe. La somme y était avec ces quelques mots :

« Mon vieux Copain,

» Enchanté de ton bon accueil !... L'habit ne fait pas le moine !... Ma jaquette rapée ne t'a pas trop démonté, et ton amitié a su passer par-dessus... Que veux-tu ? Je suis ainsi fait... Je me sers de mon costume, comme les bijoutiers de leur pierre de touche ; c'est ma manière, à moi, de contrôler l'authenticité des affections... La tienne m'a paru bon teint. Et je t'envoie 550 francs, sans prétendre la payer, tant c'est chose rare et sans prix. L'autre jour, je voyais Bédame, notre tête de Turc du petit Séminaire ; ne s'imagina-t-il pas que c'était arrivé ? Il me reçut comme un évêque ne reçoit pas son cocher, sur le seuil de la porte, me tendit deux doigts à regret, et prétexta une visite, qui valait sans doute mieux que la mienne.

» C'est honteux ce que le gouvernement vous donne... J'ai eu à cœur de te faire un billet de mille, tous les ans... Je ne te demande qu'une chose : ton adresse en cas de changement. Sois sans inquiétude ; je me fais 25.000 francs par an ; je suis marié, sans enfants ; ma femme m'a apporté 300.000 francs ; et quand je lui ai parlé de toi et de tes 450 francs, elle a jeté les yeux au ciel, — car elle est très pieuse, — et a voulu que j'ajoute, pour tes messes, un hecto de Lunel ; tu le recevras dans la quinzaine.

» Ah ! une simple jaquette, mon cher, au point de vue expérimental, cela vaut mieux qu'un demi-siècle d'études psychologiques.

» A toi. »

12 juin.

Je dînais hier chez le juge de paix du canton, excellent septuagénaire, d'un dogmatisme effrité au cours des ans, et très endetté.

On était au dessert, et déjà les bouteilles de la Veuve Cliquot se dressaient en faux-cols d'or sur la blancheur des nappes. Les coupes, du plus pur baccarat, ciselées et chiffrées, attendaient le champagne et les toasts à la gloire du maître ; moi-même, j'étais devenu rêveur, en mal de discours, arrêtant net le travail de la digestion ; c'était la fête de notre amphitryon, et, bon gré, mal gré, je devais prendre la parole ; cette perspective me congestionnait.

Tout à coup et sans dire mot, le maître quitta la table. Chacun se regarda, sans réflexions : nous étions bien élevés ; c'était un vieillard, et

nous venions d'achever la crême au chocolat...
La conversation avait repris, quand la sonnette de la salle à manger retentit d'un coup
sec. Les domestiques regardèrent l'enregis-
treur, puis ne firent qu'un bond dans la chambre à coucher de Monsieur.

— Montez vite, nous cria-t-on de l'escalier,
une minute après...

Le malheureux s'était suicidé... Il était à
demi affaissé dans un angle de la cheminée, le
bras droit passé dans une large embrasse de
sonnette correspondant à la salle à manger, le
canon du fusil encore sous le menton. Tout le
côté gauche de la figure était emporté, l'œil
sorti de l'orbite, la joue pendante, le maxil-
laire brisé. Il vivait encore, et essayait de parler, avec sa moitié de figure : spectacle horrible. Un médecin, appelé en hâte, déclara, après
l'avoir examiné, que le coup n'était pas mortel.

Au moment où je relate cet événement, trois
semaines se sont écoulées ; le malade a repris
ses sens ; il ne comprend rien à son acte ; je
vais le voir presque chaque jour. Il est question de lui fabriquer un œil, une oreille, une
moitié de joue et de mâchoire, avec une aile du
nez.

— Ah ! l'art ! l'art !... Monsieur l'Abbé, me
dit-il en riant... Ces gens-là sont capables de
me rajeunir... et de me faire plus beau garçon
qu'avant...

— Fort bien !... mais vous l'avez échappé
belle, et si vous étiez mort sur le coup...

— J'étais en règle.

— Comment en règle ?

— Hé oui ! je m'étais confessé la veille..., j'avais communié le matin, entendu la Messe,... et j'allais retrouver mon saint Patron au ciel, le jour de sa fête et de la mienne... Je voulais seulement ne pas souffrir trop longtemps. Voilà pourquoi j'avais passé le bras droit dans la boucle de la sonnette, afin qu'au moment même où partirait la gâchette, la sonnette retentît, et l'on vînt à mon secours...

— Mais le suicide, lui dis-je, est un péché mortel, d'autant plus grave que la mort le suit et qu'on ne peut en obtenir le pardon.

— Ah ! fit-il tout étonné... En ce cas, on n'est pas près de m'y reprendre !...

Devais-je rire ou pleurer de tant d'ignorance unie à autant de bonne foi ?

3 juillet.

Très drôle... J'ai redîné chez le juge de paix, complètement remis. Seulement, il est tout couturé et reprisé comme un vieux bas. Quand il rit, — car il rit encore, — on ne lui voit les dents que d'un côté de la bouche ; l'autre restant rigide et clos ; il ne prise plus que d'un côté, son œil de verre reste toujours fixe ; quand il est de bonne humeur, il nous la fait « au tragique ». Ainsi, il se déboîte l'oreille, nous présente son œil sur un plat, casse des noix sur la table avec sa joue gauche...

— Ah ! la vieille horreur !... laissa échapper, l'autre soir, Mme T..., une nerveuse... Il y eut un « froid » ; le juge de paix ramassa ses « pièces », très digne, et, prenant la chose du bon côté, ajouta : « Faites-en donc autant, ma petite dame !... »

Serait-ce la semaine macabre ? Au sortir de cette soirée, je fus terrifié... Il était onze heures ; nuit d'encre ; pas une étoile au ciel. Pour arriver plus vite à la cure, je laissai le mail à droite, montai rapidement les escaliers qui longent le cimetière et aboutissent à l'esplanade de l'église. Je n'avais plus que quelques mètres à descendre pour être chez moi et gagner mon lit, dont j'avais grand besoin. Je vis, avec surprise, que la grande porte était entre-bâillée. Le sacristain, pensai-je, aura oublié de fermer ; et je me disposais à réparer cet oubli grave, quand la corde des cloches, balancée par le vent, vint me taper au visage, en me laissant l'impression d'un frôlement de joues humaines sur les miennes.

Je l'ai dit, la nuit était d'encre ; je ne distinguais rien ; pourtant ce bas de corde m'avait semblé d'une grosseur démesurée. La peur, une peur irraisonnée me prit, et je courus comme un fou au presbytère, en enjambées fantastiques. Tu l'as échappé belle, pensai-je !... les voleurs... L'Église doit être cambriolée... et, — comble de cynisme, — ils se balancent sous le porche... Les misérables !...

Mon Curé veillait encore, mettant sa correspondance à jour.

— Mon cher Abbé, vous m'effrayez !... Les yeux désorbités... exsangue !... vous tremblez... Voyons ; vous sortez pourtant de chez un « juge de paix ».

Je lui dis, hoquetant, ce que j'avais cru voir... ou deviné...

Très calme : « Alors, il nous faudrait aviser,... mais ces gens-là sont armés,... il nous faut les gendarmes. »

Ces messieurs résidaient à deux pas de la cure. Tandis que je m'y rendais, je rencontrai la femme du sacristain, Elise Dubois, jeune encore, mère de cinq enfants.

— Dubois n'est pas encore rentré, me dit-elle,... je suis très inquiète,... j'allais chez vous aux renseignements.

D'une voix étranglée, je lui dis de se rendre au presbytère, et qu'on verrait. Je n'y comprenais plus rien.

Un quart d'heure après, trois gendarmes, M. le Curé, la femme Dubois et moi, montions à l'église.

— C'est donc cela, fit le Curé... Je me souviens bien avoir entendu deux ou trois tintements dans la nuit... mais j'étais très absorbé à écrire ;... j'en ai accusé mes oreilles...

La lune se montrait maintenant, jouant à cache-cache derrière les nuages. L'église était toujours entr'ouverte, sans un bruit, noyée d'ombres fouillées par l'œil dilaté de la petite veilleuse.

Alors nous aperçûmes, en effet, un corps qui

se balançait dans le vide, les pieds presque au
ras du sol, les bras retombés, les yeux mi-
voilés sous les paupières, la langue sortie, encore élastique et chaude...

— Un pendu !... fit le brigadier, froide-
ment... Il a dû faire le coup entre dix et
onze,... ce n'est pas le premier que je vois,...
allez !...

Tandis qu'il achevait ces mots, un cri aigu,...
lamentable... se fit entendre à mes côtés...
C'était la femme Dubois ; avant nous,... avant
tous,... elle avait reconnu son mari...

Pauvre sacristain, jeune encore, père d'une
charmante petite famille... comment expliquer
cette mort tragique ?... idée fixe ?... obsession ?... folie ?... Toute la nuit se passa en hypothèses entre M. le Curé et moi. Accident
peut-être... la corde enlevée, cravatant subitement le cou, et suspendant le corps stran-
gulé ?... Dieu seul connaît au juste le mystère
qui plane sur cette tombe... Mais qu'elle fut
mouillée de larmes !... Et quel spectacle que
celui de cette veuve, entourée de ses cinq enfants, et revenant du cimetière après la dernière pelletée du fossoyeur! ...

17 août.

Drôle de coïncidence !...

Oncques n'avais repensé à la lettre de la cousine brouillée avec son *monstre* de mari, et à
la tentative faite par moi d'un raccommode-
ment, quand, ce matin, ce petit drame conju-

gal m'est revenu à l'esprit ; pas pressée pour répondre, la cousine, elle boude sans doute ; il y a trois mois de cela ; le 2 mai, et nous voilà au 17 août... après tout, c'est son affaire, je m'en moque !...

Or, voici le « journal » que je reçois à l'instant ; pas ennuyeux du tout, mais trop court.

« MON BIEN CHER COUSIN,

» Qu'avez-vous pensé de mon long silence ?... Je voulais écrire tout de suite, après lecture ; mais alors ma plume eût été une griffe, mon encrier un vase de fiel. J'ai eu la bonne inspiration d'attendre. Puis, une maladie de nerfs est survenue, puis je me suis dit : il est trop tard ; et, pour réparer ma faute, j'ai encore attendu... singulière logique, n'est-ce pas ? Ah ! les têtes de femmes !... En ont-elles seulement ! J'arrive au fait ; vos instants sont comptés, je le sais.

» Voici : En vous lisant, je vous traitais de tous les noms. Que de fois, j'ai plié votre lettre en huit pour en jeter les morceaux au vent ! J'allai même jusqu'à tourner votre photographie contre le mur, tant votre injustice à mon égard me faisait horreur. Et de pleurer, et de m'arracher les cheveux !...

» Pendant huit jours, je ne décolérai pas. Mon pauvre mari en souffrait, perdait l'appétit, me regardait drôlement et avait consulté le médecin qui parlait déjà de m'enfermer.

» Par une sorte d'exaspération, de mépris pour des conseils qui me semblaient des insultes à ma misère, je faisais tout le contraire de vos désirs, exprès ; j'aurais voulu vous *empicasser*. Ainsi, je pianotais des heures entières, je sabrais la soupe et le reste, à l'heure des repas, je fuyais. Rentrée, je passais mon temps à ma toilette, ou à lire des romans, ou à regarder dans le vide...

» Louis desséchait et j'en étais heureuse. Pas un mot de reproche et j'en étais exaspérée, car il m'enlevait l'occasion de le gifler.

» Je ne dormais plus, je ne mangeais plus. Je brisai deux glaces de poche parce que je leur reprochais de ne me renvoyer qu'une image amaigrie, affreusement pâle et laide.

» Je rêvais de séparation éclatante, scandaleuse ; et, pensant à vous, à vos avis, je riais comme une folle que j'étais alors et criais tout haut dans ma chambre : « Attrape, l'abbé ! Tu » croyais sans doute avoir affaire à une petite » fille ; tu sauras comment je m'appelle ! »

» Ces extravagances durèrent bien un mois. J'en étais là, quand Marguerite B... vint me voir... un peu philosophe et si gentille !

» Elle essaya aussi quelques conseils.

» — Tu n'es pas mariée, lui répondis-je ; tu ne peux rien entendre à mon martyre... Plus tard, nous en reparlerons,... quand tu auras fait la bêtise.

» Ah ! les conseilleurs pullulent, mais les vrais maris, dignes d'une femme comme moi,

sont rares... et c'est ce qu'on ne veut pas entendre.

» Tiens, lis-moi cela... c'est une lettre du Vicaire de L..., mon cher cousin... Lui aussi a la
manie de sermonner, il croit que c'est arrivé...
il me parle de retaper des bas, de faire de bonnes soupes, de renoncer à mon piano, de m'attacher à ma maison et à mon mari... et patati
et patata... Je voudrais bien l'y voir ! Il se moque, visiblement. Si c'eût été l'hiver, je jetais
sa lettre au feu, après quoi, je lui écrivais de
se mêler de ses affaires et de garder sa prose
pour ses petites filles du catéchisme... des din-
des qui gloussent.

» Pendant cette belle sortie, Marguerite B...,
qui lisait toujours, riait de bon cœur, en haussant les épaules.

» — Eh bien ! ma chère, me dit-elle, c'est tout
bonnement exquis. Voyons l'as-tu lue ? Relis-la
encore, attends, si tu veux, d'être dans une disposition d'esprit plus équitable. Et la voilà qui,
doucement, très calme, souligne certains passages, attire mon attention sur la sagesse du
fond, la délicatesse de la forme, le vécu des
observations, conséquence chez le prêtre, si
jeune soit-il, de son contact avec les âmes et de
l'expérience acquise dans des aveux qu'on ne
fait qu'à lui... Il est très fort, ton cousin, tu
sais !

» Puis, m'embrassant affectueusement : Essaie toujours, dût-il t'en coûter quelques efforts... Tu verras et après seulement, tu seras

autorisée à juger... Tu es intelligente, bon sang !

» Et j'ai fait ainsi : j'ai relu, médité, compris. Le résultat a dépassé mes espérances. Louis ne me reconnaît plus, et moi, je le reconnais enfin !

» J'ai acheté le « Maître cuisinier » quinzième édition, un livre que je n'aurais pas touché du bout du doigt, il y a un mois, et qui, maintenant, fait mes délices et ceux de mon cher mari, car il me donne le secret de petits plats que j'ai hâte de vous faire goûter aux vacances.

» Je mets tous les jours la nappe avec un bouquet, encore ! J'ai aussi retourné votre photographie à l'endroit — je vous avais mis en pénitence — afin que vous nous regardiez manger et rire.

» Je fais des économies pour sa fête, le 25. Ce sera joli : d'abord un repas où j'inviterai Marguerite et sa famille — elle m'a promis de faire partir des fusées sur la fenêtre — un Voltaire, une carpette pour la chambre et un pardessus pour revenir l'hiver de l'atelier. Etes-vous content ?

» Nous ne nous quittons plus. Sa maison, sa femme, Louis ne connaît plus que ça au monde. Et moi de même. Et puis, d'un mot, d'un sourire, je l'emmène à la messe le dimanche. Ce qu'il entend là, ce qu'il voit, les connaissances qu'il a faites ont achevé le travail de transformation commencé au foyer par plus de douceur et de prévenances de ma part. Etais-je assez sotte ! L'ai-je assez fait souffrir ! Je m'en veux de tant de bonheur perdu par ma faute, des larmes que je lui ai fait verser en répondant à ses avances par des bouderies d'enfant gâtée.

» Voilà votre œuvre, cher Cousin ; quel banal remerciement vaudrait cette relation fidèle de mon nouveau foyer : hier encore un petit enfer, aujourd'hui, grâce à vous, un petit paradis ?

» J'ai voulu attendre, avant de vous écrire, la confirmation du temps ; voilà déjà deux mois que ça dure, et c'est vraiment trop beau pour y rien changer.

» Vous me direz si vous êtes aussi heureux d'apprendre cette nouvelle que je suis heureuse de vous l'écrire. »

*
* *

Ma réponse ne s'est pas fait attendre : il est vrai que je l'ai faite très courte, avec une petite méchanceté au début.

« Donc, chère enfant, vous voilà convertie grâce à Marguerite B... ; le cher Cousin tout seul, à ce que j'ai lu, obtenait un succès... plutôt négatif, pas vrai ?

» Qu'en pensez-vous ? Voilà ! Ce n'était pas trop de deux combattants pour triompher d'un ennemi tel que vous. J'ai fourni les balles et votre amie a armé, visé et fait « mouche » ; toutes choses que je ne pouvais opérer à distance. Tout cela pour vous taquiner.

» Un « très bien » comme épouse, un « très bien » comme cuisinière et femme de ménage, un « assez bien » seulement comme cousine, pour avoir attendu un mois avant de vous ranger à mes avis et avoir tourné ma photographie contre le mur ; il n'y a pas deux cousines en France, qui eussent trouvé cela.

» J'ajoute bien vite que je n'en connais qu'une également qui ait votre franchise, votre loyauté et droiture de cœur, qu'il s'agisse de réparer vos torts ou d'oublier ceux d'autrui ; car je vous le dis, maintenant tous les torts n'étaient pas de votre côté.

» Donc, merci, et longs jours dans une paix croissante si bien gagnée.

» Vous m'invitez aimablement à aller goûter de votre cuisine ; je m'inscris pour le jour du baptême. »

28 décembre.

Après un long silence de quatre mois, je me remets volontiers à causer... sur mon cahier.

Mais par où commencer ? Tant de choses, depuis huit jours passent et repassent dans ma pauvre tête ! J'en suis accablé.

N'ai-je pas reçu une lettre de Monseigneur ! Cachet rouge, à ses armes... plus moyen de douter... avec l'en-tête de l'Evêché.

Que me veut-il ? Qu'ai-je fait ? Et, avant de rompre l'enveloppe, en un instant, j'ai fait le tour de ma vie. Jamais examen particulier plus complet et plus rapide !

Voilà... je suis nommé curé à S... événement toujours redouté des jeunes vicaires ; les relations qu'on quitte... la peur de la campagne... la solitude... la peur de soi, des responsabilités... que sais-je ?

Je me pris à trembler comme une feuille morte, avant de se détacher de l'arbre.

J'entendis frapper doucement à ma porte, c'était mon curé qu'on avait prévenu en même temps que moi.

Me voyant triste, visiblement ennuyé lui-même il essaya de me consoler par des réflexions sur les avantages de mon nouveau poste : « Belle paroisse ! 1.200 c'est beaucoup pour un début ; et puis vous vous rapprochez de votre pays... Ces changements me tuent aussi, moi ! »

Par la porte restée entre-baîllée, le beau caniche flairant son maître, était entré et posait ses pattes sur mes genoux, frétillant, la tête tendue vers mes lèvres : je le caressai.

Il y a un an, pensais-je, c'était le chaud accueil de la jolie bête : aujourd'hui, ce sont les adieux.

D'ailleurs, même fenêtre givrée, même cheminée flambante.

Il ne manquait que Claudine, qui s'amena pour prévenir son maître qu'on le demandait.

et qui, apprenant mon départ, s'exclama :
« C'est t'y Dieu possible !... Déjà un an !...
Pourvu qu'on n'envoie pas un auvergnat à
votre place ! »

Le déjeuner fut plutôt muet.

Claudine n'ayant pu tenir sa langue, la nouvelle passa bientôt du boulanger à l'épicier, au
boucher, aux Frères et aux Sœurs, ce qui me
valut, en quelques jours, plus de visites que je
n'en avais reçues en un an.

Est-ce parce qu'on n'a plus le temps d'en
contrôler la sincérité ou parce qu'elles peuvent
se traduire plus librement? les sympathies se
découvrent surtout aux départs.

Elles ne m'ont pas manqué et ma vanité en a
été flattée : qui aurait pu penser qu'un pauvre
petit vicaire tenait tant de place !

Toc, toc. Entrez ! Et c'est mon enfant de
chœur qui se jette dans mes bras, avec, dans
ses yeux tout bleus, des larmes qui roulent
longtemps et finissent par déborder. J'ai beaucoup de peine à le calmer en lui offrant un
petit livre, tout bourré d'images, où j'écris mon
nom à côté du sien, avec des dates.

Plusieurs de ses camarades l'imitent. La
chère Mère, les mains dans ses larges manches
et les yeux baissés, m'assure que toutes les
Sœurs prieront pour que mes nouveaux paroissiens sachent apprécier le curé que la Providence leur envoie... Je souris de confiance !

Le Frère Directeur, Sacristain par-dessus le
marché, me serre la main « d'amitié » et me

fait remarquer que trois actes de mariage sont
à compléter sur les registres, l'animal !

De toutes ces visites nombreuses et proto-
colaires pour la plupart — je ne m'y trompe
pas — une entre autres m'a touché jusqu'au
fond de l'âme, celle du *cascadier*.

— C'est donc vrai que vous me quittez, me
dit-il simplement... si tôt. Ah ! que vous me
manquerez !... Il me semble que vous emportez
avec vous le meilleur de ma vie... Mes souvenirs sont si tristes, tous ! Je datais mon existence de notre rencontre, et nous ne nous reverrons plus !... Et il pleura.

Il me donna sa photographie, celles de sa
mère, de son presbytère, de son église, du calvaire, des cascades...

— C'est, ajouta-t-il, un livre en images qui
vous racontera mes tristesses et mes joies et
vous demandera de beaucoup prier pour moi.

Je suis dans ma chambre, je n'ai certes pas
besoin d'être assombri, et voilà que la neige
tombe, sous un ciel presque noir, que le vent
pleure à ma porte et aux fissures des fenêtres,
un luxe de tristesse, quoi ! l'écho au dehors des
gémissements intérieurs.

J'ai huit jours pour faire ma malle ; c'est
beaucoup pour le peu que j'ai à y mettre.

Que de fois déjà je l'ai faite et défaite, bou-
clée et débouclée, cette valise, pendant huit
ans de petit Séminaire, cinq ans de grand !

Que de souvenirs confus s'exhalent des pores

de ce cuir usé, comme les parfums du vase qui les renferme, quand on le débouche.

Les lieux ne peuvent se déplacer comme les hommes; c'est donc à moi de leur faire visite avant le départ, car je les aime, ces muets qui parlent, plus, peut-être, que les êtres vivants.

Je choisis pour mes adieux à l'église, une matinée transparente ; le gel de la nuit l'a parsemée un peu partout et comme enveloppée d'une robe de perles que le soleil fait étinceler, car cette chère église de L... reçoit les premiers baisers de l'aurore.

Il y a un an, je ne la connaissais pas encore, mes regards étaient ceux d'un étranger et les siens d'une indifférente qui sent qu'on l'admire sans l'avouer. Mais aujourd'hui, pour elle et pour moi, quel changement ! Echange de souvenirs et de larmes ; elle me parle et je lui réponds ; nous dialoguons avec l'abondance et la fièvre que donnent les dernières heures à deux amis qui se quittent, pour qui le temps presse et qui ont mille choses à se redire pourtant.

Les saints descendent de leurs socles et prennent part à la conversation ; chapelles, verrières, chœur, stalle rigide et rêveuse. chaire crucifiante à certaines heures, cloches harmonieuses, relent d'encens dans les coins mystérieux et les niches sombres, autel sacré : tous ces chers objets me causent ensemble ou séparément ; c'est un bourdonnement de souvenirs, un afflux d'émotions poignantes et très douces

Je n'y tiens plus, je veux me soustraire à ce martyre, fermer l'oreille et le cœur à ces voix qui me crient : Ne t'en va pas !

Croyant en finir, je pousse la porte de l'église sur ce passé, mais il en franchira le seuil, me poursuivra longtemps encore, car je l'ai dans le cœur plus que dans les yeux.

Le cimetière était en face, j'y entrai ; n'était-ce pas mon « lieu », mort que j'étais, moi aussi, à tant de choses ?

Je calculai que, en un an, pas moins de cinquante fosses avaient été bénites par moi ; et, en parcourant les allées, en lisant les noms et les dates, je revoyais les disparus, nettement, dans toutes les circonstances qui avaient entouré leur agonie, à eux, ou celle de leurs proches en les voyant partir. Pour tous, victimes ou témoins de la mort, des liens se rompaient, des cœurs se brisaient, des changements profonds s'opéraient dans des situations jusque-là enviées, et maintenant dignes de pitié.

Je savais bien qu'en pénétrant dans le cimetière chaque tombe serait un livre pour moi, qu'il en sortirait une leçon austère ; toutefois je ne l'aurais pas crue si opportune, si appropriée à mes besoins d'âme.

De quoi souffrais-je, en vérité ? Quelle était donc, vue à cette clarté, ma si grande épreuve ?...

Enfant que j'étais! Le seul départ, la déchirure des fibres les plus délicates, ils étaient là écrits en formules saisissantes, criant les deuils vrais, les éternelles séparations, sans plus d'espoir qu'au ciel.

O morts, comme vous parlez bien ! Je vous quitte plus résigné, plus sage, voyant mieux toutes choses dans cette lumière divine qui vous a touchés et dont le reflet éclaire vos tombes éloquentes.

C'en est fait, je pars demain à une heure, par la même patache qui m'amenait, il y a un an ; je vais voir mes chers parents, cette perspective me console. Ma chambre est une boutique de bric-à-brac.

Tout a été déplacé, empaqueté. Quand je dis *tout*, c'est *rien* que je veux dire ; un vicaire emporte surtout des *souvenirs ;* le reste ne compte pas. Quelques livres, un peu de linge, des passe-partout, des figurines, un fauteuil, cadeau de première communion, d'autres menus bibelots donnés au jour de sa fête — s'il est sympathique — et voilà !

Ma chambre a des regards et des larmes que, sans doute, je lui prête. Je soupçonne le « sunt lacrymæ rerum » de Virgile d'être une grosse illusion du cœur comme une projection de notre être moral sur des êtres parfaitement insensibles. Qu'est-ce que cela peut bien faire à ma chambre d'être habitée, par moi ou par un autre ?

Eh bien ! en dépit de ce beau raisonnement réflexe, les pleurs m'aveuglent; tout me parle, ici : la fenêtre où, pris de migraine et de nostalgie, je rêvais dans le vide, les jours de pluie.

La cheminée me rappelle une méditation, un bout de sermon, une lecture faite en tisonnant, les pieds chauds, l'âme abstraite, le regard vague.

Que de lignes écrites sur cette table, mobilier de la maison ! Que de regards fixés sur les ramages de son tapis, comme pour y chercher l'idée qui ne venait pas !

Et cet encrier, vidé, rempli de nouveau, d'où ma plume fiévreuse pensait tirer des choses sublimes, et restait longtemps en suspens, indigente et chercheuse !

J'aperçois une vieille commode inexplorée, et j'y cours. J'allais oublier un vieux chapeau de feutre, des rabats, un collet usé jusqu'à la corde, des lettres, plusieurs boîtes de dragées.

C'est en la regardant qu'elle m'a fait signe de l'ouvrir.

Puis, je pénètre dans le cabinet noir, éclairé d'un vasistas, où se trouve une table de toilette ; et tout en empaquetant les quelques rares objets qui la garnissent, mes yeux plongent par la petite fenêtre, et ce regard me fait revivre très nettement toutes les émotions, toutes les mêmes circonstances du lendemain de mon arrivée. Décidément, quels curieux êtres nous sommes, ou plutôt quel curieux être je suis ! car, enfin, qui me dit que je ne fais pas exception ?

J'ai fait transporter le fauteuil — un souvenir — à la voiture.

Idem, malle et valise ; et dans ma chambre vide, animée seulement par la flamme du foyer, je songe beaucoup et je prie plus encore.

On m'a bien proposé de venir passer cette soirée avec moi, j'ai remercié, prétextant de la correspondance ; je préférais de beaucoup être **seul**.

CHAPITRE V

LE PASTORAT

23 avril.

Curé depuis près de quatre mois déjà ! N'est-ce pas d'hier seulement ?

Je n'ai guère eu conscience du temps ; il me semble que j'emmenage toujours, que je débute perpétuellement dans quelque chose : promenades, visites, découverte de quelque coin ignoré et charmant de la paroisse, que sais-je ?

Je plante des clous ; je déplace des meubles ; je peins ; je pose des carreaux ; je rabiaude une cabane à lapins ; d'une caisse suspendue, je fais un pigeonnier.

Quelle drôle de vie ! Et j'avais peur de m'ennuyer !...

L'enchantement, c'est que je suis avec tous mes chers parents : père, mère, sœur. L'un fait le jardin, l'autre — ma chère maman — la cuisine ; sa fille tient la lingerie, coud, repasse, lave, frotte, et, de ses mains de fée, multiplie dans ma chambre des surprises de coquetterie et de bon goût, avec des riens.

Le matin, je vais faire un tour dans mon « pré », car j'ai un pré, avec une source dedans ; on en'a fait un lavoir abrité de saules, où, dans le premier soleil, chantent les bouvreuils, tandis que mon âne, « Pistole », braie comme un nigaud en m'apercevant, et vient, au trot, recevoir sa « miche » et une caresse dont il me remercie de ses grands yeux dorés et doux.

— Je t'aime, mon vieux Pistole ; oui, reste là dans mes bras qui te servent de licol !

Ici, dans ce mois, les soirées sont de rêve ; on se croirait sous d'autres cieux.

Une terrasse minuscule fait suite à la salle à manger et surplombe de quelques mètres une vieille vigne à remplacer, un potager trop grand, coûteux à entretenir, et un verger qu'un de mes prédécesseurs, homme pratique, planta et enrichit de toutes les espèces de prunes.

Comme je l'ai fait déjà, je méditerai souvent sur cette terrasse, regardant le ciel, humant la brise, prêtant l'oreille au cricritement des cigales dans les figuiers, jetant, sans fatigue, les linéaments d'un sermon.

Nous y étions tous hier. Le père Rosier, sabotier du bourg et sonneur, déjà apprivoisé avec nous, vint causer un brin.

— Beau jardin, Monsieur, commença-t-il ! Pas deux cures comme ça dans le diocèse ! Un arpent. Et quel terrain ! Et des fruits !... de toutes les saisons.

Dans la vigne, j'ai vu faire, les bonnes années, dix pièces de vin. Tenez, ce figuier qui rampe au pied de la terrasse, des figues grosses comme ça ! — il montrait le poing — on mord là-dedans en fermant les yeux, tel que je vous le dis !

Avec les pruniers en bordure de la haie, pas moins de trente boisseaux de pruneaux, gros comme des œufs...

L'abbé Chevalier, dont j'allais vendre les produits au marché, ne se faisait pas moins de quatre ou cinq cents francs... Beau supplément!

Si Monsieur le Curé veut, je me mets à sa disposition.

J'ai aussi toujours fait le jardin de la cure. Maintenant c'est le père de Monsieur le Curé...

— Père Rosier, je vous prendrai toujours pour les gros ouvrages, il y en a bien pour deux, dans ce jardin, pas vrai ?

Là-dessus se présenta la mère Rosier, blanchisseuse et repasseuse du linge d'église depuis sa première communion.

Va pour le repassage et le reste.

Rosier fils, dix-huit ans, beau gars, élancé et disert, cumulait les fonctions de sacristain et de chantre. Pour de la centralisation, c'en était !... Mais comment recruter des employés dans ce bourg qui comptait, en tout, quatre feux ?

Tous les Rosier nous quittèrent pour aller sonner l'*Angelus*.

Je donnai une bonne poignée de main à cette famille patriarcale qui savait si bien allier les intérêts de l'église aux siens, pour le bonheur de tous.

Je n'ai pas encore parlé du presbytère. C'est un **rez-de-chaussée** très bas ; on touche les plafonds de la main. Un corridor d'un mètre de large ouvre sur la chambre du curé, la cuisine et la salle à manger.

Il y a deux autres petites pièces où tient un lit, une chaise et une table. De la fenêtre de la chambre du côté ouest, on aperçoit un puits banal, une croix de mission en fer, quatre noyers ombrageant une petite place, l'échoppe du sabotier, l'auberge « Simonet » et les sapins verts du cimetière que le vent fait chanter sur les tombes.

En face, de l'autre côté de la place, une remise où j'ai empilé les caisses, l'écurie de Pistolé et un poulailler.

Le grenier rappelle une coque de navire renversée et hors d'usage ; la tempête y fait rage, la nuit, au-dessus de nos têtes ; on se croirait sur l'eau, dans ce vieux presbytère qui tangue effroyablement.

Mon pauvre vieux père est venu ici déjà malade à la suite de congestions cérébrales ; sûrement, les émotions vont l'achever avant peu.

Il couche dans un ancien four à cuire le pain ; c'est tout ce que j'ai trouvé de mieux. Or, une nuit, il se réveilla tout en peur, et nous dit, tout en tremblant, et en montrant la gueule du four : « Là !... Là !... »

— Eh bien ! quoi ?

— Des serpents..., des serpents dans ce trou !...

Nous eûmes fort à faire pour le rassurer et lui prouver que ces sifflements venaient du vent qui chantait dans la cheminée, au-dessus, comme dans un tuyau d'orgue.

Et lui qui me disait : « Mon cher garçon, quand tu seras curé, j'irai avec toi, hein ? Ce sera la retraite, le paradis du vieux forgeron ! » Et il riait de toutes ses dents, qu'il possède encore.

Ironie du sort... et des municipalités, cette élite d'idiots et de cancres, qui laissent tout tomber !

Et ma cave ! Avez-vous vu ma cave ? — Non. — Eh bien ! la voici :

Très fraîche, en toute saison. Soixante marches bien comptées, y aboutissent ; un vrai souterrain. Nul bruit ne vous y importune, vous êtes retranché du nombre des vivants.

Très commode pour la méditation des fins dernières ; lieu propice pour se dérober aux visites importunes ; comment voulez-vous qu'on soupçonne cette retraite ? J'y descends seulement pour tirer mon vin, et encore, à la condition qu'il fasse sec.

En temps de pluie, c'est une mare où mon unique hecto flotte à l'aise, me présentant toujours le côté opposé à la cannelle, et m'obligeant à le poursuivre longtemps en costume de bain.

Il m'est arrivé de trouver dans cette cave, à marée basse, des têtards, des borgnes, des couleuvres inoffensives, dont la tête carrée saillait, en émeraude, des pierres disjointes ; des crapauds de velours tachetés, ces monstres « aux yeux doux », comme dit Hugo, à la condition de les voir de loin.

J'ai fait venir le maire, un avocat, petit, mais très droit, pompeux en parlant — habitude du barreau, — chrétien pratiquant, teinté de libéralisme, et déjà mon ami de cœur.

Il m'avoua en riant, n'avoir jamais vu cela, et me promit d'aviser sur l'heure.

J'attends en effet les ouvriers ; ils ont reçu l'ordre de tout visiter et de faire les réparations nécessaires.

Cette bonne aubaine, c'est à toi que je la dois, cave incomparable ; voilà pourquoi, transformée, modernisée, rajeunie, tu resteras toujours pour moi la voûte évocatrice, hospitalière aux reptiles, que j'ai connue dès la première heure.

Le chœur de l'église n'est pas mal ; il est spacieux ; quatre grandes fenêtres ogivales du xiiie siècle lui versent de la lumière et du soleil. Au-dessus de l'autel de pierre, un retable en bois sculpté et affreusement peint, avec, dans des niches, de petits bonshommes de toutes couleurs ; le tout mangé des mites, vermoulu, branlant : on abattrait cela d'un coup de poing !

A droite, un banc scellé au mur et devant lequel se dresse, sur un poteau, un aigle aux ailes éployées : c'est le lutrin. Les plus vieux de la paroisse l'ont toujours vu là, dans cette forme.

Mais les chantres ! ! !...

Le fils Rosier a une assez bonne voix ; malheureusement il est aidé du père Buziot, chantre de bonne volonté — 72 ans — au lutrin depuis quarante ans au moins. Impayé par la fabrique, il s'en venge sur les oreilles des assistants. Sa gorge infatigable est le chemin battu où, depuis près d'un demi-siècle, tous les canards ont passé, sans s'en douter d'ailleurs. De plain-chant, il ne saurait en être question en dépit d'un si long exercice, le *Missel* et l'*Antiphonaire* ont gardé, pour le père Buziot, tous leurs secrets.

Rosier, lui, se pique de savoir « la note » et s'y tient ferme.

Buziot monte ou descend au gré des escaliers de la portée et juge que c'est suffisant ; même il pousse l'effort jusqu'à vouloir toujours dominer son rival en eurythmie d'un demi-ton ou d'un ton, cela dépend de l'état de ses cordes vocales.

Bref, c'est à qui tiendra le record de la sonorité.

Alors, on assiste à une bataille de voix, de coups de gorge où le thorax est de la partie, où les yeux roulent dans les têtes congestionnées, où, enfin Rosier, qui a de l'oreille, est forcé de céder les armes à Buziot, qui s'éponge en regardant les fidèles, noblement, en vainqueur désintéressé et sans fiel.

C'est dans de telles conditions, au milieu de cette débauche gutturale qu'il m'a fallu célébrer ma première grand'messe à S... Qu'ils étaient loin, les séraphins aux harpes d'or, ou, sans monter si haut, nos vocalises du grand Séminaire !...

Face au fameux lutrin, une petite porte basse, à gauche du chœur ; c'est la sacristie. Mesure-t-elle trois mètres carrés ?

Le seuil franchi, on se trouve devant une grande armoire décorée du titre de meuble, à rayons fixes, où l'on prend et où l'on reglisse, comme on peut, les ornements en loques.

Dans un coin, la robe du bedeau achève de verdir à une patère ; quatre ou cinq soutanes de clercs, passées, trop courtes, sans boutons, étoilées de reprises, pendent lamentablement avec les rochets flasques, safranés, à une moitié de porte-manteau arraché du mur.

La pluie a moisi les coins et détaché les plâtres.

Les rats circulent librement dans la vieille armoire où ils sont nés, grignotant les bouts de cierges accumulés depuis des années, mordillent les linges à tous les étages ; ils doivent être dodus à pareille fête.

Je sors de là navré, sans jambes, comme si

j'avais tué mon père, et je tombe sur le...
confessionnal, côté droit de la chapelle de la
Sainte Vierge.

Le lutrin n'est rien, la sacristie est coquette,
en comparaison de ce monument. Un confessionnal de famille, vous dis-je !

En guise de côtés, deux portes cochères.

Le compartiment du prêtre, une chambre, il
y pourrait mettre un lit.

J'ai dû avoir pour prédécesseur un pauvre
paralytique qu'on apportait là-dedans, avec sa
civière, pour entendre les confessions.

Maintenant l'antique menuisier qui a taillé
ce chef-d'œuvre en plein chêne, a évidemment
voulu « faire grand » et a pleinement réussi.
Sans doute possible, cette « pièce » remonte à
la construction de l'église, et la première impression est qu'on a devant soi une roulotte
de romanichels restée en panne dans ce coin,
on ne sait comment.

J'aurai, en le débitant, de quoi me chauffer
plusieurs hivers et la somme que je dépenserais m'en paiera un neuf.

Puis je pensais : Il y a des châteaux ici, de
belles fortunes, des gens à meutes, à écuries
de marbre pour leurs chevaux...

Et on laisse la maison de Dieu, depuis des
années, dans un tel état ! Où donc est la foi
de ces soi-disant chrétiens ?

Je lis leurs noms sur ces bancs sculptés, armoriés, tapissés de velours rouge, où donc est
seulement leur dignité, leur pudeur, leur jus-

tice ? Le rouge me montait pour eux au front ; l'indignation m'étranglait.

Je jugeai que c'était assez de tristesse pour un jour.

Le lendemain, ma messe dite, je complétai l'inventaire.

La nef est une salle de vingt mètres de long sur dix de large.

De chaque côté, deux grandes fenêtres carrées, en grisailles, dont les plombs ne tiennent plus, l'inondent de soleil, de pluie et de vent, selon le temps. Sur les appuis droits, logent, — depuis combien de temps ? — de vieux saints biscornus, mal faits, épileptiques, enlevés de leurs niches, qui leur faisaient trop d'honneur, par ordre épiscopal — c'est consigné sur les registres — je l'ai lu.

Adossés à la muraille nue, un saint Joseph hydropique, rossignol de magasin, que j'estime bien une dizaine de francs, socle compris, et une Vierge de Lourdes polychrome, tête rigide sur un cou de nourrice, pieds plats sur une ronce d'hiver qu'on devine être un églantier, avec une poitrine rentrée, des mains jointes de laveuse de lessive. C'est tout, en fait de statues, et c'est trop !

J'ai appris depuis que ces dons princiers étaient dus à la générosité et au bon goût de Mme Veuve Rotour.

Son château bâti d'hier, s'élève à deux kilomètres du clocher ; coût : 300.000 francs. Des squares à plantes exotiques dégringolent jusqu'à la ligne du chemin de fer. Mosaïques partout, le mobilier à lui seul, est estimé 200.000. Douze chevaux mangent dans les auges de marbre, piaffent et hennissent sous des arcatures claustrales ; sellerie et carrosserie sont deux merveilles. Dix domestiques des deux sexes pour deux personnes : le fils et la mère.

A ma première visite, on m'a promené partout : on jouissait de mon éblouissement, en regardant, du coin de l'œil, mon chapeau lustré et ma soutane verte.

Je n'avais encore jeté dans ma pauvre église qu'un regard d'ensemble. Aujourd'hui, le souvenir de ce luxe, contrastant si insolemment avec la misère que j'ai sous les yeux, m'étreint comme un remords.

Si tu gardes plus longtemps le silence, me dis-je, tu es le dernier des lâches, digne de tous les mépris, celui de Dieu, d'abord et celui de ces gens-là.

Après tout, continuai-je mentalement, ce ne sont pas des Juifs !

La mère est à la tête des œuvres de la ville, le fils communie tous les huit jours ; ce n'est pas un rêve ?...

Comment peuvent-ils concilier ceci et cela ?

Oubli... Inconscience, silence ou crainte coupables de tes prédécesseurs ?

J'irai, arrêtai-je, et je parlerai franchement. sans détours, tout en y mettant des formes... ces riches sont si chatouilleux.

*
* *

Le lendemain, j'étais à Rovray (c'est le nom du château) vers deux heures.

M. Rotour m'aperçut au milieu de l'allée et vint à moi les deux mains tendues.

C'est un beau jeune homme de 26 ans, élève de la Rue des Postes, licencié en droit, exquis de formes. Né à Paris, il aime son nid et y retourne volontiers, avec sa mère, six mois de l'année. On le dit homme d'œuvres. De mariage, il n'en est pas question pour le moment ; on ajoute même que Mme Rotour, qui adore son fils, met tout en œuvre pour ajourner cette échéance.

— Trop rares, vos visites, Monsieur le Curé, fait-il aimablement. Deux en quatre mois, c'est bien peu !

— Le reproche est plutôt flatteur. Ah ! ces installations, on n'en finit jamais.

— Vous ne vous ennuyez pas chez nous, au moins ?

— Du tout. D'ailleurs l'ennui, on le chasse ; les soucis, les préoccupations, c'est plus difficile.

— Les soucis ? Déjà !

— Hé oui ! mon église... si misérable !

— Pourtant le chœur est remarquable... pur XIIIᵉ siècle... de l'espace... de la lumière... Quant à la nef, je n'en dis rien...

— Une grange, Monsieur, dont le plafond s'effondrera un jour sur nos têtes ! Les murs s'écartent ; plus de carreaux aux fenêtres ; les bancs tombent de vétusté, avez-vous remarqué les fonts, à l'entrée, à gauche ? Un puits auquel il ne manque que la margelle !

Après un silence :

— Il faut avouer, dit le jeune homme, qu'il y a des églises d'une pauvreté !... Connaissez-vous l'église de Mauves ? J'y ai des propriétés ; eh bien ! Monsieur le Curé, la vôtre est un bijou en comparaison, mais là, tel que je vous le dis, l'étable de Bethléem, quoi !

— C'est navrant ! fis-je avec un soupir.

— Vous avez vu, dans la nef, le saint Joseph et la Notre-Dame de Lourdes ? Ça fait bien ! c'était vraiment trop nu. Ma mère, ah ! ça n'a pas été tout seul, a fini par les obtenir d'une œuvre dont elle est la Présidente. Nous avons aussi donné le tapis de l'autel il y a longtemps, la petite suspension de la chapelle de la Sainte Vierge.

Quelque temps avant votre arrivée, j'ai fait faire notre banc de famille — face à celui des Fabriciens — 250 francs. On verra plus tard... on ne fait pas tout à la fois, que diable !

Savez-vous, Monsieur le Curé, ce que je paie d'impôts, ici et à Mauve ? 25.000 francs... C'est dégoûtant, hein !

— Navrant ! soulignai-je en pensant toujours à mon église et à l'impuissance de ma requête.

Bien des réponses m'arrivaient, qui s'étouffaient aussitôt dans ma gorge, celle-ci entre autres. Monsieur, avec l'argent de la Vénus sortant du bain, une petite saleté artistique qui déshonore votre salon, et le prix d'un de vos chevaux, j'aurais de quoi meubler et orner mon église !

Mais à quoi bon ? Il eût fallu être décidé à rompre brutalement. La prudence, l'espoir de dons à venir me conseillaient de me morfondre en silence... et puis, à vrai dire, l'inconscience et la candeur avec lesquelles ce Monsieur débitait ses énormités me désarmaient ; entre nos manières de concevoir les choses il y avait une telle différence qu'il ne fallait pas songer, pour le moment, à une entente sur le terrain de la discussion.

Plus tard... avec le temps... la réflexion... des rapports courtois... les choses finiraient par s'arranger.

Je lui tirai donc ma révérence en lui disant : « Pensez à nous, je vous en prie. »

Il m'accompagna jusqu'à la grille du château, s'inclina profondément, en ajoutant avec beaucoup de courtoisie : « Ne vous faites pas trop attendre, et surtout venez déjeuner avec nous, sans façon ; inutile même de prévenir ; je n'ai qu'un pas à faire pour abattre un lapin ; ils pullulent ici, pillent la propriété, sapent les arbres, et je ne demande que l'occasion de les détruire. »

Une fois sur la route, au lieu de regagner la cure, j'eus l'idée de profiter des quelques heures qui me restaient avant la nuit pour rendre visite à un vénérable confrère de 72 ans, un type dont j'avais déjà beaucoup entendu parler, le curé de Druyard.

Il était là, à la même place, depuis une trentaine d'années, remplissant, auprès de ses paroissiens qui l'adoraient, les fonctions d'herboriste, d'instituteur, d'avocat, de vétérinaire, par-dessus le marché.

Je le trouvai assis sous la tonnelle du jardin, fumant sa pipe ; un chien couché à ses pieds avait déjà fondu sur moi en grognant.

— Ici, Rustaud ! tu ne vois donc pas que c'est une soutane ?

Je vous attends depuis longtemps, me dit-il en me regardant des pieds à la tête. Ah ! les vieux... sont les vieux, quoi ! Pas vrai ?

Et il se mit à rire de mon air tragique en face de cette réception sans solennité.

— Quel âge avez-vous ? me demanda-t-il, en m'emmenant dans sa chambre.

— Trente ans.

— Vous n'êtes encore qu'un enfant... Trente ans, prêtre ; ces deux termes s'excluent.

Enfin, l'enthousiasme, l'idéal, les illlusions, l'avenir, apanage de la jeunesse, sont pourtant de belles choses, des mirages dont Dieu se sert pour attirer le prêtre à Lui et les fidèles au prêtre.

Nous nous étions assis. Sur un signe, sa domestique, apprêtait déjà la table pour le souper du soir ; il était quatre heures.

Je protestai qu'il m'était impossible de rien

prendre, que je ne dînais qu'à sept heures et que j'étais attendu à la maison.

— Mais qui vous dit de dîner, cher enfant ; vous ai-je invité ? Tous les jours je mange à cette heure-là, moi, depuis bien des années et je vous demande la permission de ne rien changer à mon régime. Ni je ne me couche, ni je ne me lève, ni je ne mange, ni je n'agis comme tout le monde.

Voulez-vous mon programme ? Coucher à 8 heures ; lever à 4, en toutes saisons ; déjeuner à 10 heures ; dîner à 4, au déclanchement de l'horloge ; deux heures de travail manuel chaque jour, autant de lecture ou de composition ; et la promenade : c'est la distribution automatique de l'huile dans les rouages, autrement ils se rouillent. Voyez le confrère de Grav, un pylône, une tour carrée, dans l'impossibilité de se déplacer ; il a débuté dans le ministère par une voiture, et il en meurt. Vous êtes jeune, croyez-moi, ayez horreur de la voiture et marchez.

Puis il fit le procès du vin, ce fourbe, et traita l'alcool d'assassin patenté.

Comme la domestique lui servait un copieux plat de légumes : « Défiez-vous aussi de la viande. Pour ma part, je n'en ai pas touché depuis trente ans et il ajouta, par manière de conclusion : Peu de sommeil, de l'eau, du vrai pain, des pommes de terre, beaucoup d'exercice et de grand air : avec cela on vit plus longtemps, on a l'humeur plus gaie et la vertu plus facile.

Voilà, mon cher abbé, les conseils d'un vieux. Ce qui ne m'empêche pas de vous offrir, par exception, à la règle, un petit verre de cette liqueur, un élixir de ma fabrication.

Comment trouvez-vous cela ?

— Absolument exquis, Monsieur le Curé.

— J'en étais sûr. Il a quinze ans ; vous voyez que je n'en abuse pas. »

J'appris alors que ce vieux prêtre avait débuté par la médecine, avait été marié à une femme charmante, morte à 28 ans. Un enfant, né de ce mariage, et sur lequel le père fondait les plus belles espérances, était mort du croup, pris à la gorge par une main de fer ; trois carabins, mandés par lui, avaient pratiqué la trachéotomie, jugulé l'enfant dont les mains crispées de désespoir cherchaient à écarter la trousse des bourreaux, tandis que ses yeux révulsés, tournés vers le père, avaient l'air de lui crier : Au secours !

Rien n'y fit ; il mourut. A peine avait-il poussé un bêlement d'agneau sous le couteau du boucher.

Des larmes roulaient dans les yeux du prêtre.

— Il y a 35 ans de cela, et pour moi, c'est d'hier.

C'en était trop ! Je n'avais plus de présent ; l'avenir, dans cette solitude que faisaient autour de moi ces deux tombes, m'effrayait, et, si je remontais le passé, il me semblait que ce double deuil était mon châtiment.

J'avais, en effet, manqué ma vocation. Sur le point d'entrer au Grand Séminaire, le monde m'avait ressaisi, pour me rejeter comme une épave après la tempête.

Alors j'entrai à la Grande Chartreuse où je devins prêtre. J'aurais voulu finir ma vie dans ce désert sous le regard de Dieu seul, dans le travail, la méditation, l'expiation. Le ciel en a disposé autrement. Une maladie de nerfs obligea mes supérieurs à me relever de mes vœux. Et voilà comment je suis curé de Druyard.

Voulez-vous me suivre, ajouta-t-il brusquement, après ce récit?

Je descendis avec lui quelques marches. Nous nous trouvâmes dans un petit atelier tout plein de copeaux ; un tour en l'air surmontait un établi où s'étalaient divers objets en bois, d'un usage courant : coquetiers, bougeoirs, consoles, voire des toupies pour les enfants.

— Vous n'êtes jamais allé à la Grande Chartreuse? me demanda-t-il?

— Jamais.

— Le Chartreux a un atelier comme celui-ci, et, à côté, un petit jardin qu'il cultive.

Ce disant, il poussa une porte et me montra un jardinet de trois ou quatre mètres carrés, fort bien entretenu.

— Ce n'est pas tout, le Religieux a sa cellule au-dessus de l'atelier et du jardin. Montez avec moi... Voici la couchette, la table, le prie-Dieu, le tour par où l'on passe la nourriture, et qui n'est ici que pour compléter l'illusion, la chaise unique, la bibliothèque ; la disposition est la même, ainsi que la longueur et la largeur du logis.

J'ai un petit salon et une salle à manger, pour recevoir ; mais c'est ici le lieu de mon repos, le lieu chéri du presbytère ; j'y revis un passé qui m'est cher ; les souvenirs y sont enfermés, comme les oiseaux dans une volière gazouillante et ailée, pour le seul plaisir du maître.

Le mamelon que vous apercevez d'ici c'est ma chapelle de saint Bruno, j'y ai placé une vierge dans le creux d'un vieux chêne ; ces grands bois, qui commencent à reverdir et où je vais souvent, me rappellent nos promenades silencieuses dans les forêts de là-bas.

Le soleil commençait à obliquer, teintant de rouge la petite fenêtre par où nous apercevions, se mariant à l'émeraude naissante des forêts, des lueurs de feux de bengale.

Je me disposais à prendre congé.

— A propos, je parierais que vous n'avez pas vu mon église ?

En effet, elle avait passé pour moi inaperçue, car elle était en contre-bas et sans clocher.

Nous y entrâmes. Elle n'avait aucun caractère, aucune architecture. L'autel était remarquable, la chaire aussi et une stalle qui rappelait de loin le siège abbatial, dans les chapelles des grands ordres.

J'appris que ces trois meubles, dont la richesse et l'art juraient avec le reste du mobilier de l'église, avaient été sculptés par le curé, avec des cœurs de chênes fournis par M. Rotour.

— Alors, ce Monsieur s'occupe des églises d'à-côté, ne puis-je m'empêcher d'ajouter.

— Que voulez-vous dire ?

Je racontai alors ma visite, son but, la pauvreté de mon église, les réponses du châtelain qui m'avaient écœuré, la peine que j'avais eue à me contenir pour ne pas rompre définitivement avec ce personnage plutôt grotesque et dont je n'attendais rien ; un coureur qui, sous le couvert d'une piété frelatée, ne rêvait que chevaux, réceptions, voyages au long cours, et ornait ses écuries et ses jardins, tout en refusant un sou pour l'entretien de l'église.

— Vous m'intéressez, me dit-il, en riant, continuez !

— Un foutriquet, un méchant licencié en droit, incapable de plaider une cause de mur mitoyen ! Pourvu qu'il se dresse dans une jaquette bien prise, avec des anneaux aux doigts, une badine, un londrès aux lèvres, un chien de chasse à ses côtés et un chien de domestique qui dise toujours « oui » à ses pires extravagances, et siffle un air de vaudeville, il se croit un grand homme.

— Allez, allez, vous êtes délicieux et pittoresque, affirmait le curé.

— Vraiment, s'il n'y avait que ces gens-là,

pour sauver la France... elle est bien malade, mais ils lui donneraient le coup de grâce !

Ils ne savent rien faire de bon... pas même se marier. La chasse, le théâtre, les bons dîners au champagne, les sauteries, la lecture des romans de toute couleur : voilâ le rôle social de ces Messieurs. Avec cela, une morgue en raison directe de leur nullité envers les petits, en général, et leur curé, en particulier. Seulement, voilà : ils savent très bien opposer leurs sous à notre misère qu'ils regardent en riant à travers leurs écus et leur blason ; et ces mêmes personnages qui se ruinent pour des folies, donneront un sou à une quête pour les séminaires.

En parlant ainsi, j'étais convaincu, fiévreux, superbe.

Le curé éclata de rire, et, me frappant sur l'épaule :

— Vous avez fini ?

— Oui.

— Eh bien ! vous êtes un enfant.

— Comment cela ?

— Arrivé d'hier dans votre paroisse, vous voulez déjà la transformer à l'aide d'une première visite, d'une simple demande ; ce serait en vérité trop commode et Dieu lui-même ne le permet pas.

Et puis, avec vos préjugés contre les riches. êtes-vous sûr d'être resté dans l'attitude et le ton d'un quêteur ?

— Ne suis-je pas curé, le maître, le père, si vous voulez, de tous mes paroissiens ?

— En droit, c'est possible ; en réalité, et quand vous les quêtez, c'est autre chose. Voulez-vous une comparaison ?

Un pauvre se présente à votre porte et vous tend la main comme un huissier tend une traite... vous n'avez qu'un geste : vous lui **montrez** la rue en lui tournant le dos.

— Il y a pourtant une différence entre un mendiant et un curé !

— Oui, assurément, en ce sens que le mendiant a plus de droit à demander et à obtenir la chemise ou le morceau de pain qu'il sollicite, que vous des subsides pour votre église. Vous avez cependant raison de l'éconduire pour vice de forme ; tout est donc dans la manière de procéder ici et là.

Attendez, cher enfant, patientez, rentrez des saillies peut-être très éloquentes, mais sûrement intempestives et dangereuses.

— Vous pouvez croire qu'avec M. Rotour, ma correction a été parfaite.

— Je n'en doute pas, mais gardez-vous bien de communiquer vos rancœurs à qui que ce soit dans la paroisse ; il le saurait immédiatement, et tout serait fini.

Connaissez-vous le curé de Bellard ? Non ? Pas encore ? Vous le verrez, et il vous dira tout ce qu'il a souffert pendant 25 ans, de l'incurie gouailleuse de ses châtelains : ils avaient moins d'égards pour lui que pour les fils de leurs basse-couriers : quant à son église elle s'effritait sur leur tête, sans qu'ils voulussent s'en apercevoir.

Un de ses riches paroissiens lui dit, un jour, qu'un demi-mètre cube de plâtras, tombant de la voûte, avait failli le tuer : « Monsieur le Curé, si vous ouvriez une souscription, pour réparer l'église ?

— Il y a longtemps que j'y pense, mais une réparation, y pensez-vous, à votre tour ? Du drap neuf sur cette vieille étoffe finirait d'emporter le morceau ; c'est une reconstruction qu'il nous faut.

— Diable ! comme vous y allez pour un début ! Au fait, vous avez peut-être raison... »

Aujourd'hui, sur l'emplacement de la vieille église complètement rasée, s'en élève une autre, un bijou d'architecture, et ornée... vous verrez cela.

Ce confrère n'avait rien perdu pour attendre.

J'en ai connu d'autres, d'un tempérament tout spécial, qui, sans consultation préalable, allaient de l'avant, dépensaient sans compter, et trouvaient l'argent après, — la carte forcée. Ces psychologues de la bourse avaient deviné l'horreur de certains riches pour toute initiative et leur libéralité pour soutenir des œuvres déjà créées et prospères et dont une grosse souscription leur valait le titre de fondateur.

La conclusion, demandez-vous ?

C'est que, pour dériver le Pactole, il faut étudier le terrain, les déclivités, le système de canalisation ; savoir attendre ; accepter l'humiliation des refus ; même se réjouir si, au début on trouve Jésus dans une crèche, en attendant de l'entendre au milieu des Docteurs, dans le temple de marbre aux coupoles lamées d'or. Mais, en tout cas, se garder de l'illusion de croire qu'étant curé d'hier, il suffit qu'on remue le petit doigt pour faire venir l'argent ; ce qui vous l'entendez bien, ne veut pas dire qu'on doive rester indifférent.

Après cela, que les riches fassent leur devoir, tout leur devoir ? Oh ! non. J'en aurais long à dire sur ce thème ; ce sera peut-être pour plus tard... Dieu les jugera.

Notre rôle à nous, est de leur faciliter, par de bons procédés et une patience que rien ne lasse, l'exercice de la charité, vertu aussi rigoureuse pour ceux qui possèdent que la chasteté pour le prêtre.

*
* *

Le Sacristain sonnait l'*Angelus ;* le soleil coupé en deux par l'horizon, jetait un dernier regard à la nature, tout enveloppée d'un flamboiement d'incendie.

Je pris congé, songeur :

Bientôt, dans le ciel d'un bleu profond, les étoiles, une à une, brillèrent, diamants sur le velours d'un écrin entr'ouvert sur ma tête. La brise, souffle à peine perceptible, charriait les premières senteurs d'avril, prises aux bourgeons naissants, aux clochettes des muguets, aux paquerettes des prés ; du bois, bordant la

route, sortait un vague murmure, tremble-
ment des feuilles toutes neuves, à peine nées ;
des rossignols chantaient à pleine gorge ; sous
la mousse des talus couraient de minuscules
cascatelles.

La lune, globe énorme à cette heure, montait, inondant tout d'une splendeur de reflet,
non aveuglante comme celle de midi, mais
reposante et pleine de fraîcheur : dans laquelle,
ond'ilations, pointe des clochers, cimes des arbres, s'enlevaient en relief, avec, pour toile de
fond de l'immense théâtre, l'horizon bleu et
vague.

Je cheminais, sans pensées, m'abandonnant
au ravissant spectacle, comme enveloppé de silence, de lumière et de rêves ; j'étais seul, sur
la hauteur, je dominais tout, j'avais tout à
mes pieds, j'étais roi, et mon âme devait éprou-
ver quelque chose du frémissement de l'oiseau
qui plane, très haut.

Je m'arrêtai, un temps assez long ; j'aurais
voulu absorber, d'un regard, tout le charme de
la merveilleuse nuit, et le faire passer, de mes
yeux, dans mon cœur.

En contre-bas, très loin encore, je distinguai
une façade grande comme la main, au-dessus
de laquelle paraissaient s'élever, de quelques
centimètres, deux pignons en poivrières : je
reconnus le château de Rotour et ses tourelles.
— De près, c'est quelque chose, pensai-je, mais
de loin... Laissons aux riches leur apparence
de grandeur. La grandeur vraie habite d'autres

palais. — Elle est dans l'âme ailée, immortelle, que rien ne limite — que ne retiennent à ces rivages aucunes chaînes d'or — qui, maîtresse de tout, sans rien posséder, s'élève au-dessus de la terre, dédaigneuse et sereine, jusqu'à Dieu.

Elle est dans l'âme du Prêtre, trop riche pour rien envier ; et le curé que je venais de quitter, dans sa petite Chartreuse, avec sa vie si disciplinée, dans le contraste violent de sa vieille philosophie et de mon inexpérience, surgit à ma pensée, plus haut que nature, nimbé qu'il était de cheveux blancs et de sainteté.

— Ah ! la belle carrière m'écriai-je ! — Pourquoi ne serait-elle pas mienne ? — Si je veux, fortement.

Je me repris à marcher : après la silhouette du château, celle de l'Eglise.

De nouveau, j'eus froid au cœur, en pensant au délabrement où on la laissait — injustice — incurie coupable — terrible responsabilité des riches — toutes ces objections me revenaient, obsédantes — victorieuses.

« Bah ! — pensai-je ! — Dieu attend bien — suis-je plus pressé que lui ? — J'ai fait mon devoir — ils feront le leur. — Ne faut-il pas savoir souffrir, pour être couronné ? »

Comme je contournais la route, pour gagner mon presbytère, je vis, sur le revers du talus, un mendiant ; il était accoudé sur sa musette, couché sur le dos, le visage aux étoiles, baigné de lumière ; — il dormait profondément.

Encore une leçon — me dis-je — et, après l'avoir contemplé un instant :

— Hé ! — l'homme à la musette ? — On dort à la belle étoile. — Il s'éveilla, un peu surpris.

Il y a un lit à la Cure, pour les gens comme vous.

— Grand merci, Monsieur le Curé. On me l'a offert — avec la soupe. J'ai pris la soupe et refusé le lit. En cette saison, et par cette nuit, je n'en connais pas de meilleur, que la mousse — je m'y endors tout de suite, en priant et en pensant à mes morts.

Ah ! ne me plaignez pas — je suis plus heureux que tous vos châtelains — allez...

Ah ! l'hiver, c'est autre chose — mais alors, il y a des braves gens comme vous qui nous offrent un abri : une écurie suffit, avec une botte de paille.

C'était un vieillard de 80 ans, seul au monde, rongé de douleurs, traînant sur son dos un sac chargé. — Sa figure douce et éclairée, respirait la paix — et pas une plainte ne sortait de ses lèvres toujours souriantes.

« Décidément, concluai-je en le quittant, le bonheur est en nous — nous en sommes les artisans, ou les démolisseurs. »

*
* *

Les jours se suivent, mais diffèrent, invraisemblablement quelquefois.

Le lendemain de la nuit merveilleuse, je passai une journée abominable.

Au matin, je fus réveillé en peur, par ma sœur qui me dit que mon père venait d'avoir une attaque de paralysie, la deuxième. — Tout le côté droit était pris.

Pour me remettre de cette émotion, je trouvai, dans mon courrier, une « lettre anonyme » et, comme cadre à cet état d'âme, un ciel démonté, tonitruant, où, pluie diluvienne, éclairs, grêle, faisaient rage.

Voici la lettre anonyme ; elle vaut la peine d'être gardée ; elle était écrite, visiblement, de la main gauche, avec une encre jaune, en caractères démarqués, sans orthographe, à dessein, et dans un style de gardeuse d'oies.

Mosieu le Curé,

Je vou avertiret qon a l'euil su vous, é le bon : toute voz allais e veinu son épiai : l'aute jou, vou avé causer une demi heur, su la route à c'té cataud que bouge pas des Eglise, bin connu ici, qon voudrai pas y touché avec des pincètes ; mêmement qon vous a entendus rir, que les boi en sonnin — méfié vous ; cé une bonne parsone de la Parois, qu'e vous avarti, que veu l'bien des Mosieus Prête.

Hier encor, on vou a vus, vou ête rentrez à 10 heur du soir, et vous avé causer à une gourgândine que barre les ch'mins ; c'é ça qu'e nou vau les mauvaize récolte.

On dit qu'vou prenai tro chaire de cazuel.
— Pourquoi que vou avé changé de place les
vieu ban — fot pas ête si farot dans vout Eglise.
— J'avins un vieu avant vou, qu'j'aimins bin :
à pansai pa, soi, à démoli note confaissionale,
comme on di qu'vou v'lez fé, qu'sa fra qu'al-
tiré la malediquetion — et pi, vous marché trop
vite, et pi, fot pas vous frisé comme ça, qu'cé
un scandal pou les jeunesse, qui vou r'gardon
trop.

Cé pou vote bien que j'vous écri. —

— Louise. —

La lettre anonyme — oh ! parlons-en —
c'était la première que je recevais — et elle
m'affola. — Il n'y avait pourtant pas de quoi.

Dès la lecture des premières lignes, le destinataire d'une pareille pièce devrait se reporter à la signature, et, celle-ci manquant, avoir
le courage de déchirer le « factum » sans aller
plus loin.

Mais, c'est une fascination, celle du serpent
sur l'oiseau ; et on expie sa curiosité par la
perte de sa paix.

Les lâches masqués, qui vous tirent ainsi
dans le dos, le savent bien.

Haine, jalousie, luxure, tous les vices capi-
taux, manient cette arme sans risques.

Elle va troubler les foyers, casse des ma-
riages projetés, ruine le crédit du commer-

çant, défait les réputations, paralyse le zèle
et gâche l'existence.

Le moindre de ses crimes est de remplacer
la confiance par le doute, chez le destinataire,
et d'égarer les soupçons, en ce qui concerne
la personne de l'expéditeur.

Je sentis vivement ce dernier inconvénient, — je ne pouvais me défendre d'accusations successives, que l'invraisemblance démo-
lissait, en me laissant dans une incertitude
énervante.

Dix, vingt accusés surgirent à ma pensée, qui
me contraignirent de conclure : — non ! —
ce ne sont pas eux ; — ce n'est pas possible !
— mais la lettre était toujours là, obsédante,
à l'état de hantise, avec son tragique point d'in-
terrogation — et mon pauvre cerveau, limier
inlassable, rebattait la campagne, à la poursuite du coupable, sans jamais découvrir que
des hypothèses.

Cela dura tout le jour ; je me couchai, la
tête en feu ; le sommeil seul put me déprendre
de l'idée fixe. — Je me fus évité cette perte
de temps, cette souffrance, sans compter les
jugements faux et les sourdes colères, si,
comme je le dis plus haut, j'avais tout simplement déchiré cette lettre anonyme. — Je
crois la recette excellente, et, le cas échéant,
j'en userai.

J'y revenais malgré moi de temps en temps :
« Est-ce un homme ou une femme : un illettré,
ou un simulateur? — A-t-on voulu rire, ou se

moquer, ou m'inviter, sous cette forme, en toute loyauté, à plus de réserve ? »

Et je m'examinais sévèrement ; — en vérité je ne trouvai rien. — Avais-je eu affaire à un ennemi, à un calomniateur ? — Cette supposition ne tenait pas debout, car il eût **trouvé d'autres** griefs, au lieu d'accusations pas méchantes du tout, plutôt risibles.

Je relus la lettre, très attentivement ; et, devant son insanité, je m'en voulus des émotions ridicules par lesquelles elle m'avait fait passer ; et, pour me venger, je la mis en pièces : c'est par là que j'aurais dû commencer.

Quelques jours après, j'appris, par un confrère, que la personne qui se livrait à ce jeu, n'était autre qu'une vieille folle de la Paroisse, **dont le mari,** jadis sacristain, avait été remercié pour malversations.

— C'est dommage que vous n'ayez plus la lettre. — Vous la lui auriez retournée, avec ces simples mots : « Passe pour une fois, mais ne recommencez pas. » C'est ainsi que je m'en suis débarrassé, moi-même : car, elle a la manie d'écrire aux Prêtres des environs.

Je le remerciai de son conseil, me promettant de l'exécuter à la première occasion.

Mai.

Six personnes à l'église, au mois de Marie, y compris « la mienne », ma mère, ma sœur et le sacristain ; on a sonné, allumé des bougies, et fleuri l'autel de la Sainte Vierge. Je m'y adosse, navré, essayant, en clignant les yeux, de voir double et triple ; et je lis d'une **voix sonore, dans le temple vide, le plus beau** livre que j'aie pu trouver.

Juin.

Une belle statue du Sacré-Cœur, don d'une amie de ma mère, orne une chapelle jusque-là déserte, et domine un autel fourni par la paroisse. A la cérémonie d'inauguration, un dimanche, église comble. Je commente de mon mieux les Promesses faites à la Bienheureuse. Une liste de tous les paroissiens, avec une formule de Consécration est glissée entre la statue et son piédestal.

O Cœur sacré !... attirez tous les cœurs... dirigez, gouvernez, commandez... soyez le Curé, et daignez m'accepter pour votre humble vicaire !

Juillet.

Grande liesse ! — Les plus vieux n'ont jamais vu l'Evêque donner la Confirmation dans leur église. — Les registres reportent l'événement à plus de 60 ans...

« Or, Monseigneur vient cette année, chez nous, sans que nous ayons à nous déranger, ni nous, ni nos petits, obligés d'arpenter plusieurs kilomètres. — C'est bien le moins que nous fassions gentiment les honneurs de la maison. »

Ceci, c'est la harangue du Maire à ses administrés ; c'est aussi, depuis trois grands mois, le rappel du Curé, chaque dimanche, au prône.

A mesure que le jour approche, les confirmands, pour la centième fois, demandent : « C'est bien pour le 20, Monsieur le Curé ?...

— Pour le 20, à huit heures.

Il n'y a encore que 15 couronnes de faites, il en faut 30, à placer sur les murs : c'est l'affaire des filles.

— Vous, les garçons, n'oubliez pas vos 60 mètres de guirlandes de feuilles, enfilées dans une corde, pour les suspendre dans la nef, et dans le chœur.

Que dans chaque village, après l'école, à la veillée, tout le monde travaille : il y a assez de mousse au bois, de fleurs aux champs, et de feuilles aux arbres, pour rajeunir l'église et cacher ses rides.

Est-ce entendu ?

— Oui, M'sieu !

— Dans le bourg, nous nous chargeons des inscriptions : « Béni soit celui qui vient au nom du Seigneur ! », etc...

Il est question d'un arc de triomphe, à l'entrée, mais ce n'est pas plus sûr que ça.

Ah !... avance ici, Léonie, voyons si tu as repassé ton compliment ! Hier, tu as choppé sur la plus belle phrase : « Ange de l'église de N..., vous avez déployé vos ailes, et pris l'essor, pour voler jusqu'à nous... »

Voilà qui est beau, à la condition que ce soit bien dit.

Tiens-toi droite — ne rougis pas, — ne tremble pas — ce n'est pas encore le jour ! — **Surtout, retiens bien** qu'à chaque « Monseigneur » tu dois t'incliner — comme cela — bien !... très bien !... ce sera parfait.

L'aube du 20 s'est levée, radieuse :

Il est sept heures et demie ; les pompiers du canton et leur capitaine (ils ont un capitaine) arrivent au pas de course ; le Maire, sanglé dans son écharpe, caracole au milieu du Conseil Municipal, au complet ; on dirait un jeune homme ; il a passé la soixantaine ; il revit, à cette heure ses souvenirs du 4me cuirassiers.

Par toutes les sentes dévalent les petites filles de trois paroisses, par petits groupes ; une **brise légère** écartant leurs voiles blancs, on dirait, de loin, des papillons voletant sous le ciel bleu.

Le bourg se remplit peu à peu de toute sorte de gens, jeunes faisant leurs cigarettes pour tromper l'attente ; vieux courbés sur leur bâton, pensifs, l'œil fixé sur les pins du cimetière tout proche.

Sur un parcours de 300 mètres, des hommes de bonne volonté, échelonnés comme des poteaux de télégraphe, ont la consigne de transmettre de proche en proche, ce laconique télégramme au sonneur pendu à sa cloche : « Il arrive — sonnez ! »

Pour moi, je me promène, fiévreux, dans les rangs de cette foule accrue de minute en minute. J'ai mis mon plus large *rabat*, arboré ma plus belle ceinture, et, la veille, le coiffeur me demandant : « Monsieur veut-il un peu de poudre de riz ? » — Je lui avais répondu, avec un remords : « Allez-y !... Ce n'est pas tous les jours la Confirmation. »

J'étais donc bien — et mes paroissiens avaient peine à me reconnaître.

Aussi étais-je plus expansif qu'à l'ordinaire.

— Comment ça va, père Armand ? — et vous, mère Louise ?

— Ah ! le beau jour, Monsieur le Curé !

— Un jour splendide, répondais-je, en m'épongeant. — Car, il était neuf heures et le soleil déjà haut, chauffait.

Enfin, le signal est donné : — Monseigneur !

La cloche s'ébranle, pour ne plus s'arrêter, ou à peu près.

En quelques minutes, le carrosse épiscopal franchit le bourg, toutes les têtes s'inclinent sous la bénédiction ; et la foule s'engouffre dans la vieille église.

La vieille église ! — elle avait pourtant essayé de se rajeunir, et y était parvenue, s'odorant de fleurs, cachant ses rides dans les festons de mousse fraîche et de feuilles vertes.

Quand l'Evêque entra, il ne put se défendre d'un geste de satisfaction, qui, vraiment, me dédommagea de toutes mes peines.

Ce fut bien le reste, quand, au moment de la Confirmation, il vit s'agenouiller à ses pieds, timides et gauches, une vingtaine de vieillards, des deux sexes.

Il me regarda. — Oui, ce sont des confirmands, lui dis-je, — mieux vaut tard que jamais — Monseigneur !

Au déjeuner, où assistait le Maire, et quelques notables, on parla beaucoup des vieux et des vieilles.

— Spectacle unique, — voulut bien me dire l'Evêque — depuis 13 ans d'épiscopat, je n'ai jamais vu cela, et comment avez-vous fait ?

— Rien de plus simple, Monseigneur ; je n'y suis absolument pour rien — ce sont eux qui ont tout fait. — Ils s'imaginaient que la Confirmation était le sacrement des jeunes. — A quoi j'ai répondu qu'il n'y avait pas d'âge — et ils sont venus d'enthousiasme — après une bonne préparation.

Dans l'après-midi eut lieu la visite de l'école.

Léonie, rouge comme une pivoine, tremblante comme une feuille de saule, récita son compliment ; plusieurs fois, elle oublia de s'incliner selon ma recommandation, au mot : « Monseigneur », mais elle se reprenait, en me regardant du coin de l'œil, ce qui ne manquait ni d'imprévu, ni de charme.

Le Maire — un avocat, — y alla de sa harangue. Le soir, vers cinq heures, Sa Grandeur filait sur Druyard, pour la visite.

Rendu au calme du presbytère, je m'endormis du sommeil du juste, jusqu'au souper.

Octobre.

Mon pauvre père vient de mourir à 4 heures du matin, d'une dernière attaque de paralysie. J'ai été réveillé par ma mère, à onze heures du soir et je l'ai veillé toute la nuit ; je lui ai donné l'absolution, puis l'extrême-onction ; les pleurs m'aveuglaient, en prononçant les formules. Mon deuil, la douleur qui m'étreint, triplée de celle de la mère, et de la sœur, ne peut avoir d'autre expression, que le silence en Dieu.

Pauvre vieux... qui rêvait le bonheur, chez moi, et que mon presbytère a tué, avec son incurable monotonie, sa solitude, sans souvenirs pour lui, terre de transplantation, trop jeune, pour ce vieux chêne déraciné, incapable de repousser.

Par une maussade journée, nuageuse et froide, je l'ai reconduit, en corbillard, à la ville, au cimetière de ses enfants ; à la douane il a fallu s'arrêter, comme pour un colis, payer le luxe de la mort !

Une déchirure s'est faite dans mon cœur ; je n'ai plus autant de goût à vivre ; il me manque un père à rendre heureux !... doux rêve qu'a démenti la brutale réalité.

3 décembre.

Aujourd'hui, je suis allé à Ramsay, un de mes villages, à trois kilomètres du Bourg. Il est caché derrière un bois, où l'on monte par un sentier de colline qui, en cette saison, disparaît sous la neige ; ce qui fait que je me suis perdu, et ai doublé le chemin.

Il y a bien dix feux dans ce hameau : tous ces petits paysans sont propriétaires, et récoltent ce qui suffit à leurs besoins, blé, vigne, chanvre, huile, bois, fruits ; et, pour la viande, ils ont toujours un cochon au saloir, et l'autre qui attend son tour, en grognant d'aise.

Ma visite terminée, je demandai si une cabane que j'avais aperçue à la lisière du bois, était habitée...

— Ah ! le père Talvard ? — Quelle misère ! Monsieur le Curé ! — Il a pourtant des enfants riches. — On lui porte bien quelque chose de temps à autre — mais vous comprenez — les occupations — et puis — chacun les siens — on a assez affaire au droit de soi — les temps sont si durs.

Un quart d'heure après, je frappai à l'huis du père Talvard...

Aucune réponse...

J'entrai.

Une odeur inqualifiable remplissait la chambre, qui servait à tout... ou à rien.

Le vieux était dans le coma, les yeux fermés, inconscient ; sa figure étique disparaissait sous des cheveux et une barbe tels qu'ils germent dans l'humidité des fosses, sur les cadavres ; la longueur démesurée des ongles rappelait l'homme primitif ; la peau, rigide, cuivrée, où

transparaissaient les os, était d'une momie --
pas un souffle de vie perceptible.

Pour lit, un amas de guenilles : dans un
angle de la chambre, au ras du sol ; point de
draps, — point de feu. — Or, on était au mois
de décembre ! — En même temps que le corps
nu apparaissait, par places, sous ces loques
insuffisantes, la tête, plus bas que les pieds,
révulsée en arrière, adhérait au sol : un peu
au-dessus, d'énormes toiles pendaient, où des
araignées épiaient, pour les saigner, les mouches qui, l'été, suçaient l'agonisant, et dont, en
cette saison, elles achevaient les restes.

Une écuelle, à portée de la main, sur une
vieille chaise, contenait un restant de soupe,
dont les rats, à l'aise dans ce taudis, ne vou-
laient plus.

— Père Talvard, dis-je, en dominant mon
émotion, — c'est moi — le Curé — qui viens
vous voir — et comme aucun signe de vie ne
répondait à cet appel. — Il est mort — pensai-
je — et depuis combien de temps ? — et comme
je glissai ma main, sous les nippes, pour sai-
sir la sienne, ses yeux s'ouvrirent, vitrés,
effrayants — et il voulut parler, mais ne put
pas : seules, les lèvres remuèrent.

Allons, mon vieux, un peu de courage !... On
va vous sortir de là, le bon Dieu aidant. -
C'est lui qui m'a conduit ici. — Pourquoi ne
m'avoir pas demandé ?

Ses lèvres esquissèrent un sourire, aussitôt
éteint, et restaient entr'ouvertes.

En ce moment, **on** frappa à la **porte,** timidement ; c'était une femme du village **qui,** me sachant là, au milieu de cette détresse qu'elle connaissait, et devinant le jugement sévère que je porterais sur la dureté de cœur des voisins, avait cédé à un bon mouvement, et était venue.

— C'est navrant, Monsieur le Curé !

— Navrant, fis-je — je n'ai jamais vu cela !

— Les chiens ont leur chenil et cet homme **est** au-dessous d'eux dans ce village.

Nous commençâmes par faire du feu ; un balai trouvé dans un coin, abattit les toiles d'araignées, et rappropria la chambre, en même temps qu'un carreau défoncé, — car l'unique fenêtre refusait de s'ouvrir — inondait **d'air** et assainissait ce cloaque irrespirable.

— Et maintenant, une paire de draps, disje à la femme de chambre improvisée.

Trouvez aussi dans le village, un lit de fer, et une paillasse — je paierai le tout.

Une demi-heure après, la chambre était remplie ; on rivalisait de bon vouloir et de pitié.

— Par la porte que j'avais forcée, tout le monde entrait, maintenant. — Le père Talvard regardait, stupide, muet ; quand on voulut le déplacer, on entraîna les guenilles du dessous qui s'incrustaient, assassines et sordides, dans les chairs du dos, mis à nu, et putréfié.

— Holà ! Ah ! — Ce fut la première parole du vieux, qui faillit passer, dans le transfert.

— Cri d'angoisse, car, malgré les précautions, il laissait des lambeaux de chair.

— Hop ! là, fis-je, en rabattant sur lui les draps de toile, flairant le chanvre neuf. — Ça y est !... et ne bougeons plus !... Je l'embrassai sur le front, pauvre vieux !

Dans la température amortie de la chambre, au chant des brindilles flambantes, concertant avec l'air filtrant sous la porte, entouré de sympathies, le mort de tout à l'heure, enterré vif, et sorti du tombeau, me regarda et pleura : c'était bon signe.

Les personnes présentes, émues de cette scène, contentes de leur action, se retirèrent.

Je les remerciai, sans reproche, sans allusion au passé.

Resté seul avec cet homme, j'avais hâte de m'entretenir avec lui, en ami, me réservant de le faire plus tard, en Prêtre.

Il avait des enfants riches, m'avait-on affirmé. — Alors je ne comprenais plus rien à son abandon.

— Pourquoi êtes-vous si seul, lui demandai-je, doucement, si abandonné ?

Il leva au Ciel, ses yeux agrandis, puis, me fixant étrangement, il me montra sa vieille armoire, du geste, là... là !...

J'ouvris.

— Là, ajouta-t-il, avec un effort, à gauche, deuxième rayon.

Je trouvai un morceau de papier, coupé dans

les plis, tout jaune, que je lui apportai, sans comprendre.

— Lisez donc, Monsieur le Curé, et vous comprendrez. Ah ! Dieu se venge, terriblement.

Je lus, très péniblement, quelques lignes, effacées, à caractères énorme,s écrits fiévreusement, sans orthographe :

« Mon Fils,

« Voilà bien des lettres que je t'envoie. — Tu ne me réponds pas. — Je suis à toute extrémité — seul, abandonné de tous, même de toi. — Je n'ai plus qu'à mourir. — Je te maudis ! — J'ai tant fait pour toi. — Dieu me vengera... »

Je ne comprenais toujours pas ; alors il m'expliqua :

— Ce fils, c'était moi ; cet homme que j'ai laissé mourir, c'était mon malheureux père. — Et un tel aveu l'étouffait ; il comprenait, trop tard, que la Justice Divine, pour avoir attendu, n'était que plus inexorable.

J'expie, à cette heure — et cette pensée d'expiation trop méritée a fait, à la fois, mon agonie et ma seule consolation, en me réhabilitant, à mes propres yeux, et devant la société. — Ah ! le quatrième Commandement est sacré — et on ne le méprise pas impunément, même en cette vie.

J'écoutais cet homme ; à n'en pas douter, il éprouvait à parler ainsi, à moi Prêtre, le soulagement du pénitent, au confessionnal.

Il ne s'agissait pourtant pas de confession — du moins, pour le moment.

Je le rassurai de mon mieux ; c'est le remords et la prière qui vous ont sauvé ? demandai-je.

— Le remords ! — s'il faisait mourir, il y a longtemps qu'il m'aurait tué. — Quant à la prière, si elle consiste surtout dans le repentir de ses fautes, je puis dire que je n'ai pas cessé de prier, un seul instant, depuis bien des années.

Je le félicitai de ses dispositions, lui affirmant que, pour l'âme de bonne volonté, les fautes quelles qu'elles soient, en regard de la miséricorde de Dieu, sont des gouttes d'eau en face de l'Océan.

Cet entretien lui fit grand bien ; il put prendre quelque nourriture.

J'avertis ses enfants, propriétaires d'un de mes villages. La réconciliation se fit, quelques jours après, en ma présence, sur la promesse qu'il vendrait un peu de terre qui lui restait, et irait habiter avec eux. Il en fut ainsi.

A l'occasion, je ne manquerai pas de reprocher, doucement, aux enfants de ce vieillard, leur dureté ; en même temps que je leur révélerai les secrets de la Justice de Dieu.

1er janvier.

Je viens de déballer une grande caisse, et je vais de surprise en surprise.

Fleurs d'autel, riches et de bon goût. Il y en a six, dont deux, pour la Sainte Vierge. C'est étiqueté : une lampe du sanctuaire — une carpette — deux aubes — quatre soutanes d'enfants de chœur — leurs rochets — un surplis de Prêtre. Ce n'est pas tout ; au fond de la caisse, très bien emballée, dans du papier de soie : tout un ornement, chasuble, manipule, étole, etc. — rouge, riche, d'une valeur de 150 francs, c'est marqué. — Un éblouissement !... je n'en puis revenir...

Tandis que je me creuse la tête, pour deviner, une carte tombe à mes pieds :

Charles de Rotours ?... et sa mère — ces derniers mots écrits au crayon.

Le bon curé de Druyard avait raison. — Les jeunes sont trop impatients. Tout arrive à qui sait attendre : J'irai les voir le plus tôt possible, pour les remercier, et je demande pardon à Dieu de tous mes jugements téméraires.

19 janvier.

Après cette joie intense, une catastrophe — il en va ainsi, couramment, dans la vie. — Je m'attendais à quelque chose de sinistre, et voici ce qui m'est arrivé.

Je n'ai plus de chantre : mon sacristain m'a

remis les clefs de l'église, furieux, sans que je sache pourquoi — et comme c'est son plus jeune qui me sert la messe chaque matin, je vais me trouver, vraisemblablement, sans enfant de chœur.

C'est trop à la fois...

Je me promène, sans connaissance, dans mon jardin, les mains derrière le dos, aussi accablé que Napoléon 1er — sur le champ de bataille de Wagram — et c'est bien humiliant d'être ainsi désemparé pour rien.

Tout se complique, — il me semble que mon Eglise s'est écroulée sur ma tête — plus d'offices — plus de Paroissiens — plus rien — je vais demander mon changement — parbleu !

Ma chère maman, qui me voit tout désorienté, m'interroge et je lui soumets le cas. Elle en rit d'abord, elle qui a tant souffert, et pour d'autres causes plus sérieuses.

— Tu n'es qu'un enfant, ajoute-t-elle, mais voyons :

Cet homme a peut-être un grief ; il s'attendait à une explication que tu ne lui a pas donnée : les paysans sont susceptibles.

— J'ai beau chercher, je ne lui ai fait aucun reproche, aucune remarque. C'est un misérable ! voilà tout — une canaille qui abuse de ma bonté !

— Veux-tu que j'aille le voir ? tu verras que tout s'arrangera.

— Je n'y vois aucun inconvénient, dis-je d'un ton maussade. — Ah ! la canaille !...

Quand ma mère revint :

— Je te l'avais dit, j'en étais sûre. Ces pauvres gens sont très susceptibles :

Tu as sonné l'*Angelus* à sa place, à neuf heures du soir. — Or, depuis une heure, il courait pour arriver à temps ; entendant la « Louise » sonner sans lui, il m'a raconté qu'il ne pouvait plus avancer : chaque coup de battant lui fauchait les jambes.

— Imbécile !... fis-je. — Triple brute !...

— Imbécile... non ! — C'est comme toi, si ton Evêque t'infligeait un blâme. — Cela prouve plutôt en sa faveur... et combien cet homme est esclave de ses fonctions... — Du reste, je l'ai trouvé effondré, pleurant, en songeant que tout était rompu entre lui et la « Louise », et, quand il sut que tu n'y étais pour rien et que tu ne demandais qu'à le **réintégrer**, il m'eût embrassée...

— C'est égal. — Il ne fait pas bon, même pour le curé, à remplacer un sacristain dans sa besogne, et je me le tiendrai pour dit : il est entendu que la cloche lui appartient exclusivement, y compris la corde.

Avril.

Hier nous étions sept à table : je rendais des invitations. — Grande cordialité. — Conversation éclectique et très animée.

Tous les âges étaient représentés, la vieillesse par le curé de Druyard, qui m'avoua ne s'être déplacé que pour moi — ce dont je fus très flatté.

Et six autres confrères, allant de 28 à 60 ans.

Au dessert, et après bien des sujets entamés, et sans suite : « En quels temps vivons-nous », attaqua le curé de Blény, un tout petit, pétillant de nerfs et d'esprit concentré.

Avez-vous lu l'*Univers* d'aujourd'hui ? La loi a passé... l'école laïque, obligatoire et neutre. — Il y aura une levée de crosses ! — impossible que l'Episcopat ne proteste pas ! — La neutralité est un leurre, une amorce. — Je veux qu'avant dix ans elle ait sombré dans l'athéisme déclaré et brutal.

Imaginez-vous que mon Instituteur a pris les devants, décroché le crucifix, à la place duquel, devant ses enfants ahuris, il a mis une carte géographique... un symbole, l'œuvre détrônant l'ouvrier.

— Nous en verrons bien d'autres, dit un jeune en donnant un coup d'ongle à la cendre de son cigare... les yeux dans le vague — tranchant, péremptoire. — L'avenir est tout bonnement effrayant... La Franc-Maçonnerie a entrepris de déchristianiser la France dès le berceau, c'est diabolique. — Une fois les vieilles couches disparues, qu'attendre des nouvelles générations sortant d'un tel moule ?... J'affirme que...

— Mon Dieu, interrompit un vieux, en achevant son petit verre, les voilà bien les jeunes.

— Tout au pire !... Le pays a encore du sang

chrétien dans les veines, que diable ! L'Eglise en a vu bien d'autres — au cours des siècles, pas vrai ? — curé de Druyard ?

— Les jeunes n'ont pas toujours tort, et les vieux n'ont pas toujours raison — et puis, nous touchons au port, tandis qu'ils embarquent sur une mer démontée, avec des éclairs à l'horizon noir. — Ce n'est pas gai, en vérité.

Tenez, si vous voulez mon opinion, la voici : Nous avons vécu jusqu'ici dans une paix trompeuse, ne voyant rien, ne faisant rien, que de nous laisser vivre ; et pendant ce temps, Francsmaçons et Juifs, sans se décourager, tout doucement, continuaient leur œuvre de termites, sapant l'édifice social et religieux, en attendant l'inévitable écroulement à une échéance quelconque. Ces gens-là savent patienter.

De temps à autre, un prophète s'élevait, qui criait : « prenez garde ». — Drumont, par exemple — on l'accusait d'hallucination. — Il voyait les « Juifs » partout — une douce folie — et on demandait aux fils d'Israël, comme un honneur, de redorer les blasons de France, après avoir dansé avec nos Dames dans des bals de bêtes. — Ces promiscuités s'expient tôt ou tard, — Dieu aussi temporise, mais frappe juste.

— De la rhétorique, tout ça, s'exclama un confrère, au bout de la table — il abhorrait Drumont, un visionnaire, se documentant, en histoire, chez les lavandières.

— Je vous abandonne Drumont ; je l'ai cité comme un autre ; la juste mesure est difficile,

— mais il a vu — il a soulevé ce lièvre énorme « le Juif » en train de ravager nos plates-bandes : ce n'est pas niable, cela !

— Et votre conclusion ? — s'il vous plaît ?

— Elle tient en deux mots : si les Évêques laissent passer la loi de « laïcité » des écoles, la France en mourra.

— Oh ! oh !... crièrent plusieurs voix à la fois !

Mane, Thecel, Pharès... Vous êtes tragique !

— C'est clair. pourtant. — Il y a, pour une nation, des lois pathologiques, comme pour l'individu.

— La France souffrait déjà d'un vice de sang « le suffrage universel ».

On en ajoute un second « la laïcité ».

Comment pourrait-elle vivre ? — si on l'abandonne dans cet état ?...

Reportez-vous à trente ans en avant, et réfléchissez aux ravages qui se seront produits alors.

Chaque année, des milliers d'enfants élevés sans Dieu — si ce n'est contre lui — renouvelleront le pays, dans le sens de l'athéisme — et, à leur tour, feront souche d'athées. — Devenus électeurs, ils s'empresseront de nommer des députés dans leurs idées. — Vous voyez d'ici le cercle vicieux dans lequel nous serons enserrés, sans en pouvoir sortir.

Il faudrait de bons représentants pour changer l'école, et il faudrait changer l'école pour avoir de bons représentants.

Sortez de là, si vous pouvez — moi, j'en suis incapable.

— Mais le Ciel ? — qu'en faites-vous ?

— A moins, en effet, d'un miracle, d'une intervention directe...

— La France a un passé si glorieux.

— Précisément... elle est plus coupable, ayant prévariqué comme elle l'a fait.

— Quant à l'Eglise, au christianisme, n'ont-ils pas la promesse des siècles ?

— L'Eglise Universelle, oui... — pas une Eglise particulière, même l'Eglise de France. — Les exemples ne manquent pas de nations tournées à l'hérésie. — La foi se déplace — *movebo candelabrum...*

— Et la grande Révolution ? — Les églises fermées — le culte aboli — les prêtres mis à mort ?... et pourtant, dix ans après, quelle moisson, quelle éclatante résurrection d'âmes, affamées de religion.

— Assurément, et vous abondez dans mon sens, sans vous en douter. A cette époque, l'enfance était élevée chrétiennement, les populations, un moment entraînées, politiquement, avaient toujours la foi ; et c'est cette foi qui fut précisément le principe de leur retour aux pratiques religieuses des ancêtres...
Mais ces générations nouvelles dont je parlais tout à l'heure, vomies par les écoles sans Dieu, éprouveraient-elles, comme leurs pères de 93, le besoin d'un culte qu'elles n'auraient jamais connu, qu'elles auraient peut-être abhorré, comme une entrave au progrès, une superstition puérile et odieuse ?

— Vous êtes sinistre.

— J'essaye d'être logique. Je tire des conclusions de prémisses posées. Ne perdez pas de vue que je raisonne dans l'hypothèse où nos Evêques laisseraient passer, dans la France catholique, cette énormité : « l'Ecole sans Dieu ». Un acte d'énergie peut tout sauver ; une faiblesse en matière aussi grave entraînerait des ruines irréparables.

— Pensez-vous que les familles suivront et obéiront, car à quoi bon...

— Oui, à la condition qu'on oppose, dès maintenant, un « veto » absolu.

— Et unanime ! — Or les Evêques sont divisés, cher collègue, qu'attendre des élus de Dumay ?... Vous verrez qu'ils laisseront faire, au grand scandale des bons, à la joie délirante des mauvais, qui ont escompté, à l'avance, les définitives victoires d'une telle capitulation...

Le plus vieux des confrères, muet jusque-là, prit la parole, et dit : « Il en sera ainsi !... Depuis bientôt 40 ans, j'étudie, dans ses documents et ses actes, l'épiscopat. — Sauf quelques sentinelles vigilantes, qui se passent la consigne de l'Eglise, les autres se tairont, et alors je plains les jeunes !...

— Voyons, demandai-je, achevez — puisque vous avez l'air de lire dans l'avenir. Ne vaut-il pas mieux être prévenu ? — et sur la défensive ?

— Soit ! Vous serez les victimes expiatoires — des martyrs. — Vos bourreaux, trop avisés pour couper des têtes qui repoussent, vous tueront à coups d'épingles, avec des gestes athéniens.

L'école sans Dieu, — car tout viendra d'elle — vous donnera des Chambres où dominera l'élément franc-maçonnique, et le programme de ces Messieurs, bien connu, y passera tout entier.

On chassera les Religieux, et on prendra leurs biens.

On brisera brutalement le Concordat, en accusant le Pape d'intransigeance, parce qu'il s'opposera à des abus de pouvoir criants.

Evêques et Prêtres seront jetés à la rue, sans pain, par suite de la suppression du budget des cultes.

On ne fermera pas les Eglises, par excès d'habileté ; on se contentera de les vider petit à petit, en semant à pleines mains l'incroyance et la terreur ; du reste les Eglises, en tant qu'édifices, finiront par tomber d'elles-mêmes, faute de réparations.

Petits et Grands Séminaires, sources du Sacerdoce, tariront peu à peu. Vous verrez un seul Curé pour plusieurs Paroisses, qui tomberont fatalement en jachère...

J'entendais dire tout à l'heure, que la France mourrait ; ce n'est pas mon avis, malgré cette peinture pessimiste.

Humainement parlant, elle est perdue, j'en conviens.

D'autre part, je ne pense pas que Dieu inter-vienne directement.

Alors quoi ?... me demandez-vous ?...

Je plaignais les jeunes, en commençant ma prophétie de Cazotte, et maintenant j'envie leur sort. — Seuls, ils nous sauveront : leurs souffrances seront la rançon du pays, le prix fort exigé par la Divine Justice, pour tant d'infamies nationales... rappelez-vous Jeanne d'Arc, et le bûcher de Rouen.

Leur martyre, son étendue, sa nature, sa durée ?... Dieu seul les mesurera !...

Et plus qu'à aucune autre époque de l'Eglise, ce sera, pour eux, longtemps, Gethsemani... avec le Calice — la sueur de sang — les chutes par terre, l'abandon des disciples, l'effondrement sous le Ciel d'airain, sans écho à leurs cris d'angoisse !... Tout autour d'eux, les défections intéressées des meilleurs — le rire hébété des bourreaux — l'incompréhension de quelques rares fidèles, plus exigeants que jamais, et demandant des miracles d'action à des victimes ligotées ? — Nul crédit — aucune pitié — l'isolement, — l'impuissance, — la misère ! — la tentation de découragement, de ces prêtres que le Ciel semble oublier, tandis qu'en face d'eux, triomphent l'impiété et le blasphème !

Or, ce calvaire, ils le graviront... cette croix, ils s'y crucifieront et, de nouveau, une Rédemption sera opérée, par eux, je l'ai dit, la Rédemption de la France.

Car, passé à ce creuset, leur cœur sera plus

dégagé et plus pur, un plus grand zèle s'allumera à cette persécution. — N'ayant rien à attendre des moyens humains, ils demanderont tout à l'Evangile dont ils pénétreront mieux l'esprit, les leçons tout imprégnées de sagesse, de lumières et de promesses...

Et voilà comment et pourquoi j'espère que notre malheureux pays revivra.

La France, à l'agonie, parce que coupable, ressuscitera, parce que rachetée par ses Prêtres et ses Religieux, sans oublier les vrais chrétiens. »

Un grand silence avait accueilli les théories du vieux confrère... prophéties peut-être, mais dont la réalisation, de son propre aveu, était à longue échéance.

« En tout cas, fîmes-nous, il est incontestable que ce raisonnement a pour lui l'histoire, la théologie, la mystique ; sans compter que les événements actuels et les menaces d'avenir, lui donnent toute vraisemblance.

« A la volonté de Dieu » — ajoutai-je ; et, en bon amphitryon j'offris un dernier verre, puis on se sépara ; les jeunes, un peu émus devant la perspective ouverte et tragique.

Avril.

Le soir, dépouillant le courrier que je n'avais pas eu le temps de lire le matin, j'appris qu'un gros garçon avait été envoyé par le ciel à la cousine ; elle me rappelait, très éloquemment, dans des termes qui ne permettaient pas le refus, que je m'étais engagé à être parrain. Le baptême était subordonné à la date qui me conviendrait le mieux. Je fixais le jeudi.

*
* *

J'arrive du baptême.

Un prêtre parrain — c'était drôle. — Aussi, je vis l'église comble, comme aux grandes fêtes. — La mère jubilait ; le père avait l'air de dire : « Qui, d'entre vous, a un parrain comme ça ? » — L'enfant de 12 jours, embryonnaire, était congestionné, noir, laid à faire peur, avec de petits cris de souris prise au piège, et remuant, dans la mousseline, des pattes d'araignée tissant sa toile.

— Mon ange ! — mon chérubin, fit la mère, emballée, en l'embrassant à pleine bouche dans son berceau, la cérémonie terminée.

C'était vrai ! — Le baptême, mais le baptême seul, en avait fait un ange ; le ciel ne serait pas habitable, s'il était peuplé de ces petits monstres naissants.

— Il est adorable, cet enfant, dis-je, en plongeant dans l'avenir, et en évitant ainsi de mentir effrontément.

Le « croustillon » fut très gai ; une invitée, qui n'avait pas d'enfants, après 10 ans de mariage, chanta d'une voix émue et fausse, cette romance qui a défrayé toutes les noces et tous les baptêmes : « Ange aux yeux bleus » que seras-tu sur terre ? Beau cavalier ?... Général ?... Lévite ?..., etc..., etc...

Pour l'instant, le petit, sourd à tous ces rêves d'avenir doré, demandait seulement à boire — et happait le sein, à pleines lèvres, goulûment. Ce qui ne nous empêcha pas d'applaudir l'horoscope, à tout rompre.

Le souvenir que j'ai gardé de cette soirée, c'est que cousine et cousin s'entendent à ravir, et, qu'en toute vérité, le « *petit ange* » voltigeant de l'un à l'autre, resserrera encore les doux liens qui les unissent. — Et qui sait si, ayant fait un chrétien de ce cher petit, je n'en ferai pas un prêtre, et ne serai pas aussi le parrain de sa première messe ?

Juin.

J'apprends, ce matin, la mort de mon vieil ami, le « Cascadier ».

On l'a trouvé, inerte dans son lit. — Sa vieille servante voyant l'heure de la messe passée, s'est hasardée, et alla frapper à sa chambre. — Ne recevant pas de réponse, elle ouvrit et le trouva mort.

On m'avertit que l'enterrement aura lieu après-demain. Malheureusement, il me sera impossible d'y assister, à cause de la retraite de première communion de mes enfants. — Je prierai et ferai prier ces chers petits pour cette belle âme.

Août.

Mon vieil ami avait fait un testament olographe. — On l'a trouvé dans un tiroir de son secrétaire : il me lègue deux calices en vermeil, sa bibliothèque, un petit moulin, dont le rapport moyen est de 300 francs, — et demande, en retour, que je veuille bien me souvenir de son âme au saint sacrifice, au *Memento des morts*, le plus souvent possible.

Il se dit, en renversant les âges et les rôles, mon fils en Jésus-Christ.

Plus qu'il n'a vécu du mien, je vivrai de son souvenir ; tout mon sacerdoce se résume dans cette conversion et la part inespérée que le ciel m'a fait le grand honneur d'y prendre.

Octobre.

Je vis, depuis un mois, avec deux élèves.

J'ai hésité beaucoup, avant de les accepter ; l'un a 11 ans, l'autre 14. Tous deux ont un charmant caractère, ouvert, affectueux.

Pourquoi me les a-t-on confiés ? — Ils sont paresseux, bien qu'intelligents, et doivent être surveillés de près.

De plus, l'aîné a une maladie de nerfs, insignifiante, au fond, mais dont une communauté s'accommode difficilement.

Ces renseignements me sont donnés par le père et la mère, encore jeunes, d'une éducation parfaite, et confirmés par le Directeur de la

pension, avec qui, je me suis entretenu longuement.

Allons-y donc ! D'ailleurs, on me paie une
bonne somme ; et je flaire à l'avance, ce qui
n'est pas défendu, un peu plus de beurre dans
mes épinards : cependant, je m'empresse d'ajouter, pour les esprits délicats, que cet avantage,
tout matériel, le cède au plaisir de pouvoir
repasser, avec mes élèves, un tas d'auteurs
depuis longtemps oubliés, toujours chers, auxquels je dois beaucoup de poésie, et de rêves.

Tout alla bien pendant une quinzaine, quand
une nuit, je fus réveillé en peur.

— Monsieur le curé ! — me cria le plus jeune.
— Mon frère !

Je bondis de mon lit, je ne fis qu'un saut
dans la chambre d'à-côté, et je me trouvais
en face d'un pauvre épileptique.

Dès le lendemain, j'écrivis à la mère, arguant
de la terrible responsabilité qui m'incombait,
et qu'il m'était impossible d'assumer.

La réponse fut si désolée, que je me laissai
toucher.

Je dois dire que le cher enfant — qui d'ailleurs n'avait pas conscience de son état — me
dédommageait : il était très reconnaissant,
d'une intelligence au-dessus de l'ordinaire, et
d'un cœur excellent.

Un matin, je terminais, à l'autel, le dernier
évangile, quand j'entendis un bris de vitre ; le
presbytère était à deux pas de l'église. J'avais

laissé mes élèves étudier leur leçon, dans ma chambre.

Nul doute ! — L'épileptique était tombé, la tête dans le carreau de la fenêtre ; malgré mes défenses réitérées, c'est toujours là qu'il se mettait, pour avoir vue sur la place.

Je quittais fiévreusement mes ornements, et je volai au lieu du sinistre.

Je ne m'étais pas trompé.

Je trouvai mon élève ensanglanté, aux bras de son frère et de ma sœur : la lèvre supérieure pendait sur l'autre, fendue par moitié : le sang inondait tout le bas du visage ; il était encore inerte, inconscient, en pleine crise.

Ce spectacle était terrifiant.

Transporté sur son lit, et, après un premier lavage, il reprit ses sens, et son premier mouvement fut de porter la main à ce bout de lèvre qui pendait, et de le tirer, comme s'il eût voulu l'arracher.

Il y a un mois environ que l'événement a eu lieu ; un médecin a pu faire la suture le lendemain, assurant que ce ne serait rien ; que le jeune homme en serait quitte pour une légère cicatrice que dissimulerait très bien la moustache des 18 ans.

Mai.

Il y a bien vingt ans que j'ai interrompu ces notes au jour le jour.

Pourquoi ce long silence ?

Une telle question en soulève une autre : pourquoi avoir écrit ?

Avant de dire ici, dans ces dernières pages, mes « ultima verba », j'éprouve le besoin de me relire, et j'ai une cruelle déception.

C'est Sully-Prudhomme, je crois, qui écrit quelque part : — « Mes vrais vers ne seront pas lus ». — Il confesse, apparemment, l'impuissance de la plume à traduire des impressions intraduisibles et qu'on emporte dans la tombe. C'est bien cela !

Presque toujours, ce qu'on appelle « Mémoires » ne sont que des larves d'idées, des projections mortes d'âme vivante et insaisissable ; alors, à quoi bon ! Il n'y a de vrai, sur les hommes, que le jugement de Dieu ; et tout ce qu'ils ont écrit d'eux-mêmes, ou tout ce qu'on a écrit d'eux, est loin de la vérité et de la ressemblance, autant que l'ombre chinoise, de l'objet... des contours... des grossissements — pas autre chose !

L'encre elle-même, dont je peignais ma vie, a pâli affreusement ; symbole éloquent de la décoloration qu'inflige le temps aux plus chers souvenirs.

Heureux donc, ceux qui, mieux inspirés, ne se sont pas infligé le supplice de pouvoir se relire.

Toutefois, n'exagérons rien.

Il est tels événements, telles phases de la vie, où les voyageurs que nous sommes, aiment à se reposer, comme en des oasis, et, pour moi, c'est l'appel de Dieu, la vocation dont je n'étais pas digne, et dont, au cours des années, j'ai mieux compris la sublimité, et le mystérieux amour.

— C'est le don divin de cette femme du peuple, qui fut ma mère, si infime dans le rang social, et si grande par sa charité et sa foi ; que n'a-t-elle eu, en moi, un fils moins indigne d'elle, plus ressemblant et capable de la faire revivre.

— C'est le séminaire et ses préservations ; les saintes impressions de la première Messe ; le contact avec les grands cœurs de Prêtres, et les âmes de bonne volonté ; l'apostolat, la première Cure qui sera la dernière, les sacrifices qui deviennent des joies, le renoncement plus facile au monde mieux connu ; l'aurore qui monte, quand la vie s'éteint pour ceux qui ont mis leurs espoirs plus haut que la terre.

Ces souvenirs, j'en vis, je m'y repose ; ils se résolvent, en moi, en cris de reconnaissance, en une hymne d'actions de grâces que Dieu seul devine, et qui ne peut être chantée ailleurs qu'au Ciel.

En remontant ce passé, j'exulte comme l'aigle qui quitte une cime, pour planer plus haut encore, vers plus de bleu et plus de soleil.

Y a-t-il des Prêtres qui regrettent, qui, remis à même de recommencer leur vie, l'aiguilleraient sur une autre voie ? — Je ne sais. — Je n'en ai jamais connu de tels.

Pour moi, je ne regrette qu'une chose, c'est de n'avoir pas été plus prêtre encore, plus dépris de ce monde atroce, théâtre où tout est faux : visages, costumes, rôles, où tout sort de la boîte du souffleur, l'aplomb et le succès.

C'est de n'avoir pas eu assez conscience de ma grandeur, alors que tout, autour de moi, la clamait, la soulignait : rire des fous, envies dissimulées sous la haine, passions frémissantes, insultes sans cause, morts désespérées, parce que sans pardons et sans Prêtres !

Ah ! si je recommençais ma vie, je la voudrais encore plus divine, plus loin des contingences, dans l'absolu, dans l'infini, où, d'emblée, l'homme est emporté, par le fait du Sacerdoce de Jésus-Christ, et d'où il ne lui est permis de redescendre sur la terre, que comme le Sauveur, pour en soulever les âmes, jusqu'au ciel !

Mais pourquoi ces réflexions graves, mêlées de remerciements et de regrets?

Elles sont mon examen du soir — du Grand Soir de la vie !

Un spécialiste que je viens de consulter, à Paris, en Prêtre, résigné à tout, même à la vérité poignante, m'a dit — puisque je l'en adjurais — : « Vous mourrez d'un cancer rond à l'estomac ! »

— Sera-ce bientôt?

— Mon Dieu, six mois, un an, dix-huit mois, cela dépend des circonstances. — Vous écrivez, dites-vous ; gardez-vous-en bien ! — Ménagez votre cerveau, vos entrailles et vos muscles.

Une telle consultation me réjouit ; et — conclusion bizarre — me réconcilie avec la médecine, à laquelle je n'ai jamais cru, et m'y fait croire, enfin.

Si c'était vrai ! — ce qu'on m'a dit ?

Vous voir enfin, Dieu de mon cœur. — Vous posséder ! — après tant d'écueils effleurés, évités par votre grâce !... Atterrir sur les éternelles rives, pour y vivre d'amour, sans remords, de vérités sans voiles, de paix sans trouble, sans aucune crainte de revirements et de mort.

Quel espoir ! — Quel tressaillement au lever, lent ou brusque, de ce rideau baissé, pour les yeux mortels, entre le temps et l'éternité.

Ah ! que n'est-ce demain, sur l'heure !...

Tous les miens sont partis : Père, mère, sœur, emportant mon cœur par lambeaux, semant ma route de cyprès et de tombes, dessinant à mes yeux une perspective de cimetière, au delà de laquelle je ne vois plus que le ciel, d'où ils me sourient, en me faisant signe de venir !

Si je pouvais leur répondre : « Patientez encore un peu. Ce sera bientôt. »

Presque tous mes condisciples que j'aimais bien, sont morts, plusieurs encore jeunes.

Vraiment, je n'ai plus rien à faire ici — je suis trop seul.

Au cours de ma vie, par une pente naturelle de mon esprit, je me suis fatigué, à la poursuite de mystères cachés à l'intelligence humaine, dont la mort seule peut donner la solution.

Je me suis demandé souvent pourquoi la perte des facultés, la descente des ombres, l'agonie, l'incertitude, la tristesse, au soir de l'existence, alors que nous allons au pays de la lumière, au lever du soleil éternel ?

La réponse s'est fait attendre jusque-là. Ne serait-ce pas un indice, s'ajoutant aux autres, du départ prochain ?

J'ai compris que chaque soir, avant le sommeil, tout meurt à nos yeux, la lumière s'éteint, la nature se tait, sous le linceul des ombres, jusqu'au retour de l'aube.

Ainsi du grand soir de la vie ; ce sont les mêmes phénomènes, aux regards de l'âme, précurseurs de l'éternel matin.

Tandis que je trace ces lignes, le soleil couchant dore, de biais, un mur de ma chambre ; dans cette lumière, une ombre d'arbre, une ombre d'ailes battantes, une ombre d'oiseau. J'ouvre ma fenêtre, et après la simple image, je contemple la vivante réalité. Là, tout près, dans les choses visibles, dit saint Paul, nous soupçonnons les choses invisibles. Ce monde n'est que l'ombre de l'autre.

O mort, ouvre la fenêtre par où mon âme prisonnière passera de l'apparence de la vie à la plénitude de l'être en Dieu.

E. D.

FIN

TABLE DES MATIÈRES

PARIS — IMPRIMERIE P. TÉQUI, 92, RUE DE VAUGIRARD.